SPRINT

How to Solve Big Problems
and Test New Ideas in Just Five Days

最速仕事術

あらゆる仕事がうまくいく
最も合理的な方法

GVデザインパートナー ジェイク・ナップ ＝著
ジョン・ゼラツキー　ブレイデン・コウィッツ
Jake Knapp with John Zeratsky & Braden Kowitz

櫻井祐子 ＝訳

ダイヤモンド社

SPRINT

How to Solve Big Problems
and Test New Ideas in Just Five Days

by

Jake Knapp, John Zeratsky and Braden Kowitz

ボール紙で城をつくるのを手伝ってくれた母さんと、
まちがったバスに乗ってしまった僕を迎えに来てくれたホリーに捧げる
――ジェイク

最初の100冊の本を買ってくれたギブおじいちゃんに捧げる
――ジョン

世界を広く知り、よりよくしなさいと励ましてくれた両親に捧げる
――ブレイデン

はじめに
時間を最大限に活用する合理的な方法

僕の仕事のやり方はうまくいっていなかった。

２００３年、僕ら夫婦に初めての子どもが生まれた。職場に戻ったとき、これからは仕事をする時間を、家族と過ごす時間と同じくらい有意義なものにしようと誓った。自分の習慣を厳しく見直してみると、重要な仕事に十分な労力をかけていないのがわかった。

そこで時間を最大限に活用する方法を考え始めた。生産性に関する本を読みあさった。朝と昼休みに運動した場合や、コーヒーと紅茶を飲んだ場合に、仕事のはかどり具合がどうちがうかをスプレッドシートで分析した。ひと月の間に５種類ものやることリストを試した。

そう、へんてこな分析ばかりだ。それでも少しずつ集中力を高め、てきぱき仕事をこなせるようになっていった。

２００７年に僕はグーグルに仕事を得たのだが、そこには〝プロセスオタク〟にもってこいの文化があった。グーグルでは実験が奨励されている。そしてその対象は製品だけでなく、個人やチームで仕事をする手法にもおよぶのだ。

それからというもの、僕はチームプロセスの改善にとりつかれた（わかってる、これもへんてこだ）。初めのころはエンジニアのチームとブレーンストーミングのワークショップをやっていた。参加者が大声でアイデアを叫び合う集団ブレーンストーミングは、とても楽しいものだ。数時間もするとふせんが山と積まれ、ものすごい達成感が得られる。

ところがある日ブレーンストーミングの最中に、一人のエンジニアがみんなをさえぎって爆弾発言をした。「ブレーンストーミングは本当に効果があるのかい？」

僕は答えにつまった。恥ずかしいことに、参加者がワークショップを楽しんだかどうかを調べるだけで、実際の成果を測定したことはなかったのだ。

成功するアイデアは、どの条件下で誕生するのか？

過去のワークショップの結果を見直してみると、ある問題に気づいた。ワークショップのあとで実行に移され、成功したアイデアは、喧々囂々《けんけんごうごう》のブレーンストーミングで生み出されたものではなかったのだ。最良のアイデアはちがう場所で生まれていた。ではどこで？

参加者は、それまでと変わらない方法でアイデアを思いついていた。机に向かっているときや、カフェで誰かを待っているとき、シャワーを浴びているときなどだ。一人で考えたときのほうがよいアイデアが浮かんでいたのだ。ワークショップの高揚感がさめると、ブレーンストーミングのアイデアは輝きを失っていた。

セッションでは時間が足りなくて、深く考えられないのかもしれない。紙に書くだけで、リアルなものをつくらないのがいけないのかもしれない。考えれば考えるほどアラが見えてきた。

そこでブレーンストーミングの手法を、自分の仕事のやり方と比べてみた。

自分がベストの仕事をできたのは、大きな課題に十分とはいえない時間でとりくんだときだった。

そうしたプロジェクトの一つに、２００９年に行ったものがある。ピーター・バルシーガーというＧｍａｉｌのエンジニアが、電子メールを自動で分類する方法を考案した。僕はこの「プライオリティ・インボックス（重要メール受信トレイ）」というアイデアに惚《ほ》れ込み、アニー・チェンという別のエンジニアに手伝ってくれるよう頼んだ。

アニーはひと月だけならつき合ってくれるといった。この間にアイデアが有望だという確証が得られなければ、別のプロジェクトに移るという。ひと月で足りるはずがないと内心思ったが、アニーはとびきり優秀なエンジニアだから、それを呑むことにした。

僕らはひと月を1週間ずつの４つのブロックに分け、毎週新しいデザインを開発した。それをもとにアニーとピーターが試作品《プロトタイプ》をつくり、週の終わりに数百人に試してもらった。

ひと月が終わるころには、誰もが理解でき、しかも使いたくなる解決策《ソリューション》ができた。アニーはその後もプロジェクトにとどまってくれた。そして僕らは通常の数分の一の時間で、デザイン作業をやり遂げたのだ。

その数か月後、ウェブブラウザ上で動作するビデオ会議ソフトのアイデアを試すために、ストックホルムのグーグル社員、セルジュ・ラシャペルとミカエル・ドラッジの2人を訪ねた。3人で必死に作業を進め、僕が滞在していた数日間で、動作するプロトタイプを完成させた。僕らはそれを同僚にメールで配布し、自分たちのミーティングでも使い始めた。数か月たつと、ソフトはグーグル中で使われていた（開発と改良を重ねたものが、のちに「グーグルハングアウト」として公開された）。

グーグルを変えた驚異のノウハウ「スプリント」

どちらのケースでも、日常業務やブレーンストーミングのワークショップよりずっと効率よく仕事ができた。いったいなにがちがっていたのか？

一つめとして、集団ブレーンストーミングとはちがい、1人でアイデアを練る時間があった。でも時間がありあまっていたわけじゃない。締切に追われ、いやでも集中せざるを得なかった。普段やりがちなように細かく考えすぎたり、重要度の低い仕事に手を出す暇はなかった。

もう一つの重要な要素は、人だ。エンジニア、プロダクトマネジャー、デザイナーの全員が同じ部屋にそろい、それぞれが問題の担当部分にとりくみ、お互いの質問に進んで答えた。

これをふまえてワークショップのやり方を抜本的に変えることにした。こういった魔法の要素――個別の作業、プロトタイプ作成の時間、逃れられない締切――をワークショップに加えたらどうなるだろう？　こうして開発したプロセスを、デザインの短距離走《スプリント》として、「スプリント」と名づけた。

スプリントを初めて行うとき、大まかなスケジュールを立てた。

1日を情報共有とアイデアのスケッチにあて、その後の4日間でプロトタイプをつくるのだ。このときもグーグルのチームは喜んで実験に協力してくれた。僕はＣｈｒｏｍｅ、グーグルサーチ、Ｇｍａｉｌなどのプロジェクトでスプリントを指揮した。

結果はすごかった。

スプリントは効果があった。そこで生まれたアイデアはテストされ、構築、公開へと進み、何より実世界で成功することが多かった。スプリントのプロセスはチームからチームへ、オフィスからオフィスへと伝わり、グーグル中に拡散した。

この手法に興味をもったグーグルＸ〔革新的プロジェクトを扱うグーグルの研究機関〕のデザイナーが、アドセンス〔グーグルの広告サービス〕のチームでスプリントを指揮し、それを体験したグーグル社員がまた別の同僚に教えた。まもなく面識のない人たちからもスプリントの話を聞くようになった。

その間、いろんなまちがいもした。最初のスプリントは参加者が40人もいた。ばかばかしいほどの大人数で、スプリントは始まりもしないうちに脱線しかけた。また、アイデア開発とプロトタイプ作成にかける時間を調整する必要があった。どれくらいだと短すぎるのか、長すぎるのかを学び、最後にはちょうどよい配分がわかった。

1日あれば明確な「結果」を導ける

2年ほどたったころ、グーグル・ベンチャーズ（GV）のCEOビル・マリスに呼ばれた。GVは、もともとはグーグルが有望なスタートアップに投資するために立ち上げたベンチャーキャピタル部門だ〔スタートアップとは、新しいイノベーションやビジネスモデルをもとに急成長させ、短期間でイグジット（株式公開や売却など）することを目的としてつくられる組織のこと〕。

ビルはシリコンバレーの有力者だが、それはあの無頓着《むとんちゃく》な風貌からはわからない。この日もバーモント州がどうのこうのと書かれたTシャツに野球帽という、いつもの出で立ちだった。

ビルはGVの投資先のスタートアップにスプリントを導入したらどうかと考えていた。たいていのスタートアップは、一つの有望な製品に一か八かの賭けをして資金が尽きてしまう。スプリントを行えば、スタートアップは製品の構築・公開というリスキーな賭けをする前に、正しい軌道《きどう》に乗っているかどうかを判断できるだろう。スプリントは利益を高め、コストを節約するための有効な手段になる。

しかしそれにはまず、スプリントのプロセスに手を加える必要があった。僕は個人とチームの生産性については長年考えてきたが、スタートアップがどんなもので、どんな事業上の問題を抱えているかをほとんど知らなかった。だがビルの熱意に惹かれ、GVがスプリントにとって、また僕にとっても最適な環境だと確信した。「世界最高の起業家を探し、世界をよりよい場所に変える手助けをするのがうちの使命だ」とビルに口説かれた。そんな誘いをどうして断れよう。

僕はGVに加わり、ブレイデン・コウィッツとジョン・ゼラツキー、マイケル・マーゴリスの3人のデザインパートナーと仕事をすることになった。4人はスタートアップと一緒にスプリントを行い、いろいろなプロセスを試し、結果を検証し、改良を重ねた。

この本で紹介するアイデアは、チーム全員で考案したものだ。ブレイデン・コウィッツは、スプリントのプロセスにストーリー中心型のデザインを加味した。個別の要素や技術ではなく、顧客体験全体に照準を合わせるという、斬新なアプローチだ。

ジョン・ゼラツキーは「終わりから始める」手法によって、事業上の最も重要な問題に必ず答えを出せるようにした。ブレイデンとジョンは、僕に欠けていたスタートアップや事業運営の経験をもとに、重要なことに集中してより賢明な決定が下せるよう、スプリントのプロセスを改良した。

マイケル・マーゴリスは、スプリントを実世界でのテストで締めくくるべきだと主張した。そして計画と実行に何週間もかかりがちな顧客調査を見直し、たった1日で明確な結果を導く方法を考案した。まさに目からウロコだった。おかげで、スプリントの最後に必ず答えが得られるようになり、このソリューションで正しいのだろうかと気を揉《も》むことがなくなった。

それにスタートアップを2社立ち上げ、片方をグーグルに売却してGVに加わった、起業家のダニエル・ブルカがいる。僕が初めてスプリントのプロセスを説明したとき、彼は疑わしげだった。「またわけのわからんビジネス用語をふりかざして、と思ったよ」と、あとでいわれた。それでも試してくれた。「あの初めてのスプリントで、ズバリ本質に迫り、たった1週間ですごいものをつくった。すっかりとりこになった」

ダニエルが起業家として培《つちか》った現場経験と、細部もゆるがせにしない緻密さは、プロセスに磨きをかけるのに大いに役立った。

「より多く」のことを「より速く」成し遂げる

2012年に初めてGVでスプリントを行ってからいままで、調整と実験を重ねてきた。

当初、迅速なプロトタイプ作成と顧客調査は、量産品にしか通用しないだろうと考えていた。医療や金融のような分野の専門家が、そんなにすばやく行動できるだろうか？

　だが意外にも、５日間のプロセスはもちこたえた。投資家から農家、がん専門医、中小企業経営者までの多様なクライアントの役に立った。ウェブサイトやｉＰｈｏｎｅアプリ、紙の検査報告書、ハイテク機器にも有効だった。

　製品開発だけじゃない。優先順位づけやマーケティング戦略、社名決定にもスプリントを利用した。そしてスプリントを行うチームが一体感を高め、アイデアを次々とかたちにするのを、何度となく目の当たりにしてきた。

　僕らのチームはここ数年間で、業務プロセスに関するアイデアを試行、実証するまたとない機会に恵まれている。ＧＶの投資先のスタートアップとのべ１００回を超えるスプリントを行っているほか、アン・ウォジツキ（遺伝子検査企業23ａｎｄＭｅの創業者でセルゲイ・ブリンの妻）やエヴァン・ウィリアムズ（ツイッターなどの創業者、連続起業家）、チャド・ハーリーとスティーブ・チェン（ＹｏｕＴｕｂｅの共同創業者）など、きら星のような起業家たちとの仕事からも多くを学んだ。

　僕が最初にめざしたのは、職場で過ごす時間を効率的で有意義なものにすること、本当に大事なことに集中して、自分のため、チームのため、顧客のために時間を有益に使うことだ。

　あれから10年以上たったが、スプリントのプロセスはこの目標を達成するのにいまも役立っている。この方法をこれからあなたと分かち合えるのが嬉しい。

あなたは大胆なビジョンのもとに、いまの仕事を選んだ。

そしてそのビジョンを——メッセージであれ、サービスであれ、経験、ソフトウェア、ハードウェア、またこの本のようなストーリーやアイデアであれ——世界に伝えたいと思っている。

だがビジョンを実現するのは簡単なことじゃない。雑事に追われ、ひっきりなしのメールに気をとられ、うっかり締切を逃し、会議で1日を無駄にし、疑わしい前提をもとに長期プロジェクトを進めがちだ。

そんな現状に甘んじることはない。スプリントは大きな問題を解決し、新しいアイデアを試し、より多くのことをより速く成し遂げる道筋になる。しかもいまより楽しく仕事ができるときたら、試さない理由は何もない。

それじゃ、始めよう。

ジェイク・ナップ

SPRINT

最速仕事術◎目次

はじめに――時間を最大限に活用する合理的な方法……3

成功するアイデアは、どの条件下で誕生するのか？……4

グーグルを変えた驚異のノウハウ「スプリント」……6

1日あれば明確な「結果」を導ける……8

「より多く」のことを「より速く」成し遂げる……10

INTRODUCTION
スプリントとは何か？

「難問」に立ち向かう……26

「重大なリスク」を特定する……28

無数のソリューションを瞬間的に絞り込む……31

「運命の瞬間」を目撃せよ……33

自信をもって「賭け」をする……35

1週間で「数カ月×巨額のコスト」の価値のある仕事をする……… 37
とにかく実践的に「やり方」を教えよう……… 38

SET THE STAGE 準備をする

第1章 「課題」を見抜く……… 44

ブルーボトルを「完璧」にするには？……… 45
「無知」を告白する……… 47
「3つのアイデア」をテストする……… 49
テストが「想像もしなかった結果」を生む……… 51
課題は大きければ大きいほどいい……… 52
まず「外見」をととのえる……… 56

第2章 「オーシャンズ7」を決める……… 57

なにがなんでも「決定権」をもつ人を参加させる……58
「決定者」を説き伏せる方法……59
チームの人数は「7人以下」にする……62
こうして「メンバー」を決める……64
「トラブルメーカー」を引き入れる……66
「追加の専門家」は月曜日に参加してもらう……67
「進行役」を選ぶ 67

第3章 「時間」と「場所」を確保する

「時間」と「場所」を確保する……69
「中断」が生産性を急落させている……70
「5日間連続」でスケジュールを確保する……71
「デバイス禁止」をルールにする……73
「ホワイトボード」が思考力を高める……74
大きなホワイトボードを「2つ」確保する……76
必要な「文房具」をまとめ買いしておく……78
進行役のためのヒント 「魔法の時計」を使う……79

MONDAY 目標を固める

第4章

「終わり」から始める……84

「タイムマシン」を作動させる……85
「長期目標」を定める……86
「スプリントクエスチョン」を書き出す……89

第5章

「マップ」をつくる……92

人間の能力では把握しきれない……93
問題をどう「質問」に落とし込むか？……95
これらの「共通点」は何？……99
「マップ」をつくる手順……100

第6章
「専門家」に聞こう……104
責任者の「完璧だ」はあてにならない……105
「話を聞く相手」を選ぶ……107
「専門家に聞こう」の手順……109
「どうすればメモ」という魔法の杖をふる……111
「ヒアリング」する……114
「どうすれば」をたくさん書く……118
バラバラのメモを「整理」する……120
丸いシールで「投票」する……121
第7章
「ターゲット」を決める……124
「誰」の「どの瞬間」がターゲットなのか？……125
「一番大きなことができそうなところ」を選ぶ……127
「ターゲット」を決める2つの方法……130
進行役のためのヒント　「最も忙しい」初日を乗り切る……133

TUESDAY
思考を発散させる

第8章
「組み替え」と「改良」に徹する……140
「既存のアイデア」を組み合わせる……141
使わなかった「古いアイデア」を探す……143
「光速デモ」を実行する……144
判断せずに何でも書いていく……147
分担するか、全員でとりくむか？……149

第9章
「スケッチ」する……151
絵が上手でも下手でも関係ない……151
「抽象的なアイデア」は間違って評価される……155
全員が「個別」にとりくむ……156
最も成功する「4段階スケッチ」……159

①メモ──24時間の「ベストヒット集」をつくる ……… 160
②アイデア──「落書き帳」のように何でも描く ……… 161
③クレイジー8──高速で「バリエーション」を考える ……… 162
④ソリューションスケッチ──3コマで「全体像」を見る ……… 165
進行役のためのヒント 「テストの相手」を探す ……… 171

WEDNESDAY ベストを決める

第10章 「決定」する

「決定」する ……… 180
「急成長」をどう維持するか？ ……… 182
「議論」が最速で終わる ……… 184
「くっつく決定」で心にくっつく決定をする ……… 186
①美術館──「ソリューションスケッチ」を貼り出す ……… 188
②ヒートマップ──人気の有無を「一目瞭然」にする ……… 188
③「スピード品評」──それぞれ「3分」で議論していく ……… 191

④模擬投票――素直に「判断」する……195
「本音」で決める……197
⑤スーパー投票――決定者が「最終決定」をする……199

第11章 「ガチンコ対決」をする……202

2つの「矛盾するアイデア」があったら？……203
「矛盾するアイデア」を闘わせる……204
「ニセの名前」をつける……205
「メモって投票」ですぐ決まる……207

第12章 「ストーリー」を固める……209

「エンディング」までの流れをつくる……210
「マス目」を書く……212
「冒頭シーン」を決める……215
ストーリーの「コマを埋める」……217
進行役のためのヒント 「バッテリー切れ」を起こさせない……222

THURSDAY 幻想をつくる

第13章 「フェイク」する

「フェイク」する……226
「9割方リアル」なものをつくる……227
「プロトタイプ思考」をする……230
「ちょうどいいできばえ」をめざす……232
フィットスター──「複雑なアプリ」を簡単に説明する……234
スラック──「2つのアイデア」を競合させる……239
ファンデーション・メディシン──報告書をわかりやすくする……240
サヴィオーク──「お届けロボット」の反応を試す……243
ワン・メディカル──「子連れ」の顧客に対応する……245

第14章 「プロトタイプ」をつくる

「プロトタイプ」をつくる……249
プロトタイプは「何」でつくるか？……250

サービスも「試作」できる……252
「正しいツール」を選ぶ……254
「5つの係」で分担する……255
スティッチャーが「つなぎ合わせる」……258
「試運転」を開始する……259

FRIDAY テストをする

第15章 「現実」を知る……262
「タイムワープ」を経験する……263
魔法の数「5」を使う……265
データに表れないことを知る……267

第16章 「インタビュー」をする……269

「5幕構成」で話を聞く……270
第1幕：親しみを込めた歓迎……273
第2幕：顧客の背景を理解するための質問……274
第3幕：プロトタイプを紹介する……276
第4幕：タスクと促し……278
第5幕：簡単なデブリーフィング……280
「阿鼻叫喚」のインタビューの効果……281
インタビュアーのためのヒント
「達人」になれる4つの工夫……284

第17章

「学習」する……290
事件を「解明」する……291
全員「同時」に観察、学習する……292
「いい」「悪い」「どちらでもない」のメモをとる……294
「効率的な失敗」という成果……296
3人以上の「パターン」を見つける……298
「クエスチョン」をふり返ることで前進する……299
こうして「解釈」し、「前進」する……300

「現実の人」に意味のあるものをつくる……303

おわりに——「仕事のやり方」が根本的に変わる……305
ハイスピードで仕事を回す方法が身につく……306
フェイスブックもマッキンゼーも使っている……308
こう飛べばいい……310

付録　チェックリスト&FAQ……313
謝辞……344
訳者あとがき……355

本文中の〔　〕は訳注を表す。
＊は脚注があることを示す。

INTRODUCTION スプリントとは何か？

２０１４年5月のどんより曇った朝、ジョン・ゼラツキーはカリフォルニア州サニーベールのくすんだベージュ色の建物に入っていった。グーグル・ベンチャーズ（ＧＶ）が最近出資した会社、サヴィオークと話し合うためである。迷路のような廊下を抜けて短い階段を上がり、「２Ｂ」と書かれた白木のドアを見つけて中に入った。

ハイテク企業と聞いて、赤く輝く目のロボットや「スタートレック」に出てくるようなホログラフィ、青写真の機密文書なんかを期待する人は、たいてい拍子抜《ひょうしぬ》けする。シリコンバレーのほとんどは、机とコンピュータ、コーヒーカップでできているのだ。

だが2Ｂのドアの向こうには、回路基板や切り抜いたベニヤ板、３Ｄプリントされたばかりのプラスチックパーツが山と積まれていた。はんだごてやドリル、青写真もあった。そう、本物の青写真の機密文書だ。

「これぞスタートアップだな」とジョンはつぶやいた。

「難問」に立ち向かう

彼が「マシン」を見たのは、このときが初めてだった。キッチンのゴミ箱のようなサイズとかたちの、高さ1メートルほどの円筒だ。ツヤツヤの白い筐体《きょうたい》は底広型で、上に行くにつれて細くなり、上部には顔のような小さなパネルがついている。そしてマシンは動くことができた。自力で床を滑るように動いた。

「これがロボットの『リレイ』だ」と、サヴィオークの創業者でCEOのスティーブ・カズンズはいった。ジーンズと黒っぽいTシャツを着たスティーブは、中学の理科教師のようなひたむきさを漂わせている。彼は小さなマシンを誇らしげに見ながらいった。「ここで、市販のパーツを使ってつくったんだ」

スティーブの説明によると、リレイはホテルの客室にものを届けるために開発された。自律走行し、一人でエレベーターに乗って、歯ブラシやタオル、スナックなどを客室に届けることができる。彼らが見守るなか、小型ロボットはイスの周りをゆっくり動き回り、電源の近くで止まった。

サヴィオークには世界トップレベルのエンジニアとデザイナーがそろっている。ほとんどがシリコンバレーの著名な民間ロボット工学研究所、ウィローガラージの出身だ。彼らはロボットヘルパーをレストランや病院、老人ホームなど、人間の暮らしにとり入れるというビジョンをもっていた。

スティーブは最初のターゲットにホテルを選んだ。ホテルはつねに同じ問題が生じる、比較的単純で変化の少ない環境だからだ。ホテルではチェックインとチェックアウト、部屋へのお届けのリクエストがフロントデスクに殺到する「ラッシュアワー」のピークが、毎朝夕に生じる。ロボットが力になれる絶好のシチュエーションだ。

ロボットは、近くのホテルで来月サービスを開始し、本物の宿泊客《ゲスト》にものを届けることになっていた。ゲストが歯ブラシやカミソリを忘れたら、お助けロボットの出番というわけだ。

だが一つ問題があった。ゲストがお届けロボットを気に入らないかもしれないと、スティーブたちは懸念した。気味悪いとか怖いとか思われたらどうしよう？　先端技術の集大成であるこのロボットに、人前でどんなふるまいをさせるべきか、彼らは決めかねていた。

ロボットがタオルなどを届けることには、薄気味悪いと思われるリスクがあると、スティーブは説明した。サヴィオークのヘッドデザイナーを務めるエイドリアン・カノーソは、リレイを親しみやすくするためのアイデアをいろいろもっていたが、ロボットをお披露目するまでにチームが下さなくてはならない決定は山ほどあった。

ロボットにどうやってゲストとやりとりをさせるか？　どれくらいの個性を与えるべき

か、どこを超えるとやり過ぎになるのか？　「それに、エレベーターという鬼門がある」とスティーブはつけ加えた。

ジョンはうなずいた。「人間と乗り合わせるのでさえ、気まずいもんな」

「そうなんだ」といってスティーブはリレイをなでた。「ましてやそれがロボットだったらどうなる？」

サヴィオークはまだ創業数か月で、デザインとエンジニアリングを軌道《きどう》に乗せることに専念していた。1000軒以上のホテルを運営する大手ホテルチェーン、スターウッドでの試験運用が決まっていたが、大きな問題がいくつか残っていた。それらはロボットの根幹に関わる、成否を左右する重要な問題で、ホテルでの試験運用が始まるまでの数週間で答えを出す必要があった。

まさに「スプリント」にもってこいだ。

「重大なリスク」を特定する

「スプリント」とは、GVが活用しているプロセスで、アイデアをプロトタイプのかたちにすばやく落とし込み、それを顧客とテストすることによって、たった5日間で重要な問題に答えを出す手法をいう。事業戦略やイノベーション、行動科学、デザインなどの手法の「ベストヒット」集を、どんなチームにも活用できる段階的プロセスにパッケージしたものだ。

サヴィオークのチームはこの体系化された意思決定プロセスを用いて、ロボットのアイデアを何十も検討し、集団思考に陥《おちい》らずに最強のソリューションを選ぶことができた。たった1日でリアルなプロトタイプをつくった。そしてスプリントの最後のステップとして、ターゲット顧客を集め、近くのホテルに即席研究室を設けてテストを行った。

この物語の天才ヒーローが僕らだといえたら、どんなにいいだろう。どんな会社にも乗り込んでいって、華々しいアイデアをくり出し、爆発的成功を導くヒーローだ。

でも残念ながら、天才は僕らじゃない。サヴィオークのスプリントが成功したのは、もとからチームにいた本物の専門家たちのおかげだ。僕らはただ、仕事をやり遂げるためのプロセスを提供しただけだ。


サヴィオークのスプリントの様子を紹介しよう。ロボットエンジニアじゃない人も、心配はいらない。僕らはソフトウェアやサービス、マーケティングなどの分野にも、同じスプリントの手法を使っている。

まず最初に、チームのメンバーは丸一週間の予定をすっかり空けた。月曜日から金曜日まで、すべてのミーティングをキャンセルし、メールに「外勤中」の自動応答メッセージを設定して、一つの問題に全力を注ぐことにした――「ロボットに人前でどんなふるまいをさせるべきか？」

次に期限を設定した。ホテルとの間で、スプリントウィークの金曜日に試験運用を行うことをとり決めた。チームにプレッシャーがのしかかった。試験運用の日までの4日間で実用的なソリューションをデザインし、プロトタイプを作成しなくてはならない。

月曜日、この問題についてわかっていることをすべて洗い出した。スティーブは、ホテルがゲストの満足度をとくに重視し、常時計測、追跡しているのだと、全員に説明した。もしリレイの試験運用中にホテルの顧客満足度が大幅にアップすれば、大きな受注が転がり込むだろう。だが満足度が変わらないか下がりでもして注文が入らなかったら、新規事業は暗礁《あんしょう》に乗り上げる。

僕らは重大なリスクを特定するために、「マップ」をつくった。マップとは物語のようなものだ。ゲストがロボットと出会い、ロボットはゲストに歯ブラシをわたし、ゲストはロボットに夢中になる。このなかに、ロボットとゲストが初めて出会う、決定的瞬間がある。たとえばロビー、エレベーターのなか、廊下など。

では、僕らはどの瞬間に力を注ぐべきだろう？　スプリントはたった5日間だから、具体的な瞬間をピンポイントで絞り込まなくてはならない。スティーブは「お届けの瞬間」を選んだ。これをきっちりやれば、ゲストを喜ばせることができる。だがしくじれば、フロントデスクは混乱した客への対応に一日中追われるだろう。

ある大きな懸念がくり返しもちあがった。ロボットが実際以上にかしこく見えるとまずいことになる。「みんなC－3POやウォーリーに慣れちゃってるからな」とスティーブはこぼした。「ロボットには感情や計画、希望、夢があると思い込んでいる。うちのロボットはそこまで進んでいない。ゲストが話しかけても返事は返せない。がっかりさせたらおしまいだ」

無数のソリューションを瞬間的に絞り込む

火曜日、チームは問題からソリューションへ焦点を移した。騒々しいブレーンストーミングを行う代わりに、各自が個別にソリューションをスケッチした。デザイナーだけじゃない、チーフ・ロボットエンジニアのテッサ・ラウ、事業開発責任者のイズミ・ヤスカワ、それにCEOのスティーブもだ。

水曜日の朝、スケッチとメモが会議室の壁に貼り出された。新しいアイデアのほか、前に却下されたアイデアや、十分検討されなかった古いアイデアもまじっていた。ソリューションは全部で23あった。

これをどうやって絞り込もう？　普段なら何週間もの会議やEメールのやりとりをもって決定する。でも僕らに許された猶予《ゆうよ》はたった1日。金曜日のテストが目前に迫っているのを、誰もがひしひしと感じていた。僕らは投票と体系化された議論によって、すばやく、静かに、いい争うことなく決定を下していった。

サヴィオークのデザイナー、エイドリアン・カノーソのとびきり大胆なアイデアもテストされることになった。ロボットに顔をつくり、ビープ音とチャイムを鳴らすというものだ。また、スケッチのうち、おもしろそうだが異論の多いアイデアもとり入れられた。ロボットが嬉しいときに小躍りするのだ。「個性を与えすぎじゃないかという不安はある」とスティーブはいった。「でもリスクをとるなら、いましかないだろう?」

「そうよ」とテッサはいった。「いま爆発したって、直せばいいんだから」。そういって、みんなの表情に気づいた。「やだ、言葉のあやよ。心配しないで、ロボットはぶっ壊れたりしないから」

木曜日になった。金曜日のホテルでの試験運用のために、あと8時間でプロトタイプをつくらなくてはならない。普通に考えたら間に合うはずがない。だが僕らはプロトタイプを時間内に仕上げた。それには2つのトリックがあった。

①大変な作業のほとんどはもう終わっていた。水曜日のうちに、テストするアイデアを決定し、テストするソリューションをくわしく書き出していた。残るは実行だけだった。

②ロボットはまだホテル内を自律走行する必要はなかった。この時点では、客室に歯ブラシを1本届けるという、限られたタスクをうまくやっているように見せればそれでよかった。

ロボットエンジニアのテッサ・ラウとアリソン・ツェーは、プレイステーションのコントローラーでロボットを操作できるよう、おんぼろのラップトップを使ってプログラミングを行い、ロボットの動きを微調整した。エイドリアンは巨大なヘッドフォンをかぶって効果音を制作した。僕らはiPad上にロボットの「顔」をつくり、ロボットのてっぺんにとりつけた。午後5時にはすべての準備が整った。

「運命の瞬間」を目撃せよ

金曜日、地元カリフォルニア州クパチーノのスターウッドホテルで、ゲストのインタビューを行った。朝7時、客室の壁に2台のウェブカメラをダクトテープで貼りつけて、即席研究室を立ち上げた。午前9時14分、1人めのゲストのインタビューの始まりだ。

ゲストの若い女性は客室の内装を見回した。白木の家具、ナチュラルなテイスト、新しめのテレビ。モダンで快適な部屋だけど、何も変わったところはないようね。とすると、このインタビューはいったい何のためかしら？

彼女の隣に立っていたのはGVのリサーチパートナー、マイケル・マーゴリスだ。マイケルはこの時点ではテストの対象をまだ秘密にしておきたかった。彼はサヴィオークのチームが選んだ質問に答えを出せるように、インタビューの構成を練っていた。

マイケルは、これから旅行の習慣に関する質問をするが、お届けものが来たら普段通り反応してほしいと説明した。そしてメガネを押し上げながら、ホテルに到着したときの習慣について質問した。スーツケースはどこに置きますか？　荷物を開けるのはいつ？　そして、歯ブラシを忘れたことに気づいたらどうしますか？

「さあ、どうかしら、たぶんフロントに電話するわね」

マイケルはクリップボードにメモした。そして「オーケイ」といって机の電話を指さし、「どうぞ電話をかけてください」といった。彼女はダイアルした。「かしこまりました」と受付係はいった。「すぐに歯ブラシをおもちします」

女性が受話器を戻すと、マイケルは質問を続けた。いつも同じスーツケースを使いますか？　最近旅行で何かをもってくるのを忘れたのはいつですか？

プルルル……机の電話が鳴って答えをさえぎった。女性が受話器を上げると自動メッセージが流れた。「歯ブラシのお届けに参りました」

女性は何の気なしに部屋を横切り、ハンドルを回してドアを開けた。そのころ本社のスプリントチームは画面に張りつき、彼女の反応を目を皿にして見守っていた。

「うそでしょ」と彼女はいった。「ロボットじゃないの！」

ピカピカのハッチがゆっくり開いた。中には歯ブラシが1本入っている。女性がスクリーンをタッチしてお届けを確認すると、チャイムとビープ音が鳴った。彼女がこの体験に5つ星の評価を与えると、小さなマシンは前後に体を揺らしてハッピーダンスをした。

「まあカワイイ！」と彼女はいった。「ロボットに会えるなら、もうここにしか泊まらないわ」

でも僕らを一番喜ばせたのは、この言葉じゃない。ライブビデオを通して見た満面の笑顔だ。それに、彼女がやらなかったこともだ――女性はロボットとのやりとりで、ぎこちないためらいや苛立《いらだ》ちを見せることはなかった。

自信をもって「賭け」をする

1人めのインタビューの間、僕らは不安でドキドキしながらライブビデオを見ていた。でも2人め、3人めのインタビューになると、笑い声や歓声さえあげた。ゲストというゲストがみな同じ反応をしたのだ。初めてロボットを見て興奮し、問題なく歯ブラシを受けとり、タッチスクリーンでお届けを確認し、ロボットを送り返した。もう一度ロボットを見たいがために、二度めのお届けを頼みたがった。ロボットと自撮《セルフィー》りをする人まででもロボットと会話しようとした人は1人もいなかった。

一日の終わりに、ホワイトボードは（肯定的な反応を表す）緑色のメモでいっぱいになった。賛否両論あったロボットの個性は――まばたきや効果音、それに「ハッピーダンス」さえ――文句なしの成功だった。サヴィオークはスプリントを行うまで、ロボットの能力について過大な期待をもたれないよう、神経をとがらせていた。でもロボットに愛嬌のある個性を与えることが、ゲストの満足度を高める秘訣だとわかった。

もちろん、すべてが細部にいたるまで完璧だったわけじゃない。タッチスクリーンの反

サヴィオークのロボット「リレイ」

応は鈍かったし、効果音のタイミングがずれたところもあった。それにロボットのタッチスクリーンで簡単なゲームを遊べるようにするというアイデアは、まったくウケなかった。

こうした不備のせいで、エンジニアリング作業の優先順位を見直す必要が生じたが、本番までにまだ時間はあった。

3週間後、リレイはホテルでフルタイム勤務を開始した。

ロボットは大反響を呼んだ。チャーミングなロボットを紹介する記事がニューヨークタイムズとワシントンポストに載り、最初のひと月で10億ドル相当のメディア露出が得られた。

でも何よりよかったのは、ロボットがゲストに気に入られたことだ。夏が終わるまでに新型ロボットへの注文が殺到し、生産が追いつかない状況が続いた。

サヴィオークはロボットに個性を与えるという賭けに出た。スプリントでリスキーなアイデアをすばやく試せたからこそ、自信をもって賭けができたのだ。

1週間で「数か月×巨額のコスト」の価値のある仕事をする

よいアイデアはなかなか見つからない。またどんなによいアイデアでも、実世界で成功するかどうかはわからない。このことはスタートアップの経営にも、クラスでの授業にも、大企業で働くことにもあてはまる。

一口に「実行」といっても、簡単なことじゃない。どこに一番力を入れるべきか？　そもそもどこから手をつければいいのか？　このアイデアを具体化するとどうなるのか？　それを考えるのに、有能な1人を任命するのがいいか、チーム全体でブレーンストーミングをしたほうがいいのか？　会議や議論を何度くり返せば確信がもてるのか？　そしていったん決定したら、誰が責任をもって実行するのか？

投資先のスタートアップがこういう重大な問題に答える手助けをするのが、GVのパートナーである僕らの使命だ。

僕らは時間給のコンサルタントじゃない。投資家だ。スタートアップの成功が、僕らの成功になる。スタートアップがすばやく問題を解決し、自立するのを助けるのが目標だ。

そのためにスプリントのプロセスを調整して、最小限の時間で最大限の結果を出せるようにした。

　このプロセスの何がいいかといえば、チームにすでにそろっている人材、知識、ツールを活用できる点だ。

　スプリントを行うスタートアップは、堂々めぐりの議論をすっ飛ばして、たった1週間で数か月分の仕事をやってのける。試用版《ベータ》の製品を公開するまでアイデアの検証を待つ代わりに、リアルなプロトタイプを使って明快なデータをすばやく手に入れる。

　スタートアップは、スプリントからとてつもない力を得ている。なにしろ巨額の投資を行う前に、未来へ時間を早送りして、完成した製品と顧客の反応をかいま見られるのだ。リスキーなアイデアがスプリントで成功すると、莫大《ばくだい》な成果が得られる。

　だが費用対効果が最も高いのは——もちろん痛みは伴うが——失敗したときだ。たった5日間の作業で重大な欠陥を発見できるのは、効率の極みだ。実地の経験を通して、しかも手ひどい損をこうむらずに学習できるのだから。

とにかく実践的に「やり方」を教えよう

　GVはファンデーション・メディシン（高度ながん遺伝子検査の企業）、ネスト（スマート家電のメーカー）、ブルーボトルコーヒー（もちろん、コーヒーのメーカー）などの会社とスプリントを行ってきた。

新規事業の実行可能性を評価したり、新しい携帯用アプリの初期バージョンをつくったり、数百万のユーザーがいる製品を改良したり、マーケティング戦略を決定したり、医療検査報告書をデザインしたりするのに、スプリントを活用している。スプリントは次の戦略を練る投資銀行にも、自走車をつくるグーグルのチームにも、数学の大きな課題にとりくむ高校生にも役立っている。

あなたもこの本を独習ガイドにして、ビジネスの重大な問題に答えを出すために、自分なりのスプリントを行ってほしい。

月曜日に問題を洗い出して、どの重要部分に照準を合わせるかを決める。
火曜日に多くのソリューションを紙にスケッチする。
水曜日に最高のソリューションを選ぶという困難な決定を下し、アイデアを検証可能な仮説のかたちに変える。
木曜日にリアルなプロトタイプを完成させる。
金曜日に、本物の生身の人間でそれをテストする。

この本は小難しい理論は抜きで、細かいところまで掘り下げてやり方を説明する。これを読めば、いま一緒に働いている人たちの中から完璧なスプリントチームを選抜する方法

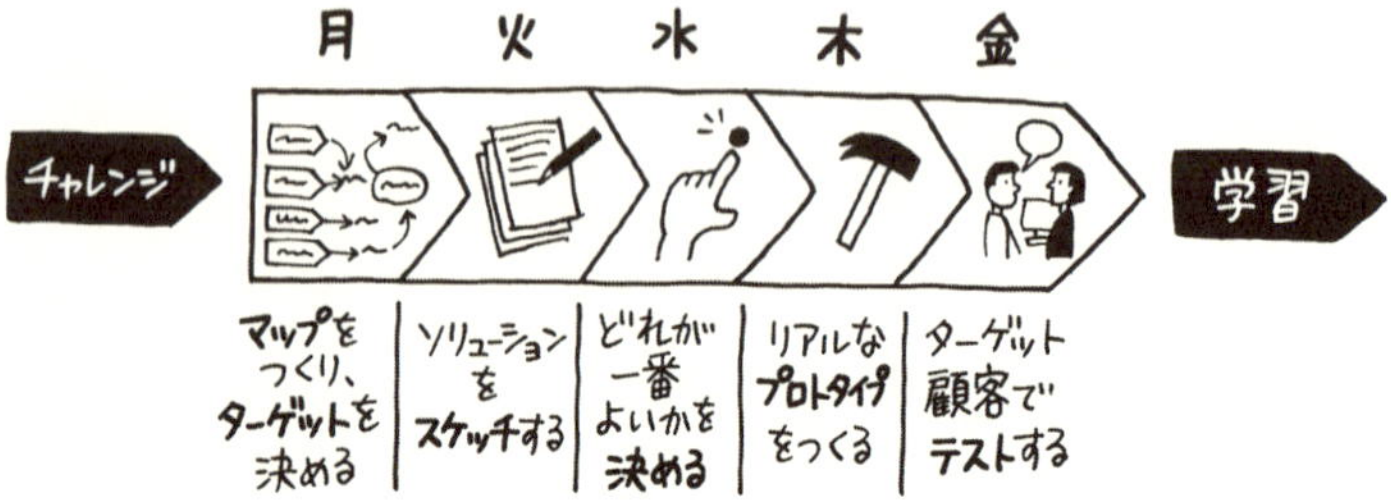

スプリントの「5日間」でやること

がわかる。大きなことや（チームの多様な意見と1人のリーダーのビジョンの両方を最大限活用する方法など）、中くらいのこと（チームが3日間連続でスマホとPCをオフにしなくてはいけない理由など）、細かいこと（ランチを午後1時に食べなくてはならない理由など）を学べる。

隅々まで行き届いた、パーフェクトな完成品はつくれないが、急速に前進し、正しい方向に向かっているという確信をもつことができる。

これから紹介する考え方のなかには、なじみ深いものもあれば、初めて聞くものもあるだろう。リーン開発やデザイン思考にくわしい人は、スプリントを通してそうしたアイデアを実地にあてはめることができる。アジャイル型の開発プロセスを用いるチームは、僕らの「スプリント」を異質だが補完的なアイデアと考えてほしい。

こういった手法を聞いたことがない人も、心配は無用。大丈夫だ。

この本は専門家であれ初心者であれ、大きな機会や問題、アイデアにとりくむすべての人に役立つ内容になっている。ここで紹介するどのステップも、１００回を超えるスプリントを通して十分に試行、検証、計測され、増え続けるスプリント経験者のフィードバックによって精緻化《せいちか》されている。効果がないものは、そもそもとりあげない。

巻末には、ショッピングリストや曜日ごとの進行表などのチェックリストを載せた。だから、読みながら全部暗記する必要はない。どんどん読み進め、スプリントを実行する準備ができたら、巻末でチェックリストが待っている。

とはいえ、スプリントを開始する前に周到な準備をしておかないと、成功はおぼつかない。これからその準備をする方法を説明しよう。

SET THE STAGE

準備をする

スプリントを始める前に、
適切な「課題」と適切な「チーム」を選ぼう。
それと、スプリントを行うための「時間」と「空間」も必要だ。
本章では、準備をする方法を説明する。

第1章

「課題」を見抜く

２００２年にクラリネット奏者のジェームズ・フリーマンが、プロの演奏家の仕事をやめて立ち上げたのは……「コーヒーカート」だった。

ジェームズは焙煎《ばいせん》したてのコーヒーにはまっていた。当時のサンフランシスコエリアでは、焙煎日が袋に表示されたコーヒー豆を買うのはほぼ不可能だった。そこでジェームズは自分でやることにした。自宅のガレージで丁寧に豆を煎《い》り、カリフォルニア州のバークリーとオークランドのファーマーズマーケットにもっていき、その場でコーヒーを淹《い》れてカップで売った。彼の物腰は穏やかで柔らかく、コーヒーは絶品だった。

やがてジェームズと「ブルーボトルコーヒー」という名の移動式カートは、ファンを広げていった。２００５年にサンフランシスコの友人のガレージに1号店をオープンした。事業の拡大とともにカフェを少しずつ増やし、２０１２年にはサンフランシスコ、オークランド、マンハッタン、ブルックリンに店を構えていた。絵に描いたように完璧なビジネスだ。

コーヒーは全米トップクラスにランクされ、バリスタは親しみやすく知識が豊富だった。カフェの内装さえ申し分なかった。木の棚に、センスのいいセラミックタイル、しゃれたスカイブルーの控えめなロゴ。

ブルーボトルを「完璧」にするには？

だがジェームズはこのビジネスを完璧とも、完全とも思っていなかった。以前と変わらずコーヒーともてなしに情熱を傾け、ブルーボトルの体験をより多くのコーヒー愛好家に届けたいと願っていた。ブルーボトルの店が近くにない人にも、焙煎したてのコーヒーを届けたかった。あのコーヒーカートを人類初の人工衛星スプートニクにたとえるとしたら、次のステップは月ロケット打ち上げのようなものになる。

２０１２年10月、ブルーボトルコーヒーはＧＶを含むシリコンバレーの投資家集団から、２０００万ドルの増資を受けた。ジェームズは資金の使い道についていろんな計画をもっていたが、そのうち一番はっきりしていたものが、新鮮なコーヒー豆を販売する新しいオンラインストアを立ち上げることだった。

でもブルーボトルは技術系の会社ではないし、ジェームズはオンライン小売販売の専門家でもない。どうすればカフェの魔法をスマートフォンやラップトップ上で表現できるだろう？

数週間後のよく晴れた12月の午後、GVのブレイデン・コウィッツとジョン・ゼラツキーはジェームズと会った。カウンターにすわってコーヒーを飲みながら話し合った。オンラインストアはとても重要だ。でも満足のいくものをつくるには相当な時間とコストがかかりそうだし、どこから手をつけていいかさえわからない。

つまり、スプリントにもってこいの課題だ。ジェームズも同意した。

3人はスプリントチームに誰を含めるかを話し合った。

オンラインストアの構築を担当するプログラマーは当然外せない。また、ジェームズはブルーボトルのCOO（最高業務責任者）とCFO（最高財務責任者）、広報担当マネジャーも入れることにした。顧客の質問や苦情を処理するカスタマーサービス責任者も加えた。さらには会長のブライアン・ミーハンも加えた。ミーハンはイギリス最大のオーガニック食品のチェーンストアを創業した、小売のエキスパートだ。もちろん、ジェームズ自身も参加する。

オンラインストアは、実質的にはソフトウェア開発プロジェクトだった。つまり僕らGVにとっては勝手知ったる領域だ。

でもこのチームは、一般的なソフトウェア開発チームとはかけ離れていた。全員が多忙な要人で、丸一週間重要な仕事から離れることになる。このスプリントは、そこまでしてやるべきものになるのだろうか？

「無知」を告白する

スプリントウィークの月曜日の朝、ブルーボトルのチームはサンフランシスコのGV本社会議室に集まった。僕らは顧客がオンラインストアでコーヒーを購入するときの流れを、ホワイトボードに図で示した。

チームがターゲットに選んだ顧客は、初めてブルーボトルのコーヒー豆を購入する「新規顧客」だ。

ジェームズがスプリントのターゲットをそう決めた理由は、それがとても手ごわい課題だからだ。ブルーボトルのカフェを訪れてコーヒーを味わったことはおろか、ブルーボトルの名さえ聞いたことのない人たちにも信頼され、すばらしい体験を提供するサイトを構築できれば、どんなタイプの顧客にも喜んでもらえるはずだ。

だが僕らはしょっぱなから大きな問題にぶつかった。

コーヒーをどうやって分類すべきだろう？　購入者は、ほとんど見分けのつかない袋に入った十数種類のコーヒー豆のなかから選ぶことになる。それにカフェとはちがって、そこには選ぶのを手伝ってくれるバリスタもいない。

最初、答えは考えるまでもないように思われた。小さなコーヒー焙煎店からスターバックスのような巨大企業に至るまで、コーヒーの小売業者はたいてい産地別にコーヒー豆を分類している。アフリカ、ラテンアメリカ、太平洋地域。ホンジュラスのコーヒーとエチオピアのコーヒー。ブルーボトルにとっても、この方法で豆を分類するのが当然だろう。

「じつは、白状することがあるんだ」ブレイデンの言葉に全員がふり向いた。「僕はコーヒーに目がなくてね。家にはスケールから何から全部そろえてる」

デジタルスケールは本物のコーヒー愛好家の証《あかし》だ。スケールをもっているということは、つまりブレイデンはコーヒーの淹れ方にこだわり、水とコーヒー豆の重さを量って比率をいろいろ変え、好みの味になるよう試行錯誤を重ねているということだ。まさに科学の世界だ。デジタルコーヒースケールを使えば、0・1グラム単位まで正確に測れる。

ブレイデンはニコッと笑って、お手上げのポーズをした。「でも、地域っていわれてもピンと来ないんだよな」。部屋中がシーンとした。僕らはジェームズの顔をまともに見られなかった。ブレイデンの正直な告白は異端に思われたかもしれない。

「いいんだよ」とジェームズがいった。

すると堰《せき》を切ったように告白大会が始まった。ジョンとジェイクはコーヒーの産地によるちがいを知らなかったし、ダニエル・ブルカもそうだった。僕らはいつも一緒にコーヒーを飲んでいたのに、これまで誰ひとりとして無知を暴露したことはなかった。

そのとき、ブルーボトルのカスタマーサービス責任者セラ・ジアルッソが、指をパチンと鳴らしていった。

「カフェではどうしてるの？」

なんといってもカフェのバリスタは「ブレイデン的状況」に始終遭遇しているはずだ。つまりコーヒー豆を買いに来た顧客が、何を買っていいかわからずに悩むというシチュエーションだ。

ジェームズはいつもゆっくりと、言葉を選んで話をする。彼はちょっと考えてから「コーヒーは淹れ方がとても大切なんだ」といった。「だからバリスタには、お客さんに簡単な質問をするよう教えている。家ではコーヒーをどうやって淹れていますか、と」。ジェームズによると、バリスタはケメックス、フレンチプレス、コーヒーメーカーなど、顧客が何を使っているかを聞いて、それに合う豆を勧めているのだという。

「家ではコーヒーをどうやって淹れていますか、か」ブレイデンがくり返した。全員がメモをとった。

こうしてジェームズは、オンラインストアはカフェでのもてなしの基準にかなうものにすべきだというビジョンを打ち出し、スプリントを始動させたのだ。僕らは問題の核心にふれたような気がした。

「3つのアイデア」をテストする

次の1日は、オンラインストアのアイデアをスケッチするのに費やし、水曜日の朝には15種類のソリューションが出そろった。全部を顧客とテストするわけにはいかないから、絞り込む必要がある。各自が気に入ったアイデアに投票し、意思決定者のジェームズが最終的にスケッチを3つ選んだ。

1つめのスケッチは、ウェブサイト上でカフェの雰囲気をそのまま再現するというアイデアを表していた。サイトはブルーボトルの店内そっくりで、木の棚まであった。

2つめのスケッチは文字だらけで、バリスタが顧客との間でよく行うやりとりを示していた。

ジェームズが最後に選んだ3つめのスケッチは、コーヒー豆を淹れ方によって分類するというもので、「家ではどうやってコーヒーを淹れていますか?」の質問を画面上でそのまま表していた。

ジェームズは3つの競合するアイデアを選んだ。

さて、どのアイデアのプロトタイプをつくってテストしようか?

一番人気は1つめのバーチャルカフェのアイデアだった。ブルーボトルの美的センスは賞賛されているから、それを反映したウェブサイトなら差別化を図れる。これは試さないわけにはいかないが、困ったことにほかのソリューションと相容れない。だが残る2つにもとても興味をそそられ、どうしても絞りきれなかった。

そこで3つのプロトタイプをすべてつくることにした。なにしろ、きちんと機能するウェブサイトは必要ないのだ。テストでニセのオンラインストアを本物らしく見せるには、主要な数ページさえあればいい。

僕らはプレゼンテーションソフトの「キーノート」を使って、本物の3種類のウェブサイトのように見えるスライドをつくった。そして工夫して画面をつなぎ合わせ、テスト顧客に使ってもらえるプロトタイプに仕上げた。

テストが「想像もしなかった結果」を生む

金曜日、チームは顧客のインタビューを観察した。ブルーボトルの3種類のプロトタイプを競合企業のサイトに紛れ込ませ、コーヒー愛好家に一人ずつ順に買い物をしてもらった（顧客にいらぬヒントを与えないよう、それぞれのプロトタイプにニセの名前をつけた）。

テストを通してパターンがはっきりした。

期待の高かった、木の棚のあるバーチャルストアはどうだったか？　僕らは見栄《みば》えのいいものができたと自負していたが、顧客からは「陳腐」「うさんくさい」といった予想外の意見があがった。

もう2つのプロトタイプはずっとウケがよかった。「家ではどうやってコーヒーを淹れていますか？」のデザインは、問題なく機能した。そして意外だったのが、「文字だらけ」のデザインへの反応だ。顧客は説明をすみずみまで読み、詳細な情報を通してブルーボトルのメッセージと専門性を肌で感じとったのだ。

ある顧客は感じ入ったようにつぶやいた。「この連中はコーヒーを知り尽くしている」

ジェームズとブルーボトルのチームは、スプリントによって自信を深めた。オンラインストアのあるべき姿に近づいた。なにより、ブルーボトルのもてなしの精神にふさわしいと感じられる方法で、ものごとを進められた。そして、オンラインストアを通して本物のブルーボトル体験を伝えることができると確信するに至った。

数か月後、ブルーボトルの新しいウェブサイトがオープンすると、オンライン売上高は倍増した。翌年ブルーボトルはコーヒー定期購入《サブスクリプション》サービス会社を買収し、より大きなチームと新しいテクノロジーのもとでウェブストアを拡充し、新しい商品で実験を始めた。

納得できるオンラインストアが一朝一夕で完成しないことはわかっていたが、とにもかくにもスプリントで一歩を踏み出すことができたのだ。

課題は大きければ大きいほどいい

ブルーボトルの新しいオンラインストアのように、何か月、何年もかかるような大がかりなプロジェクトを始めようとするとき、スプリントを行えば幸先のよいスタートが切れる。でもスプリントは長期のプロジェクトだけのものじゃない。スプリントはとくに次のような厄介な状況で役に立つ。

①リスクが高いとき

ブルーボトルのように、大きな問題を抱えていて、解決するのに莫大な時間とコストがかかるとき。あなたは大型船の船長だ。スプリントは、全力前進する前に航海図を確かめ、正しい方向へ舵《かじ》を切るチャンスになる。

②時間が足りないとき

ロボットをホテルでの試験運用に間に合わせようと急いでいたサヴィオークのように、厳しい締切に追われているとき、よいソリューションがいますぐ必要だ。スプリントはその名の示す通り、高速化のためのプロセスだ。

③何から手をつけていいかわからないとき

重要なプロジェクトには、どこから始めていいかわからないものもあるし、始めたはいいが途中で失速するものもある。そんなとき、スプリントは補助推進ロケットになる。問題解決に対する新鮮なアプローチにより、重力の支配を抜け出せる。

僕らはスタートアップにスプリントを説明するとき、最も重要な問題にとりくむことを勧めている。スプリントには相当なエネルギーと集中力が必要だ。小さな成功を狙うアイデアやおまけ的なプロジェクトだと、誰にも本気でとりくんでもらえない。そもそもスケジュールを空けてもらうのさえ難しい。

逆に、大きすぎる問題はあるだろうか？

スプリントがウェブサイトやソフトウェア関連の課題に有効なのはわかるが、大規模で複雑きわまりない問題はどうだろう？

ジェイクは少し前、ポンプ・噴霧器《ふんむき》メーカーのグラコの副社長を務める、友人のデイビッド・ロウに会いに行った。グラコは小さなスタートアップじゃない。創業90年を超える巨大多国籍企業だ。

グラコは組立ラインで使う新しい工業用ポンプを開発中だった。デイビッドはスプリントによってプロジェクトのリスクを軽減できないかと考えた。なにしろ新しいポンプの設計と製造には、18か月と数百万ドルもかかるのだ。正しい軌道に乗っていると確信できればどんなに安心だろう。

ジェイクは工業用組立ラインのことは何も知らなかったが、好奇心からエンジニアリングチームのミーティングに参加した。

「正直いうと」とジェイクは口をはさんだ。「工業用ポンプは、1週間でプロトタイプをつくってテストするには複雑すぎるような気がするよ」

だがチームは引き下がらなかった。5日間しかないなら、ポンプの新機能を紹介するカタログのプロトタイプをつくって、営業訪問で試してみればいい。こんなテストでも、売れるかどうかという問題に答えを出せるはずだ。

でもポンプ自体のテストはどうする？ ここでもエンジニアが名案を出した。使いやすさをテストするには、新型ノズルを3Dプリンターで出力して、既存のポンプに装着したらどうだろう。設置具合をテストするには、近くの製造工場にケーブルとホースをもっていき、組立工の意見を聞けばいい。完璧なテストとはいいがたいが、ポンプの製造を開始する前に重大な問題に答えを出せるだろう。

ジェイクはまちがっていた。工業用ポンプはスプリントに複雑すぎるということはなかった。エンジニアのチームは5日間という制約のもとで、専門知識を駆使してクリエイティブに考えた。課題をいくつかの重要な質問のかたちに落とし込むと、近道が現れた。

この話の教訓は何だろう？

大きすぎてスプリントで扱えないような問題はない、ってことだ。

無謀に聞こえるかもしれないが、そういいきれる大きな理由が2つある。1つには、チームはスプリントを行うことで、最も緊急性の高い質問にいやでも集中するようになる。2つめとして、スプリントでは完成品の「外見」だけをつくって学習できるからだ。

たとえばブルーボトルはスライドショーを使って、ウェブサイトのように見えるプロトタイプを――それを実際に動作させるプログラムや在庫管理のプロセスを構築する前に――つくった。グラコはカタログを使って、売り込む製品を設計、製造する前に、「商談」のプロトタイプをつくった。

まず「外見」をととのえる

外見は重要だ。なぜなら外見は製品／サービスと顧客の接点だからだ。人間は複雑で気まぐれだから、いままでにない新しい状況でどんな反応が返ってくるかは予測できない。新しいアイデアが失敗する原因は、顧客がわかってくれるはず、気に入ってくれるはずだという過信にあることが多い。

外見さえきっちりつくっておけば、そこから逆算して、必要なシステムや技術を考えることができる。外見に重点を置くことで、実行を正式に決定する前に、大きな質問にすばやく答えられる。だからこそスプリントは、どんなに大きい問題にも役立つのだ。

第2章 「オーシャンズ7」を決める

ジョージ・クルーニーとブラッド・ピットが主演した映画「オーシャンズ11」は、泥棒映画の最高傑作だ。

クルーニー演じる前科者のダニー・オーシャンは、プロの犯罪集団を組織して、空前絶後の現金強奪を計画する。ターゲットはラスベガスのカジノ。ボクシングのタイトルマッチが開催される夜、カジノの金庫には1億5000万ドルを超える現金が入っている。勝算は薄く、時間は刻々と過ぎていく。うまくやり遂げるには、周到な戦略のもと、チーム全員の特殊技能を結集しなくてはならない。メンバーにはスリに爆破専門家、曲芸師までそろっている。痛快な映画だ。

スプリントは、あの完璧に仕組まれた現金強奪に似ている。あなたのチームは与えられた才能と時間、エネルギーを最大限に活かして、とんでもない難題にとりくみ、機転と少しばかりの裏ワザで、行く手を阻《はば》む障害を乗り越える。成功するには適切なチームが欠かせない。スリはいらないが、リーダーと多様な人材が必要だ。

なにがなんでも「決定権」をもつ人を参加させる

完璧なスプリントチームをつくるには、まずダニー・オーシャン、すなわち意思決定権限をもつ人を決めよう。この重要な役割を担う人を「決定者」(ディサイダー)と呼ぶ。

決定者はプロジェクトの正式な意思決定者だ。スタートアップでは、創業者かCEOがこの役割を担うことが多い。規模の大きな会社なら副社長やプロダクトマネジャーでもいいし、別のチームのリーダーでもいい。一般に、決定者は問題を深く理解していて、明快な意見と価値基準でチームを正しい解決策に導いていく。

たとえばブルーボトルコーヒーのスプリントでは、CEOのジェームズ・フリーマンが参加したことが成功のカギだった。彼はチームにブルーボトルの基本理念を説明し、「カフェでのもてなしの基準にかなうオンラインストア」にすべきとビジョンを語った。そしてこのビジョンに一番合うスケッチを選んだ。また彼はバリスタがどんなふうに教育されているかを知っていた。この細かい知識が、意外なソリューションの扉を開いた。

だが決定者が重要なのは、専門知識とビジョンのためだけじゃない。彼らをスプリントに含めるべき重要な理由はもう一つあって、僕らは苦い経験を通してそれを学んだ。

僕らが初期に行ったスプリントに、大失敗に終わったものがある。無実の人たちを守るために、この会社をヤリイカ株式会社と呼ぼう。無実じゃない人たちの名を教えると、ジェイク、ジョン、ブレイデンだ。しくじったのは僕らなのだ。[*1]

僕らはヤリイカ社でプロジェクトを推進していたチーム全員を、スプリントに誘った。といっても、１人を除く全員だ。その１人は、ヤリイカ社のＣＰＯ（最高製品責任者）のサムだった。その週サムは出張の予定が入っていたが、それ以外の全員は都合がついた。そんなわけでヤリイカ社のスプリントはサム抜きで行われ、彼らはプロトタイプをつくってテストした。プロトタイプは顧客に喜ばれ、製品を実際につくる準備が整った。

だがサムが出張から戻ると、プロジェクトに終止符が打たれた。いったいなぜ？

ソリューションのテスト自体はうまくいった──でもサムは、そもそも解決すべき問題が正しく選ばれていないと感じたのだ。チームにはもっと重要な優先事項があった。

このスプリントが失敗したのは、僕ら３人の責任だ。僕らはサムならきっとこう考えると推測し、その読みは間違っていた。なにがなんでも決定者に同席してもらうべきだった。

「決定者」を説き伏せる方法

決定者はスプリントに関与しなくてはいけない。もしこの本を読んでいるあなたが決定

＊１　この本ではうまくいかなかったスプリントもいくつかとりあげた。いろいろ考えた末、関係した会社や人を仮名にすることにした。名前を伏せることで、友人たちに気まずい思いをさせずに、何が悪かったのかを正直に書けるからだ。了承してほしい。

者なら、スケジュールを完全に空けて臨もう。あなた以外の人が決定者なら、参加してくれるよう説き伏せよう。

だがスプリントに戸惑いを感じる人もいる。なにしろ初めてのプロセスにしては拘束時間が長い。そこで、決定者が渋ったら、こんな理屈で説得するといい。

「急速な前進」ができる

スプリントでどれだけのことができるかを力説しよう。たった1週間でリアルなプロトタイプをつくれるのだ。顧客とのテストに（少なくとも実際にやってみるまでは）尻込みする決定者もいるが、ほとんどの人はすばやく結果が得られることを好む。

これは「実験」だ

初回のスプリントは実験と考えよう。一度試してもらえれば、効果があるかないかがわかる。僕らの経験からいうと、仕事のやり方を変えたがらない人も、一度きりの実験なら進んでやってくれることが多い。

「デメリット」を説明する

チームがスプリントウィークに逃すことになる、重要なミーティングや仕事をリストアップして決定者に見せよう。パスするものと、あとでやるもの、その理由を説明しよう。

「集中」できる

なぜやりたいと思うのかを率直に話そう。チームの時間が細切れで仕事の質が落ちているなら、決定者にはっきりそういおう。すべての仕事でそこそこの成果をあげるより、一つの仕事ですばらしい成果を出したいと訴えよう。

スプリントをやるのはいいが、丸一週間は参加できないと決定者にいわれたら、要所要所で参加してもらおう。月曜日に問題についての考えを話してもらい、水曜日にテストすべき適切なアイデアを一緒に選び、金曜日はプロトタイプへの顧客の反応を見てもらう。

こうした〝カメオ出演〟しかできない場合は、常時参加できる代理人を正式に立ててもらうこと。

僕らがスタートアップとやるスプリントでは、CEOがチームの1人か2人を、自分が参加できないときの代理人に任命することが多い。あるスプリントでは、CEOがデザインディレクターにこんなメールを送った。「本プロジェクトのすべての意思決定権限を、貴殿に付与します」

ばかばかしい？ たしかに。

効果はある？ もちろんだ。

正式な権限委譲のおかげで、ものごとがとても明快になった。ヤリイカ社のときもこんな明快さが必要だった。

ところで決定者がスプリントの価値を認めてくれない場合はどうする？ カメオ出演さえ断られたら？

それはまずい危険信号だ。もしかするとプロジェクト選びをまちがったのかもしれない。決定者とじっくり話し合い、ほかに適切な課題がないかどうか考えよう。*2

さて、決定者（1人または2人）の協力をとりつけたら、次はスプリントチームの編成だ。スプリント期間中、朝から晩まで毎日顔をつきあわせて働くメンバーを選ぼう。月曜日に問題を理解してターゲットを決め、1週間の残りでソリューションをスケッチし、アイデアを品評し、プロトタイプをつくり、顧客インタビューを観察する仲間だ。

チームの人数は「7人以下」にする

僕らの経験からいうと、スプリントの理想的な人数は7人以下だ。8人や9人、それ以上になると進行が滞り、全員の集中力と生産性を保てなくなる。7人以下だと何ごともやりやすい（はいはい、「オーシャンズ11」は11人だったね。でもあれは映画だから！）。

では誰を含めるべきか？ 当然、製品の製造やサービスの運営に関わる人——エンジニア、デザイナー、プロダクトマネジャーなど——は何人かほしい。彼らは製品／サービスのしくみを知り尽くしているし、問題に関するアイデアをすでにもっているかもしれない。

だが普段一緒に働いている人だけに限定しないこと。スプリントが最も成功するのは、多様な人材がそろっているときだ。実行に関わるコアな人たちに加えて、専門的な知識をもつ人材を何人か含めよう。

サヴィオークのスプリントでは、ロボットエンジニアやデザイン責任者など、しかるべきメンバーからすばらしいアイデアが出た。だが最も重要な貢献をしたのは、イズミ・ヤスカワだった。イズミはロボット製作チームの一員ではないが、サヴィオークの事業開発責任者として、ホテルがどんなふうに運営されていて、ロボットに何を求めているかを、誰よりもよく理解していた。

ブルーボトルコーヒーでも、カスタマーサービス責任者とCFO（最高財務責任者）という、普段ウェブサイト作成に関わらない人たちから重要な洞察が得られた。ほかのスプリントでも心臓専門医や数学者、農業コンサルタントなどから、すばらしいソリューションが出ている。

彼らに共通する特徴は何だろう？　専門分野に精通し、課題に情熱をもっていることだ。スプリントに引き入れたいのは、そんな人たちだ。

＊2　例外的なケース：ときにはチームが経営陣の意に反するプロジェクトを意図的に選ぶこともある。プロトタイプと実データを通して、自分たちの主張の正しさを経営陣に証明しようとする場合だ。だが正式な決定者抜きでスプリントを行うつもりなら、慎重にことを進めること。その勇気には拍手を送るが、忘れてはいけない。決定者はスプリントに関与しないとき、結果を握りつぶすことが多いのだ。

こうして「メンバー」を決める

メンバー選びはとても難しいから、虎の巻をつくってみた。ここに挙げた役割をすべて含める必要はないし、同じ役割の人が2、3人いてもいい。でもできるだけ多様なメンバーにするのを忘れずに。

決定者

チームを代表して決定を下す人。会社のCEOや、プロジェクトの最高責任者がいいだろう。決定者が最初から最後までスプリントに参加できない場合は、節目ふしめで顔を出してもらい、常時参加できる代理の決定者を1人（か2人）任命してもらう。

例：CEO、創業者、プロダクトマネジャー、デザイン責任者

財務の専門家

お金がどこから来るのか（どこへ出て行くのか）を説明できる人。

例：CEO、CFO、事業開発責任者

マーケティングの専門家

会社のメッセージを考える人。

例：CMO（最高マーケティング責任者）、マーケティング担当者、PR責任者、コミュニティマネジャー

カスタマー業務の専門家

顧客と日常的に話す人。

例：リサーチャー、営業担当者、カスタマーサポート担当者

技術／ロジスティクスの専門家

会社が何を構築し、何を提供できるかを一番よく理解している人。

例：CTO（最高技術責任者）、エンジニア

デザインの専門家

製品をデザインする人。

例：デザイナー、プロダクトマネジャー

「チーム」なんていうと安っぽく聞こえるが、スプリントチームは正真正銘のチームだ。なにしろ5日間肩を並べて働く仲間だ。金曜日には全員が課題と有望なソリューションを

きっちり理解して、問題解決マシンの歯車になっている。この協力的な雰囲気があるからこそ、スプリントは必ずしも意見が合わない人を含める絶好の機会になる。

「トラブルメーカー」を引き入れる

僕らはスプリントの前に、いつもこう尋ねることにしている。

仲間に入れないとトラブルになりそうな人はいないか？

何にでもケチをつけたがる不平屋じゃなく、聡明だが強い反対意見をもっていて、スプリントに誘うのがややためらわれる人だ。

このアドバイスには、反対を抑えるという目的もある。トラブルメーカーにゲスト出演だけでもしてもらえれば、仲間意識や当事者意識をもってもらえる。だがさらに重要な理由もある。トラブルメーカーはほかの誰ともちがう観点から問題を見ている。彼らが考える解決策はとんでもないようで、じつは正しいのかもしれない。たとえまちがっていても、反対意見が出ることでチームの意欲がかき立てられる。

もちろん、反骨分子はひとつまちがうともてあまし者になってしまうが、ただ意見が合わないからという理由だけで除外しないこと。この本を通して説明するように、スプリントは相反するアイデアを宝に変えるプロセスなのだ。

スプリントに含めたい人をリストアップすると、7人を超えることが多い。そのこと自体は強力なチームのしるしだから問題ない。だが、そこは厳しく決断を下す必要がある。

僕らはどの7人を選ぶべきかはアドバイスできないが、選ばなかった人たちをどうするかを説明して、選びやすくすることはできる。

「追加の専門家」は月曜日に参加してもらう

スプリントに含めたい人が7人を超える場合、選に漏れた人たちは月曜日の午後に「専門家」として短時間、ゲスト出演してもらおう。彼らの知っていることや意見をヒアリングする絶好の機会になる（「専門家に聞こう」のプロセスは、104ページでくわしく説明する）。専門家1人につき、30分見ておく。こうすればチームを小さく機動的にとどめつつ、多様な意見をとり入れられる。

さて、「決定者」「スプリントのメンバー」「ゲスト専門家」を選んだ。チームはこれで決まりだ。いや、もう1人いた。そう、スプリントを運営する人が必要だ。

「進行役」を選ぶ

「オーシャンズ11」ではブラッド・ピットが演じるラスティ・ライアンが強盗計画をどんどん前に進めていく。スプリントにもラスティ・ライアンが必要だ。時間や議論、プロセス全体を責任をもって管理する、「進行役」（ファシリテーター）だ。ミーティングの進行に慣れていて、議論をまとめ、無駄話はやめて次に進もうと促すことのできる人がいい。これは重要な仕事だ。そしてこの本を読んでいるあなたも、進行役の有力候補だ。

進行役は決定に関して中立を保たなくてはいけないから、決定者と進行役を同じ人が兼任するのはよくない。普段チームと一緒に仕事をしていない、外部の人を進行役にするとうまくいくことが多いが、そうでなくてもかまわない。

この本は進行役を想定読者としているが、スプリントに関心のあるそれ以外の人にも、同じくらい役立つはずだ。この本のアドバイスは進行役を対象に、月曜日の朝から金曜日の午後までの活動を説明するために書かれているが、進行役でない人にも役に立つ情報が満載されている。

オーシャンズがおもしろいのは、なんといってもメンバー一人ひとりが特殊技能を活かし、協力し合って強盗を成功させるところだ。どの登場人物も意味をもって台本に登場するが、何をするかはその場になるまでわからない。

スプリントも同じだ。部屋にいる専門家一人ひとりが、背景情報であれ、斬新なアイデアであれ、顧客についての明敏な見解であれ、何らかの重要な貢献をする。誰がどんな発言をし、どんな行動をとるかは、その場になるまでわからない。だが適切なチームを組めば、思いがけないソリューションが必ず生まれる。

第3章
「時間」と「場所」を確保する

典型的な職場の典型的な1日は、こんなふうに過ぎていく（70ページの図）。長く忙しい1日だが、「生産性」が高いとは限らない。会議やメールや電話のたびに注意が寸断され、本当にやるべき仕事がはかどらない。こういう中断は、生産性という名のピクニックに解き放たれたハチの大群だ。

中断の悪影響については、多くの研究結果が報告されている。バージニア州ジョージ・メイソン大学で行われた研究では、エッセイの執筆を途中で中断すると、中断しなかった場合に比べて文章はより短くなり、質も落ちたという。

カリフォルニア大学アーバイン校の研究者は、いったん注意が途切れると、もとの仕事に戻るのに平均23分かかると報告している（この研究の続きは、メールに返信してから読むことにするよ）。

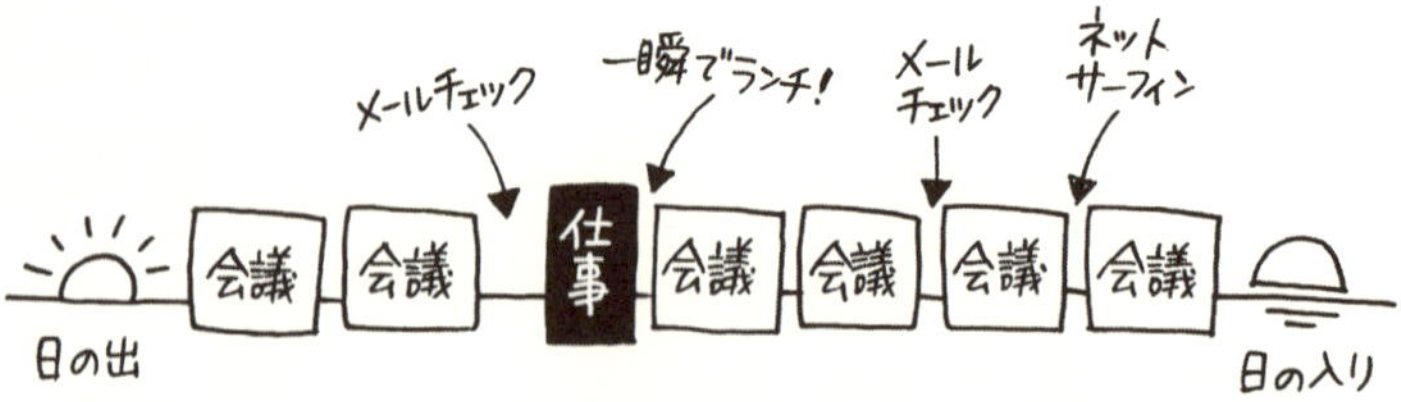

典型的な職場の典型的な1日

「中断」が生産性を急落させている

中断が生産性に支障をきたすのは、疑いのない事実だ。

もちろん、こんな仕事のやり方を好む人はいない。大事な仕事をきちんとやりたいのはみな同じだし、意義のある仕事、とくに創造的なとりくみが必要な仕事を片づけるには、長時間邪魔されずに集中する必要があるのもわかっている。

これが、スプリントの最高の側面の一つだ。スプリントは自分のやりたい方法で仕事をする口実になる。

予定を空け、一つの重要な目標をめざして突っ走れる。プロジェクトごとに頭を切り替える必要もないし、突然邪魔が入ることもない。

スプリントの1日はこんな感じだ（71ページの図）。

スプリントは10時に始まり、途中1時間のランチをはさんで、17時に終わる。そう、スプリントの典型的な1日の仕事時間は、たった6時間だ。

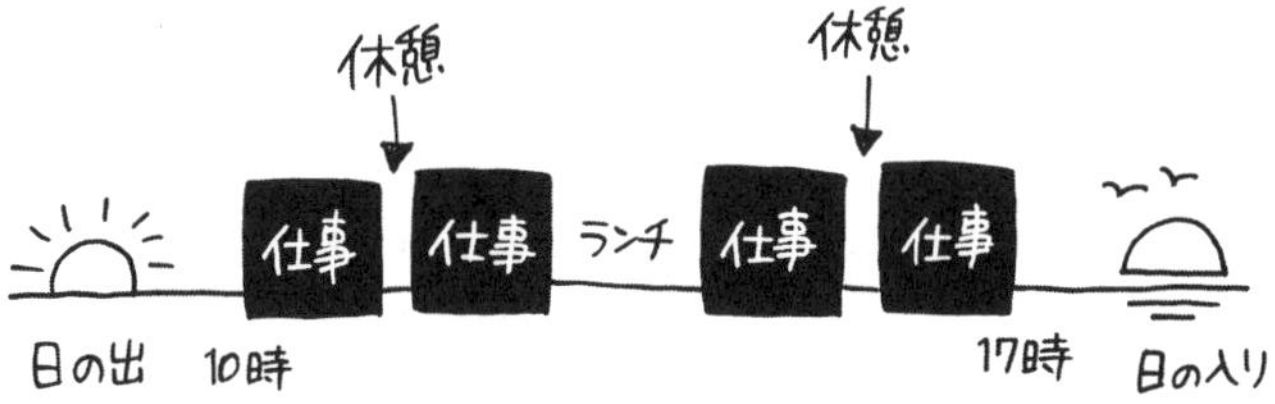

スプリントの１日

長く働けば成果があがるってものじゃない。

適切な人材を一堂に集め、活動を体系化し、気が散るものをとり除けば、無理のないスケジュールで急速に前進できるのだ。

スプリントには相当なエネルギーと集中力が必要だから、ストレスや疲労で参っていたら全力でとりくめない。開始時間を遅めの10時にすることで、１日が始まる前に全員がメールをチェックし、通常の業務の状況を確認できる。疲れ果てる前に１日を終えることで、１週間を通して高いエネルギーを保てる。

「５日間連続」でスケジュールを確保する

スプリントチームは月曜日から木曜日の午前10時から17時まで、同じ部屋ですごさなくてはならない。これはあたりまえだが重要なことだ。金曜日のテストは少し早い午前９時から始める。

なぜ５日間なのか？

僕らはもっと短いスプリントも試してみたが、疲弊したうえ、

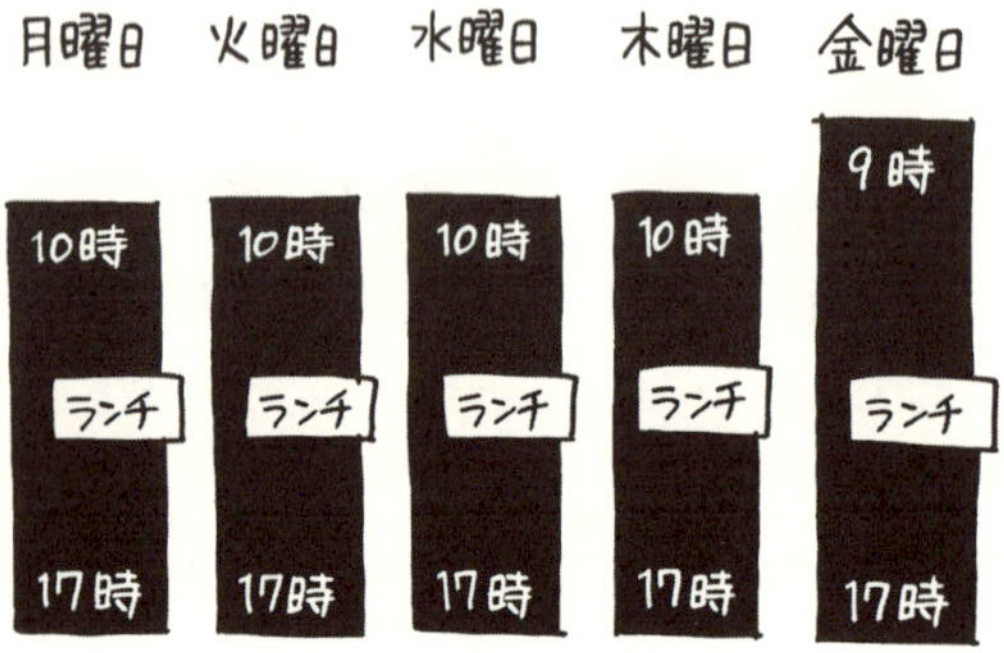

スプリントは５日間、集中して行う

プロトタイプをつくってテストする時間がなかった。6週間や1か月、10日間のスプリントもやってみたが、1週間に比べて格段に高い成果があがったことは一度もなかった。

週末をはさむと連続性が失われ、注意散漫と先延ばしが忍び寄ってきた。また仕事に時間をかければかけるほど、自分のアイデアに愛着を感じ、その分同僚や顧客から学ぼうという意欲が失せた。

5日間という期間には、焦点を絞り、無駄な議論を避けることを促す緊迫感と、燃え尽きるまで働かなくてもプロトタイプをつくってテストできる余裕がある。またほとんどの企業が週5日制をとっているから、5日間のスプリントは既存のスケジュールに組み込みやすい。

チームは短い午前休憩（11時半ごろ）と1時間のランチ（13時ごろ）、短い午後休憩（15時半ごろ）をとる。休憩は「ガス抜きバルブ」のようなもので、メンバーはその間脳を休め、ほかの仕事の進捗を確認できる。
スプリントルームでは全員がスプリントの課題に全力で集中する。チーム全体がラップトップを閉じ、携帯電話をしまわなくてはならない。

「デバイス禁止」をルールにする

スプリントでは時間が貴重だから、気を散らすものを部屋にもち込む余裕はない。そこで僕らは簡単なルールを定めた。ラップトップ、携帯電話、ｉＰａｄのもち込み禁止だ。ＶＲ（仮想現実）ヘッドセットも禁止。この本を未来に読んでいる人はホログラムも禁止、過去に読んでいる人はゲームボーイも禁止だ。

デバイスはスプリントの勢いを吸いとってしまう。画面を見ている人は部屋のなかで起こっていることに注意を払わないから、チームを手伝えない。それどころか、「この仕事はおもしろくない」というシグナルを、無意識のうちに発している。

デバイスなしですごすのは、最初は落ち着かないかもしれないが、解放感があっていいものだ。それに大丈夫、外界から完全に遮断されるわけじゃない。誰も重要なことを見逃すことのないよう、デバイス禁止のルールには例外を２つ設けた。

①休憩中にデバイスをチェックするのはＯＫ。

デバイスを見ているのは、「この仕事はおもしろくない」と言っているのと同じ

②部屋を出てデバイスをチェックするのもOK。

（いつでも、無条件でだ。電話に出るのも、メールチェックも、ツイートも自由——ただし、部屋の外でやること）

特定の目的のためにデバイスを使うこともある。チーム全体に何かを見せる必要があるときや、木曜日のプロトタイプ作成のときだ。ほら、そんなに意地悪じゃないだろう？

スプリントではデバイスのもち込みは禁止だが、いつでも部屋から出てデバイスを使っていいと、メンバーに事前に伝えておこう。この脱出ハッチがあるから、多忙な人も通常業務に支障をきたさずに参加できる。明確なスケジュールとデバイス禁止ルールの相乗効果で、必要なことに存分に集中できる。こうして確保した時間と集中力を最大限活用するにはよい作業空間が欠かせない。おしゃれな空間は必要ないが、ホワイトボードは必要だ。

「ホワイトボード」が思考力を高める

アナグマ社（これも実名じゃない）は、サンフランシスコでもとびきり感じのいいオフィスをもっている。おしゃれなソーマ地区の一等地に立つ改修したビルで、梁出《はりだ》し天井と鏡面仕上げのコンクリート、それに一面のガラスが目を引く。でも一つだけ問題があった。ホワイトボードだ。

まずはなんといっても小さかった。横幅はせいぜい90センチ。書いたり消したりをくり返したために表面は灰褐色で、どんなスプレーを使っても黒ずみが消えなかった。アナグマ社は職場にありがちな問題にも悩まされていた。インクのかすれたホワイトボードマーカーだ。そんなわけで灰色の面に灰色のインクで書くことになり、見にくいったらありゃしなかった。

面積が狭いのにも閉口した。アナグマ社の新しいモバイルアプリを顧客が発見するまでのマップを書いただけで、スペースがいっぱいになった。続いてアナグマ社の技術責任者が定期購入プランのしくみを説明し始めた。プランの構造はとても大事だから、ブレイデンはホワイトボードの残りのスペースに必死に書きとめようとした。

でもいかんせん狭すぎた。ブレイデンはしばらくの間、余白にちまちま文字を書き、それでも足りず、壁にノートの紙を貼りつけたりもした。とうとう僕らはタイムをとり、オフィスデポに走ってポスターサイズの巨大なふせんを買ってきた。結局1時間半ほど無駄にして、貴重な教訓を学んだ。スプリントの開始前にホワイトボードをチェックすべし。

なぜ僕らはアナグマ社で書くスペースを増やすのに1時間半も時間を費やしたのか？

それは、大きなホワイトボードを使って問題解決にとりくむと、魔法が起こるのを知っているからだ。人間の短期記憶はあまりよくないが、空間記憶は驚異的だ。スプリントルームの壁にメモや図表やプリントをびっしり貼るのは、その優れた空間記憶を活用するためだ。部屋全体を、チームの「共通の脳」に見立てるのだ。

僕らの友人で、デザインコンサルティング会社IDEOのCEOティム・ブラウンは、『デザイン思考が世界を変える』（早川書房）のなかでこう書いている。

「プロジェクトの資料を一度に確認できるようにすることで、資料をファイル・フォルダー、ノート、パワーポイントのスライドとして保管しておくよりもはるかにすばやくパターンを見つけ出し、クリエイティブな綜合を促すことができる」

大きなホワイトボードを「2つ」確保する

大きなホワイトボードが2つは必要だ。少なくともこれだけあれば、（板面を写真に撮ったり、消したり並べ替えたりする工夫は必要だが）スプリントのほとんどの活動を行い、かつ最も重要なメモをスプリントウィークを通じて目立つところに残しておける。

スプリントルームの壁にホワイトボードが2つ設置されていない場合、簡単に手に入れる方法がいくつかある。

移動式ホワイトボード

大小いろんなサイズのものがある。小さいものは床に近い部分が書きづらく、書くたびにガタガタゆれる。大きいものはずっと高価な分、使いやすい。

アイデアペイント

アイデアペイントとは、塗るだけで普通の壁をホワイトボードに変えてしまう塗料だ。なめらかな面には塗りやすいが、ざらざらした壁にはあまり適さない。アイデアペイントを塗るときは、壁の全面に塗ろう。アイデアペイントの塗っていない壁に誤って書いてしまう人が必ず出てくる。

紙

ホワイトボードをどうしても確保できない場合は、紙で代用する。ポスターサイズのポストイットは、値段は張るが使いやすいし、書き損じてもすぐ交換できる。模造紙はたっぷり書けるが、壁に固定するのにかなりのコツがいる。

理想をいえば、スプリントは5日間朝から晩まで同じ部屋で行いたい。でも残念ながらいつもそうできるとは限らない。多くのハイテク企業が、楽しいがめったに使わないサッカーゲームやビデオゲーム専用の部屋、果ては音楽室までつくりながら、一番重要なプロジェクトのために部屋一つ空けられないのにはいつも驚かされる。

相部屋でスプリントを行うなら、どこへでも運べる移動式ホワイトボードを確保しよう。チームの「共通の脳」を夜のうちに消されてはたまらない！

会議室を独占できなくても、移動式ホワイトボードをついたてにすれば、即席のスプリントスペースができる。子どものころイスや毛布で秘密基地をつくったように、何かを壁にテープで貼ったり家具を動かしたりして、心地よい作業空間をつくろう。

必要な「文房具」をまとめ買いしておく

スプリントを始める前に、文房具をたっぷり買っておこう。ふせん、マーカー、ペン、タイムタイマー（このあとで説明）、コピー用紙など。僕らは文房具には強いこだわりがあるから、巻末（316ページ）にショッピングリストを載せておいた。

進行役のためのヒント

「魔法の時計」を使う

「あとどれくらい？」

１９８３年秋、ジャン・ロジャースはオハイオ州シンシナティの自宅で、この言葉を一日に何度耳にしたことだろう。４歳の娘ロランは、時間になみなみならぬ関心をもっていた。ジャンはありとあらゆる答えを試してみた。

「短い針がここに来るまでよ」

「アラームが鳴るまで」

「セサミストリート２回分の時間」

どう説明しても、小さなロランは理解できなかった。ジャンはわかりやすい時計を探し回った。デジタル時計とアナログ時計を試した。ゆで卵用のタイマーや目覚まし時計も使った。時間という抽象的な概念を４歳児にわからせてくれる時計を求めて、シンシナティ中のショッピングモールをかけずり回った。でもどれもだめだった。

「あきらめるもんですか」とジャンは思った。「必要なら自分でつくるわ」

そして彼女はまさにそれをやってのけた。

その夜ジャンははさみと紙の束とボール紙をもってキッチンのテーブルにすわり、実験を開始した。「プロトタイプ第1号はごく簡単なものだった」とジャンはいう。

「赤い紙皿を回転させて、白い紙皿の切り込みの下に滑り込ませたの。オール手動で、時間の動きに合わせて手で皿を回転させたわ」

ロランは一目で理解し、これはイケるとジャンは直感した。この発明品を「タイムタイマー」と名づけた。最初は自宅の地下室で、部品を両面テープでとめてつくった。そしてタイムタイマーをもとに、ゆっくり着実に事業を築いていった。現在ジャン・ロジャースは年商数百万ドルの会社のCEOを務め、タイムタイマーはアムステルダムの幼稚園からスタンフォード大学まで、世界中の教室で使われている。

タイムタイマーにはシンプルな美しさがある。当初のデザイン通り、時間とともに赤い円盤が減っていき、抽象的な時間の経過が手にとるようにはっきり理解できる。

ジェイクは息子の学校の教室で、初めてタイムタイマーを見て恋に落ちた。「お願いです」と彼は先生にすがりついた、「どこで買えるか、教えてもらえませんか」。タイムタイマーが幼稚園児に役立つなら、CEOに役立たないはずがないと考えたのだ。実際、その通りだった。

僕らはスプリントで3分間から1時間までの細切れ時間を計るのに、タイムタイマーを活用している。期限をこまめに設定することで、集中力と緊張感を高められる。

もちろん特別な装置を使わなくても時間を計る方法はいろいろあるが、タイムタイマーは余分なコストをかけてでも手に入れる価値がある。

タイムタイマーで進行が格段に速く、ラクになる

大きな機械じかけの装置だから、どんなスマホやｉＰａｄのアプリを使うよりも全員に見やすい。また普通の時計とはちがって、計算も記憶も必要なく、見るだけで残り時間がわかる。時間は視覚化することによって理解し、話題にしやすくなる。それはジャンの娘ロランにとってと同様、専門家のチームにとっても大切なことだ。

あなたが進行役なら、タイムタイマーを使うメリットはもう２つある。

１つには、「できる人」という印象を与えられる。なにしろすごい時計を操っているのだ！

２つめとして、誰も認めようとはしないが、じつは厳しいスケジュールが好きな人は多いのだ。タイムタイマーを使うことによって、スプリントのプロセスにも、進行役であるあなたにも信頼感をもってもらえる。

ジェイクはいつもちょっと前置きをしてから、タイムタイマーを紹介する。人の話をタイマーで区切るのはとかく気まずいからだ。こんな前置きをする。

「これから段取りを進めるためにこのタイマーを使うよ。これが鳴ったら次のトピックに移れるかどうか考えてほしい。話しているときにタイマーが鳴ったら、少し時間を延長するから、そのまま話し続けてかまわない。これは単なる目安で、火災報知器じゃない」

初めてタイムタイマーをセットすると、メンバーの目が丸くなり、血圧も少し上がるかもしれない。でも試してみよう。午後になればみんな慣れるし、スプリントが終わったらもって帰りたいとせがまれること請け合いだ。

MONDAY

目標を固める

月曜日の体系化された議論によって、
スプリントウィークの道筋が決まる。
この日の午前中に「終わりから始めるプロセス」で
長期目標を決定する。
次に課題の「マップ」を作成する。
午後は社内の「専門家」に知っていることを話してもらう。
そして最後にマップ上で、困難だが１週間で
なんとか答えを出せそうな「ターゲット」を選ぶ。

第4章 「終わり」から始める

アポロ13号の物語は有名だが、念のためにいっておくとこんな話だ。宇宙飛行士が月に向かい、宇宙船の酸素タンクが爆発し、みんなが固唾《かたず》を呑んで地球への帰還を見守る。

1995年のロン・ハワード監督の映画「アポロ13」では、NASAの管制センターのチームが黒板の周りに集まり、新しい計画を練った。白いベストに角刈りの主席飛行管制官ジーン・クランツが、険しい表情でチョークをつかみ、黒板にシンプルな図を描く。損傷した宇宙船が月を回り、2日以上かけて(願わくば)地球に帰還する航路のマップだ。目標は明確だ。宇宙飛行士を無事帰還させるためには、彼らを生かし続け、正しい軌道をずっと維持させなくてはならない。

クランツはこの目標を書いた黒板に、劇中何度も立ち戻る。管制センターの混乱のさなかにあって、チームはこのシンプルな図に助けられ、正しい問題に集中することができた。彼らが何よりも先にやったのは、宇宙船が軌道を外れて深宇宙に向かわないよう、進路を修正することだ。次に宇宙飛行士が呼吸できるよう、二酸化炭素濾過《ろか》フィルターを改造し

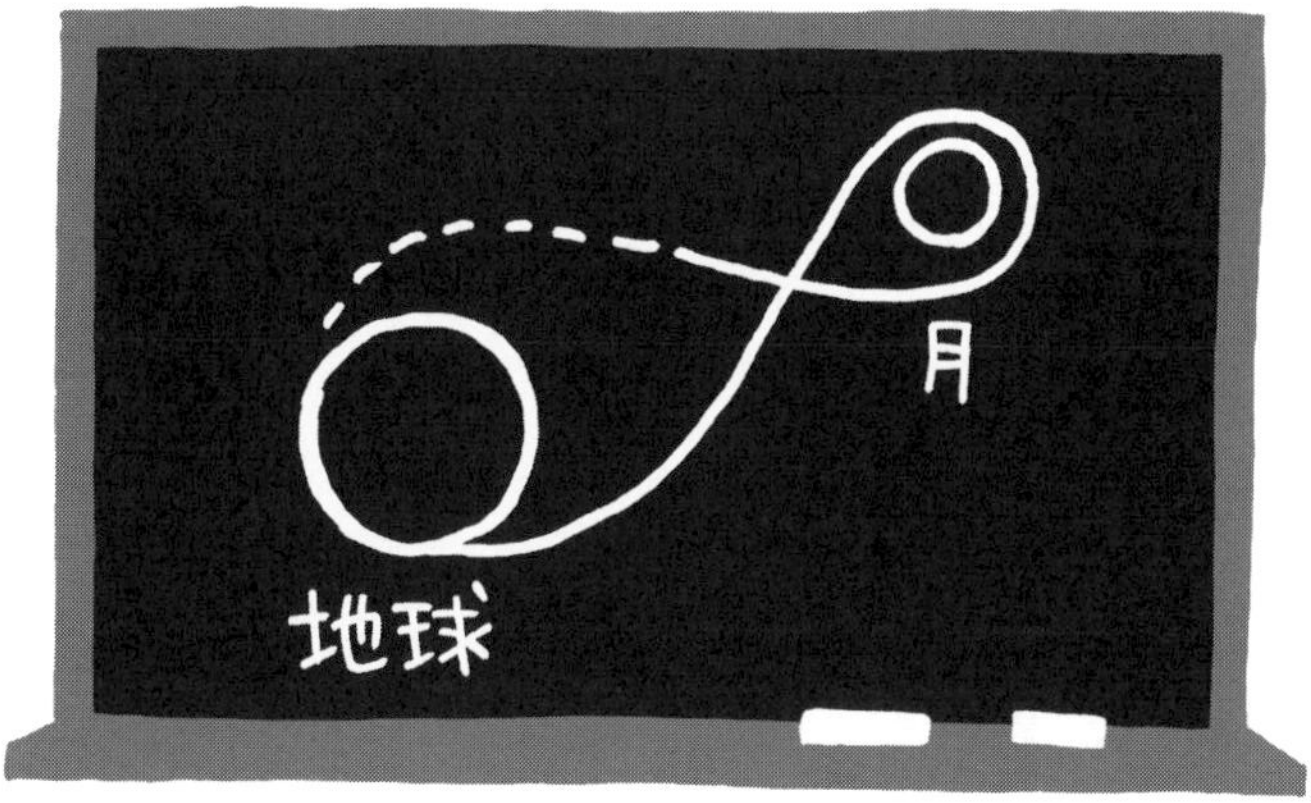

管制センターの黒板はこんな感じだった

た。それからようやく、安全な着陸に注意を向けたのだ。

「タイムマシン」を作動させる

スプリントの課題のような大きな問題を目の前にすると、すぐにでも解決にとりくみたくなる気持ちはわかる。時間は刻々と過ぎ、チームは勇み立ち、解決策を次々と出し始める。

だがその前にスピードを緩め、お互いの知っていることを共有し、優先順位をつけなければ、問題のまちがった部分に無駄な時間と労力を費やすことになるかもしれない。

もしも管制センターが最初にエアフィルターの心配をしていたら、軌道修正のわずかなチャンスを逃し、その結果宇宙船アポロ13

号は軌道を外れ、遠い冥王星のほうへ逸《そ》れてしまっただろう。

だがNASAは考えを整理し、解決にとりくむ前に優先順位を決めた。かしこいやり方だ。あなたのチームも、同じようにしてスプリントにとりくみ始める。実際、スプリントでは（酸素はたっぷりあることだし）初日をまるまる計画にあてるのだ。

月曜日は、「終わりから始める」というエクササイズから始める。まずは先を——スプリントウィークの終了時点とその先を——見据えよう。ジーン・クランツが地球への帰還を図で表したように、あなたも基本事項を整理する。長期目標と、答えを出さなくてはならない難問を打ち出すのだ。

終わりから始めるのは、タイムマシンのキーを手に入れるようなものだ。スプリントの終了時点に時計の針を進めたら、どんな問題に答えが出ているだろう？　6か月先や1年先に飛んだら、プロジェクトのおかげで事業のどんな点が改善しているだろう？

そんなことは考えるまでもないと思っても、月曜日に時間をとって未来を具体的に思い描き、書きとめておくことに意義がある。まずはプロジェクトの「長期目標」だ。

「長期目標」を定める

話し合いの口火を切るには、こんな質問をするといい。

「僕らはなぜこのプロジェクトをやっているんだろう？　いまから半年後、1年後、5年後にどうなっていたいのか？」

話し合いは30秒から30分程度ですませる。目標になかなか合意できないことも、目標がはっきりしないこともあるだろう。でもきちんと話し合って決めておこう。スピードを緩めるのは歯がゆいかもしれないが、明確な目標を立てたという満足感と自信は、1週間の支えになる。

長期目標はあっさり決まることもある。ブルーボトルコーヒーの長期目標ははっきりしていた。「新規顧客によいコーヒーをオンラインで届けること」だ。

もっと単純に、「オンラインストアの売上を伸ばすこと」をめざしてもよかったが、顧客体験の質を落としたくなかったし、既存のファンだけでなく新規顧客の開拓にも果敢《かかん》にとりくみたかった。そこでこうした抱負を盛り込んだ長期目標を立てた。

長期目標を定めるために、簡単な議論が必要になることもある。サヴィオークがお届けロボットのリレイによって成し遂げたい目標はいろいろあった。

フロントスタッフの業務効率化をめざすべきだろうか？　それとも、できるだけ多くのホテルにロボットを納入するのを目標にすべきだろうか？

サヴィオークは顧客であるホテルに照準を合わせ、ホテルと同じ目標をめざすことにした。「ゲストによりよい体験を提供すること」だ。

長期目標は、チームの方針と野心を反映したものでなくてはいけない。背伸びした目標でもかまわない。目標がどんなに大きくても、スプリントのプロセスを用いれば、よい出発点を決め、ゴールに着実に近づくことができる。

長期目標が決まったら、ホワイトボードの一番上に書いておこう。そうすればスプリントの期間中灯台となって、全員を同じ方向に導いてくれる。

さて、次は考え方をがらっと変えよう。長期目標を書くときは楽観的になって、バラ色の未来を思い描いた。今度は悲観的になる番だ。

想像してほしい、いまから1年先に時計の針を進めたら、プロジェクトが大失敗に終わっていた。失敗の原因は何だろう？　なぜ目標に到達できなかったのか？

どんな目標にも危険な前提が潜んでいる。前提を検証せずにいると、失敗のリスクはどんどん高くなる。スプリントは、前提を洗い出し、それを質問のかたちに落とし込み、答えを見つける絶好の機会なのだ。

サヴィオークは、ロボットが顧客体験の向上につながるはずだと思っていた。だが賢明な彼らは、その前提がまちがっていて、ロボットが顧客を困らせ混乱させる未来も想像することができた。彼らはこれを3つの大きな質問のかたちにした。

「ロボットは支障なくお届けができるだろうか？」（答えはイエスだった）、「ゲストはロボットに困惑するだろうか？」（答えはノーだった。ただし反応の鈍いタッチスクリーンの評判はいまいちだった）、そして大胆な質問として、「ゲストはロボットに会うだけのためにホテルに泊まるだろうか？」（驚いたことに、イエスと答えた人たちがいた）。

こうした質問を、「スプリントクエスチョン」と呼ぼう。

スプリントクエスチョンは長期目標と同じで、スプリントの間中、ソリューションを考えたり決定を下したりする際の指針になる。チェックリストのようにしょっちゅう参照し、金曜日のテストが終わったらふり返ろう。

「スプリントクエスチョン」を書き出す

スプリントクエスチョンを（もしあれば2つめの）ホワイトボードに書き出そう。

僕らはいつもこんな感じのことをいって、前提とクエスチョンを考えるようチームを促している。

・このスプリントでどんな質問に答えを出したいか？
・長期目標を達成するには、どんな前提が満たされなくてはならないか？
・未来にタイムトラベルしたら、プロジェクトが失敗に終わっていた。どんな原因が考えられるだろう？

このエクササイズの肝《きも》は、前提や障害を質問のかたちに落とし込むことにある。

ブルーボトルコーヒーは、コーヒーの専門知識をウェブサイトで伝えられると考えていたが、スプリントを行うまで、具体的にどうすればいいかわからなかった。ブルーボトルのような前提を見つけて質問のかたちに変えるには、たとえばこんな問答をするといい。

Q：新規顧客を獲得するには、どんな前提が満たされる必要があるか？
A：顧客がうちの専門知識を信頼すること。

Q：それを質問のかたちにいい換えると？
A：顧客はうちの専門知識を信頼してくれるだろうか？

このいい換え問答には違和感を覚えるかもしれない。普通の人はこんな会話はしないものだ。でも問題を質問のかたちに変えると、進捗を把握しやすいし、スケッチやプロトタイプ、テストを通して答えを出しやすくなる。それにチームの心理状態を、不確実で落ち着かない気持ちから、好奇心でわくわくする気持ちに変える効果もある。

スプリントクエスチョンが1〜2個しか出ないこともあるが、それで問題ない。10個以上出ることもあるが、それも大丈夫。

クエスチョンがたくさん出ても、この時点では一番重要なものを選ぶ必要はない。それをするのは月曜日の終わりにスプリントの「ターゲット」を決めるときだ。

これらのクエスチョンをもとに「終わりから始める」ことで、不安に正面から向き合える。

漠然とした疑問や未知のものごとは不安をかき立てるものだ。だが、すべてを一か所にまとめてリストアップすれば安心できる。それを見れば、チームがどこに向かっているか、何に立ち向かっているのかが一目瞭然だ。

第5章 「マップ」をつくる

J・R・R・トールキンの『指輪物語』は、3巻にわたる大冒険物語だ。この物語には多くの人工言語や歴史、背景、わき筋が盛り込まれている。すばらしい物語だが、複雑でもある。

正直、『指輪物語』を読んでいると頭が混乱してくる。でもトールキンは僕らの味方だ。本の見返しに地図を載せてくれている。登場人物が滅びの山やモリアの鉱山、霧ふり山脈を訪れるたび、地図のページを開けば、物語がどこで起こっているのか、ものごとがどうつながるのかをふり返ることができる。

チームが月曜日に作成する「マップ」も、これと似ている。マップによって、複雑なものごとを単純な図で表すのだ。トールキンの地図が中《なか》つ国を移動する妖精や魔法使いを表しているように、あなたのマップは顧客がサービスや製品を利用するときの動きを表す。物語の地図ほどスリリングじゃないが、役に立つという点では同じだ。

このマップをスプリントウィークの間中、縦横無尽に活用しよう。月曜日の終わりには、マップを使って漠然とした課題を絞り込み、スプリントの具体的なターゲットを決める。その後もソリューションのスケッチを描いたり、プロトタイプの構造を考えたりするのにマップを使う。マップのおかげで全体の構成がつかみやすくなり、短期記憶への負荷も減らせる。

だがスプリントのマップには、『指輪物語』の地図にはない特徴が一つある。それは、単純だということだ。どんなに複雑なビジネス上の課題も、単語や矢印を使ったマップのかたちにできる。これをわかりやすく説明するために、複雑きわまりない課題を単純きわまりないマップで表した会社、フラットアイアン・ヘルスを紹介しよう。

人間の能力では把握しきれない

窓の外ではにわか雪と鉛色の雲がマンハッタンの地平線を覆っていたが、中の会議室はぬくぬくと心地よかった。僕ら4人（ジェイク、ジョン、ブレイデン、GVのリサーチパートナーのマイケル・マーゴリス）は、GVの最大の投資先の一つ、フラットアイアン・ヘルスとスプリントを行うためにニューヨーク市に来ていた。

スプリントの会場は、マンハッタンにあるグーグルのオフィス。もとは港湾局の本部だった、1ブロックを占める巨大な建物だ。僕らはわかりにくい見取り図に四苦八苦しながら——ジェイクは初日に三度も迷子になった——なんとか9階の空き部屋にたどり着いた。テーブルを壁に寄せ、ホワイトボードの前に回転イスを丸く並べた。

フラットアイアンの沿革は僕らも知っていた。ナット・ターナーが友人のザック・ワインバーグと立ち上げた会社だ。ナットとザックは2000年代にインバイト・メディアという広告技術の会社を始め、その後グーグルに売却して、そのままグーグルに加わった。

数年後、2人は次のスタートアップの案を練り始めた。医療というテーマがくり返し浮上した。2人ともがんに苦しむ友人や家族を通して、がん治療の複雑さを痛感していたのだ。

ナットとザックはひらめいた。膨大な数のカルテや検査結果をデータベース化し、ビッグデータ分析を導入すれば、医師たちが適切なタイミングで適切な治療方法を選ぶ手助けができるはずだ。2人はグーグルをやめて、フラットアイアン・ヘルスを立ち上げた。

スタートアップは破竹の勢いだった。1億3000万ドル超の資金を調達し、業界の電子カルテ大手を買収した。世界トップクラスのエンジニアとがん専門医のチームをそろえ、数百のがんクリニックをクライアントに抱えた。こうして、がんの治療成績を大幅に改善するためのプロジェクトの準備が整った。それは、臨床試験の参加率を高める試みである。

がん患者は臨床試験を受けることによって、最新の治療を利用できる。新薬で命を救われる患者もいる。だが臨床試験の目的は新薬を試すことに限らず、よりよいデータを得ることにもある。試験から得られたデータはすべて収集、分析され、研究者が新しい治療方法と既存の治療方法の有効性について学習するのに役立てられる。

しかしアメリカでは、臨床試験に参加するがん患者は4％に過ぎない。残る96％の患者の治療データは、医師や研究者にはアクセスすることができず、病気を理解し未来の患者によりよい治療を提供するために活用されていない。

フラットアイアンは、できるだけ多くの患者に臨床試験に参加してもらい、そこから得られるデータを医師や研究者に広く提供したいと考えた。そこでがんクリニック向けに、患者を最適な臨床試験にマッチングするためのソフトウェアツールを開発することにした。

マッチングは手作業で行うにはあまりに大変で、試験への参加を阻む大きなハードルになっている。一般的ながんの患者なら、標準的治療の有効性を検証するための試験を受けられるかもしれないし、珍しい型のがんをもつ患者なら、ターゲットを高度に絞った新しい治療方法に適格かもしれない。だが患者の数と試験の種類が多すぎて、人間の能力ではすべてを把握できなくなっている。

問題をどう「質問」に落とし込むか？

フラットアイアンはまずスプリントを行うことに決め、チームにすばらしいメンバーを集める。決定者はフラットアイアンのＣＭＯ（最高医療責任者）、エイミー・アバネシーが務めた。ＣＥＯのナットは背景情報を説明するために、数時間だけ参加する。それからフラットアイアンの幹部が6人と、がん専門医、コンピュータエンジニア、プロダクトマネ

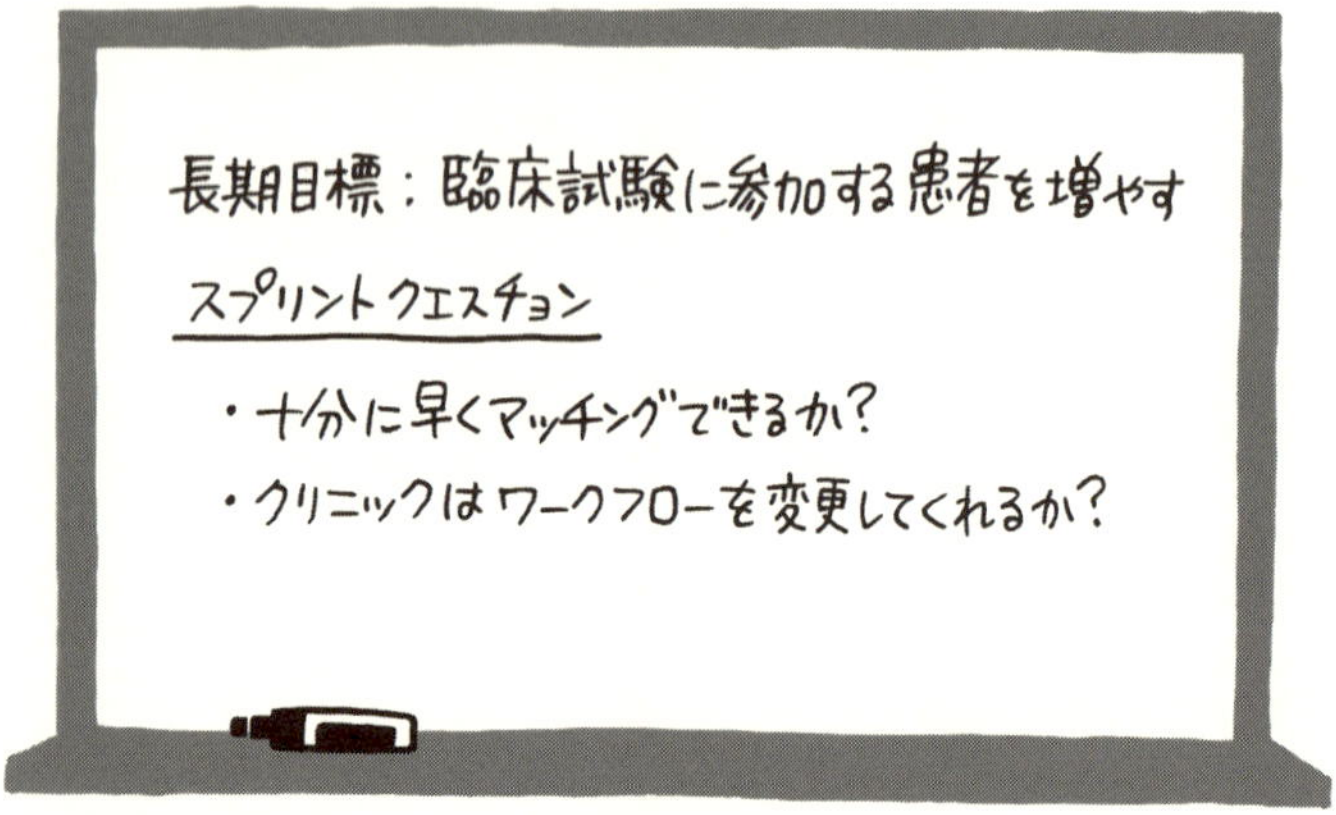
長期目標：臨床試験に参加する患者を増やす
スプリントクエスチョン
・十分に早くマッチングできるか？
・クリニックはワークフローを変更してくれるか？

フラットアイアン・ヘルスの「長期目標」と「スプリントクエスチョン」

ジャーのアレックス・イングラムがいた。[*3]

僕らは「終わりから始める」エクササイズを午前中に完了した。長期目標（「臨床試験に参加する患者を増やす」）もあっさり決まった。続いて重要なスプリントクエスチョンの洗い出しに集中した。

「早さが肝心よ」とエイミーがいった。「がんと診断された人は臨床試験にマッチングされるまで何もせずに待っているわけにはいかないでしょ。すぐにでも治療を始めたいのよ」

ジェイクはホワイトボードマーカーのキャップをとって、ちょっと考えた。この問題をどんな質問に変えようか。そして全員に見えるようにホワイトボードに書いた。

〈十分に早くマッチングできるか？〉

「どのクリニックにも、長年のうちに定着した仕事のやり方がある」とプロダクトマネジャーのアレックスがいった。「クリニックはずっと同じやり方で仕事をしている。現状より格段にいいものを提供しなければ、ワークフローを変更してまで導入しようとは思わないだろう」

ジェイクはこう書き加えた。

〈クリニックはワークフローを変更してくれるか？〉

スプリントクエスチョンが出そろうと、次はマップにとりかかった。事前にがんクリニックのスタッフに聞きとり調査をしていたマイケル・マーゴリスとアレックス・イングラムが、臨床試験への参加がどのようにして決められるかを、エイミーの助けを借りながら説明した。

医師とリサーチコーディネーターは、患者を最適な試験にマッチングさせるために、山のような試験要件を検討しなくてはならない。治療歴、血球数、がん細胞内のＤＮＡ変異の状況等々。

がん治療の高度化と標的化が進むなか、要件は細かくなる一方だ。「試験によっては、要件を満たす患者は全米で数人だけってこともある」とエイミーはいった。「干し草の山のなかから1本の針を探すようなものよ」

マッチングのしくみは複雑でわかりにくかった。でも1時間ほど議論しながら手直しを

＊3　数えていた人は、参加者が7人を超えているのに気づいただろう。でも大丈夫、7人はあくまでガイドラインであって、鉄則じゃない。

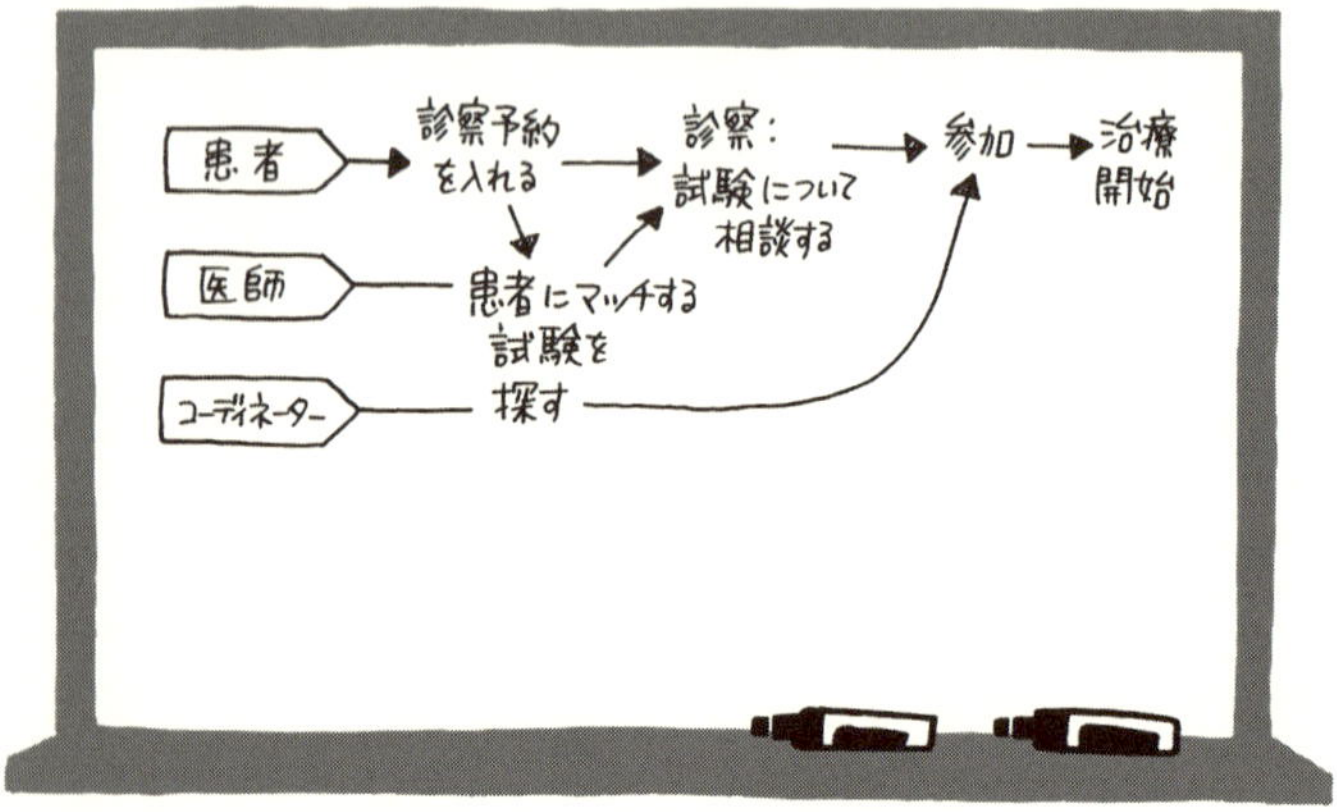

患者と臨床試験をマッチングする流れを整理した「マップ」

重ね、単純な「マップ」にまとめることができた（上図）。マップとは、顧客が製品／サービスを利用する流れを簡単に表したものだ。

マップの左端には、試験決定に関わる当事者を列挙した。患者と医師（治療決定のカギを握る人たち）、そしてクリニックのリサーチコーディネーターだ（見過ごされがちだが、どの試験が利用可能かを一番よく知っているのはコーディネーターだ）。

マップはこれらの当事者から始まり、患者が診察予約を入れ、医師とスタッフが適合する試験を探し、診察を行い、参加登録が完了し、ようやく治療が開始するまでの流れを示していた。

この単純な数ステップの裏には、参加プロセスにつきものの困難が潜んでいた。スタッフの過労、データの欠落、コミュニケーションギャップ。

エイミーが説明したように、試験への参加を勧める立場にいる医師が、自分のクリニックでどの試験が利用可能かさえ知らないことも多かった。

午後にはすべての「問題」と「機会」を洗い出すことになる。このマップさえあれば、準備万端だ。

これらの「共通点」は何？

フラットアイアン・ヘルスは、複雑な問題を単純なマップにまとめた。

あなたのマップも単純にしよう。詳細やニュアンスを逐一とらえる必要はない。開始から完了まで、このケースでいえば、がんと診断されてから試験に参加するまでの患者の動線上にある主なステップが含まれていればいい。

もう2つ、例を見てみよう（すべてのマップの共通点を見つけた人に、ボーナス得点をあげよう！）。

サヴィオークはスプリントウィークの月曜日に、ロボット工学やナビゲーション、ホテル業務、ゲストの習慣に関する情報を整理した。

100ページのマップがそれだ。

ブルーボトルコーヒーはスプリントの初日に、コーヒーの選び方やカスタマーサポート、

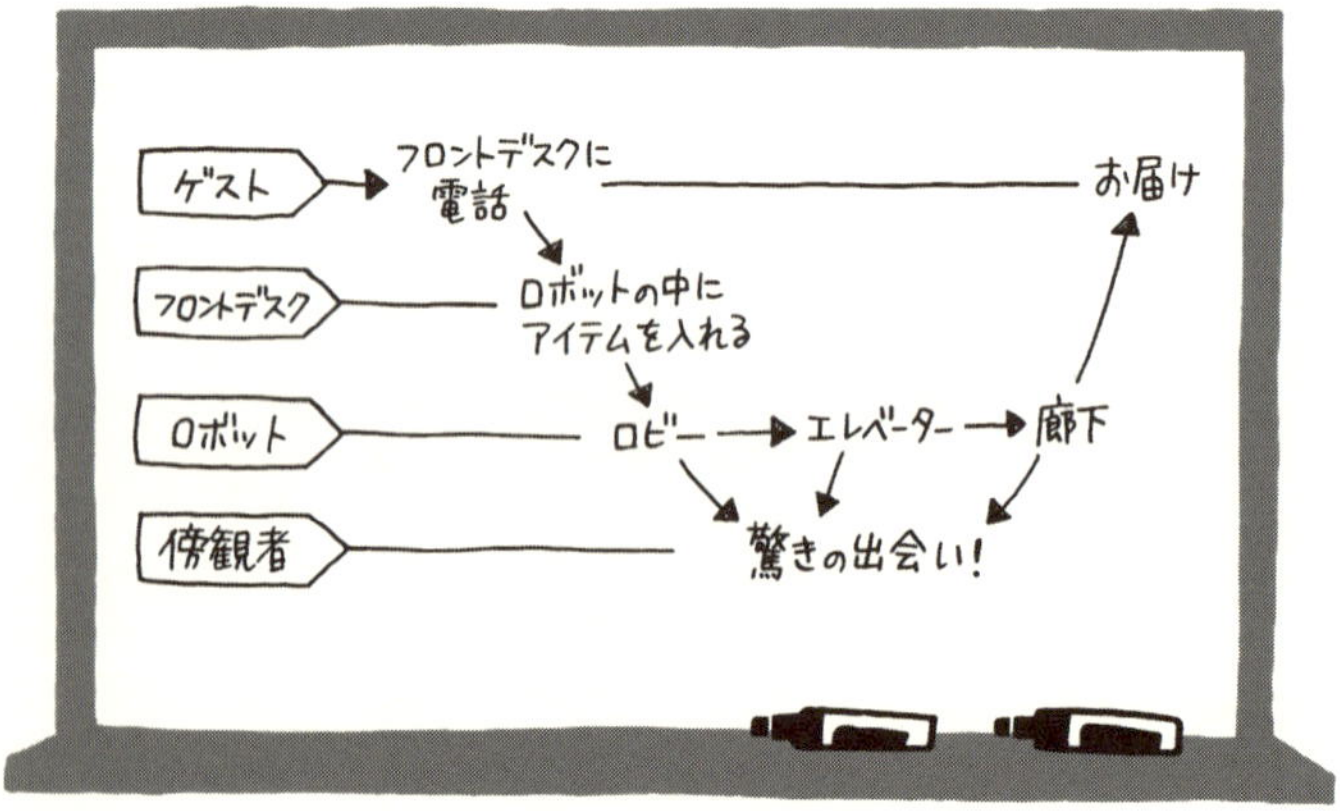

サヴィオークのロボットがお届けをする流れはこうなる

カフェの業務、流通経路に関する情報を整理した。101ページのものが彼らのマップだ。

マップの共通点は何だろう?

どのマップも顧客が中心的な要素となり、主な「役者」が左端に並んでいる。

どのマップも「開始」と「途中」と「完了」がある、ストーリー仕立てだ。

そして業種にかかわらず、どのマップもシンプルで、「一言フレーズ」と「矢印」と「ボックス」だけでできている。

マップがどんなものかがわかったら、今度は自分のマップを書いてみよう。

「マップ」をつくる手順

月曜日の午前中に長期目標とスプリントクエスチョンを書き出したら、次にマップの草案を書いてみよう。目標を書いたのと同じホ

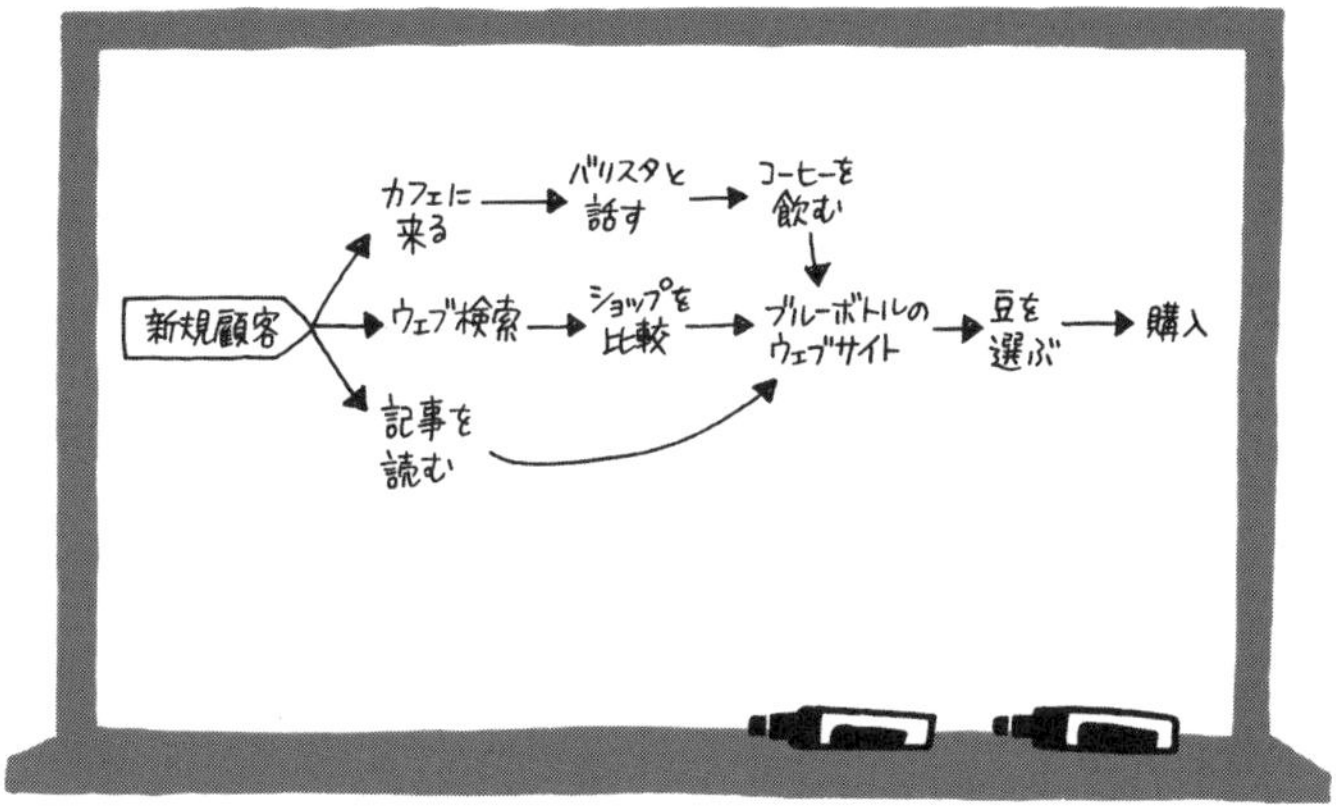

ブルーボトルコーヒーのオンライン販売の流れ

ワイトボードを使う。

僕らはマップを書くとき、こんな手順でやっている（巻末にチェックリストがあるから、暗記する必要はない）。

①「役者」を書き出す（左端）

「役者」とはストーリーの主要人物だ。一般にはいろんな種類の顧客をいうが、それ以外の人、たとえば営業チーム、規制当局などを重要な役者として列挙することもある。ときには、そう、ロボットもだ。

②「完了」を書く（右端）

ストーリーの途中よりも、完了（顧客が製品／サービスを利用し終わった時点）を考えるほうがずっと簡単なことが多い。フラットアイアンのストーリーは「治療開始」で終わり、サヴィオークのストーリーは「お届け」で終わり、ブルーボトルのストーリーは「購入」で終わった。

③「一言フレーズ」と「矢印」でつなぐ

マップは機能的であればいい。芸術作品じゃないから、一言フレーズと矢印とボックスで表せる。絵心がなくても大丈夫。

④シンプルに

マップは5～15程度のステップで構成する。20を超えたら、複雑すぎると思ってまちがいない。マップをシンプルにしておけば、チームは個々のソリューションにとらわれずに、問題の全体像を把握できる。

⑤「助け」を求める

マップを書きながら、チームに「このマップでいいかな？」と何度も確認しよう。

30分から60分かければ、マップの簡単な草案ができるはずだ。このあと問題を議論しながら、適宜《てきぎ》更新、修正していく。僕らも正しいマップを一発では書けないが、千里の道も一歩からだ。

この時点で、スプリントの重要な節目に到達した。

長期目標とスプリントクエスチョン、マップの大まかな草案ができ、スプリントの基本的な輪郭がもう見えてきた――金曜日のテストでどんなことを明らかにするか、どんなソリューションとプロトタイプにするかだ。長期目標はチームの原動力になり、判断基準になる。

この日の残りをかけてチーム内外の専門家へのヒアリングを行い、関連情報をさらに収集する。ヒアリングしながら、必要に応じてクエスチョンを追加したり、マップを更新したり、長期目標のいい回しを変えたりする。チーム全員でメモをとって、ホワイトボード上のマップに肉づけしよう。

❖

月曜日の午後のあなたの仕事は、メンバー一人ひとりの脳に格納された情報とノウハウを組み合わせて、一貫した全体像を描き出すことだ。

次の章では社内外の専門家から学ぶ手順と、魔法のようなメモのとり方を教えよう。

第6章

「専門家」に聞こう

チームのメンバーは課題について多くのことを知っている。だがその知識は分散している。顧客のことを知り尽くしている人もいれば、マーケティングや事業全般にくわしい人もいる。

普段仕事をしていると、チームが知識を結集し、駆使する機会はそうない。これから説明するエクササイズで、それをやろう。

月曜日の午後のほとんどをかけて、「専門家に聞こう」のエクササイズを行う。スプリントチームや社内、ときには社外の特別な知識をもつ人たちに、一人ずつヒアリングするのだ。ヒアリングするとき、チームメンバーは各自でメモをとる。スプリントのターゲットを決めるのに必要な情報と、火曜日のソリューションスケッチのための燃料を集めよう。

なぜわざわざこんな面倒なことをするのか？ スプリントのほかのステップと同様、この方法も、大きなまちがいを通して学んだ。

スプリントを始めたころ、プロジェクトの責任者——一般にはＣＥＯやマネジャー——の話さえ聞けば、必要なことをすべて学べると思っていた。そう考えるのも当然だろう。プロジェクトにいちばんくわしいのは決定者のはずだ。ところが実際には、彼らはすべてを知っているわけじゃない、たとえ自分ではそう思っていたとしてもだ。

責任者の「完璧だ」はあてにならない

あれはセイウチ社のスプリントでのことだった（ここでも無実の人たちを守るために、名前や特定可能な情報を変更する）。僕らはＣＥＯとＣＰＯ（最高製品責任者）のいい分をすべて聞き、ホワイトボードに書いたマップに自信をもった。ＣＥＯに確認すると、「１００％完璧だ」と太鼓判を押してくれた。

ウェンディ（これも仮名）が部屋に入ってきたのは、このときだ。彼女はエネルギーに満ちあふれていた。シャツの袖をひじまでまくり、手をこすり合わせてせかせか歩きながら話した。

ウェンディはセイウチ社の販売チームを指揮していた。そして彼女が誰よりもよく理解していたのが、販売プロセスの各段階での顧客の反応だ。彼女はマップを指さしていった。

「ここでお客さんはいうのよ。『セイウチ社なんて聞いたこともないな。なんであんたの会社を信用して口座番号を教えなきゃいかんのだ』って」

紙コップの水をがぶがぶ飲んで続けた。「それにここよ」といって、また別の場所を指さした。

「お客さんの事業税の納税者番号を書いてもらうんだけど、そんなの覚えてる人なんか誰もいない。書類を探して、ファイリングキャビネットをひっかき回すことになるわ。この時点で信頼を得ていなければ、ゲームオーバーよ」

誰もがせわしくメモをとった。ジェイクはホワイトボードに駆け寄り、親指で何行かごしごし消して、ウェンディの意見をもとに書き直した。

「これでどうかな？」と彼は聞いた。

ウェンディは時計をちらっと見てから、ジェイクの書いた部分を確認した。

「そうね」といって、紙コップを丸めてゴミ箱に投げ入れた。「まあそんなところね。ありがとう、でももう行かなきゃ」といいながらすまなそうな顔をした。「電話がかかってきちゃった」

セイウチ社のCEOは、何も見落としたことはないと確信していた。ところがウェンディはやってくるなり、マップのほとんどの部分を変えてしまったのだ。

セイウチ社のCEOをまぬけだと思った人のためにいっておくと、ウェンディが来るまでマップは正確だった。ウェンディのおかげでさらに正確になったというだけのことだ。ウェンディは本物の顧客の視点から、基本的事実をとらえ直したのだ。

「話を聞く相手」を選ぶ

僕らがウェンディから学んだ教訓は、大きな問題にはいろんな陰影があって、それをすっかり理解するには、多くのソースから情報を集める必要があるということだ。

何でも知っている人なんていないし、CEOも例外じゃない。実際、情報はチームや社内の特定の人に集中するのがつねだ。

スプリントではすべての重要情報を集めて全体像を理解する必要があり、それをする「最高で最速の方法」が、専門家に聞くことなのだ。

ヒアリングする相手を選ぶには、ちょっとした采配が必要だ。あなたはチームの誰に何を聞くべきかの目星はついているだろう。

僕らの経験からいうと、次のトピックについて話せる人が、少なくとも1人ずついるといい。

戦略

まずは「決定者」に話を聞こう。決定者がスプリントに通しで出られない場合、月曜日の午後は必ず参加してもらう。

使える質問：「このプロジェクトを成功させるには何が必要か？」「うちの独自の強み

や機会は何か？」「最大のリスクは？」など。

顧客の声

顧客と一番よく話すのは誰だろう？　顧客の視点からものごとを説明できるのは誰か？　前出のウェンディが、顧客の専門家の好例だ。営業担当者であれ、カスタマーサポートやリサーチャーであれ、顧客の事情にくわしい人からは重要な洞察が必ず得られる。

ものごとのしくみ

製品の構造に精通しているのは誰だろう？　スプリントチームには、デザイナー、エンジニア、マーケティング担当者など、製品をつくる人やアイデアを提供する人がいる。サヴィオークは「ロボットエンジニア」、ブルーボトルは「バリスタ」、フラットアイアンは「がん専門医」にヒアリングした。そのほか財務や技術／ロジスティクス、マーケティングの専門家を連れてくるといい。

僕らはいろいろな要素がどのように組み合わさって全体を構成しているかを理解するために、2、3人ないし4人の「ものごとのしくみ」の専門家に話を聞くことが多い。

過去のとりくみ

過去に問題を細かく調べた人がチームにいることが多い。そういう人はソリューションのアイデアや、過去に失敗した実験、現在進行中の作業に関する情報をもっている。こういう既存のソリューションをぜひ検討するべきだ。

多くのスプリントチームが、過去の未完成のアイデアに肉づけしたり、失敗したアイデアを修正したりして、すばらしい成果をあげている。たとえばサヴィオークは、ロボットに個性を与えるのに必要なほとんどの要素をスプリントの前からもっていたが、それをかたちにする機会がなかった。

専門家と話をすると、知っているのに忘れていたことを思い出せる。これが思いがけないひらめきにつながることがある。

それにこのプロセスにはもう一つ、長い目で見たメリットがある。早いうちに専門家に協力を要請すると、スプリントの結果に当事者意識をもってもらえ、あとで有望なソリューションを実行に移すときに、後ろ盾が期待できる。

「専門家に聞こう」の手順

専門家へのヒアリングは1人につき30分見ておくが、たぶんそんなにかからない。専門家の準備ができたら、進行が滞らないように、こんなシンプルな台本を使うといい。

①スプリントについて説明する

専門家がスプリントチームのメンバーでない場合、スプリントがどういうものかを説明する。

②ホワイトボードをふり返る

長期目標とスプリントクエスチョン、マップを2分間で説明する。

③話してもらう

専門家に目下の課題について知っていることをすべて話してもらう。

④質問をする

有名人に群がって質問攻めにするリポーターになったつもりでやろう。専門家がとくに精通している分野を補足してもらう。なにより、チームがまちがっている点や誤解している点がないか聞いてみよう。

マップに不完全なところはないだろうか？　スプリントクエスチョンのリストに追加すべきことは？　専門家はどんな「機会」があると考えているのか？

役に立つフレーズ：「なぜ？」と「くわしく話して」。

⑤ホワイトボードを修正する

ヒアリングしながら適宜スプリントクエスチョンを追加したり、マップを書き直したり、必要なら長期目標を手直ししたりしよう。チームが午前中に知らなかったこと（や忘れていたこと）を指摘してもらうために専門家を呼んだのだから、恥ずかしがらずにどんどん修正しよう。

こんなところだ。専門家に資料をわざわざ用意してもらう必要はない。すでにあるものを見せてもらうのはいいが、それよりマップや顧客について率直な意見を聞いたほうが効率的だ。ぶっつけ本番でやるのは不安かもしれないが、きっとうまくいく。本物の専門家なら、チームが聞こうとも思わなかったようなことを話してくれるはずだ。

「どうすればメモ」という魔法の杖をふる

専門家は膨大な情報を提供してくれる。そのすべてをどうやって把握すればいいか？チームが明日ソリューションをスケッチするころには、有益な情報の多くは短期記憶から抜け落ちている。ホワイトボードは便利だが、万能じゃない。ほかにもメモが必要だ。チームが一人ひとりメモをとるのはどうだろう。それもいいが、誰かが興味深い発見をしても、ほかの人はその恩恵に与《あずか》れない。一人ひとりがとったメモは、各自のノートに閉

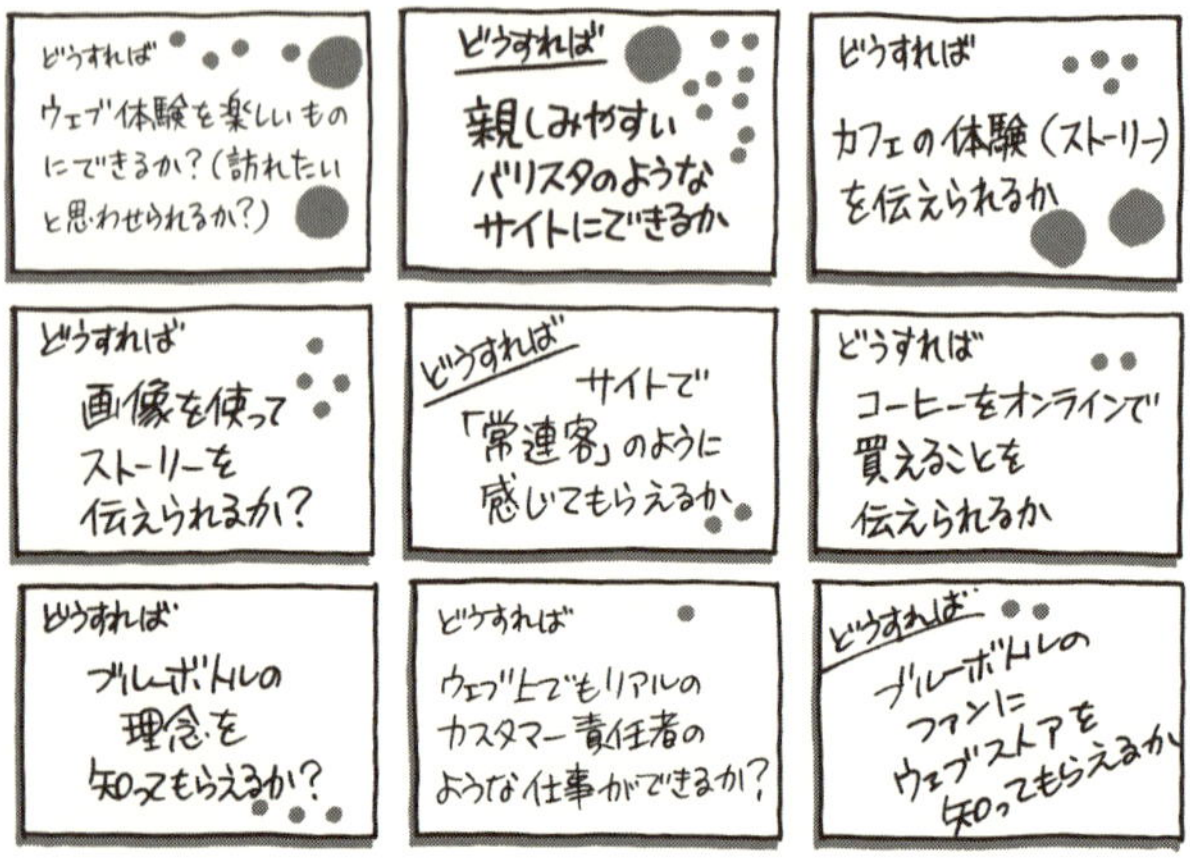

ブルーボトルコーヒーの「どうすればメモ」の一部

じ込められている。

それじゃ、あなたが魔法使いになったと想像してほしい。魔法の杖をひとふりすると、全員のノートからメモをとったページが飛び出していき、積み重なって山になる。ページは破けて小さな紙切れになり——まあ、これは魔法だから——一番おもしろいメモだけが飛んでいって、壁に貼りつくのだ。でかしたぞ、魔法使い！　全員のメモを整理して、優先順位をつけた。それも一瞬のうちにだ。

あいにく、僕らは魔法のかけ方を知らない。でもチーム全員のメモを整理して優先順位づけする方法は知っている。しかもかなりのスピードで。

この手法は「HMW（How Might We どうすれば〜できるか）メソッド」と呼ばれるものだ。もとは1970年代にプロクター・アンド・ギャンブル（P&G）で開発されたテクニックだが、僕らはデザイン会社のIDEOから教わった。

まず一人ひとりがヒアリングのメモをとる。1つのことがらにつき1枚のふせんを使う。終わったら全員のメモを集めて整理し、一番興味をそそる数枚を選ぶのだ。選ばれたメモは、マップのどの部分をターゲットにするかを決めるときの参考になるし、火曜日のスケッチのアイデアにもなる。

この手法のポイントは、「どうすれば……」から始まる質問のかたちでメモをとることにある。たとえばブルーボトルなら、「どうすれば、カフェの体験を再現できるか？」「どうすれば、コーヒーを新鮮なうちに届けられるか？」など。

さて、「どうすれば《ハウ・マイト・ウイー》」なんて耳慣れないフレーズにいらつく人がいる[＊4]のは知っている。なにしろ普通の会話ではあまり使わないいい回しだし、それをわざわざふせんに書くのはばかげていると思うかもしれない。僕ら自身、HMWメソッドを初めて知ったときはそう感じた。

だが実際にやってみると、何通りもの答えが考えられる前向きなフレーズから始めることで、問題にとらわれたり性急に解決策を求めたりすることなく、機会や挑戦に自然に目

＊4　名指しにするつもりはないが……（コホン）エンジニア諸君だ。

を向けられるようになった。それにどの質問も同じ形式だから、壁一面のメモを一気に読んで、理解し、評価できるのだ（それが夕方にやるエクササイズだ）。

「ヒアリング」する

チーム全員にふせん（黄色の無地、75×127ミリ）を1冊ずつと、黒い太字のホワイトボード用マーカー[*5]を1本ずつ配る。小さいスペースに太字のマーカーで書くと、自然と簡潔で読みやすいフレーズを書くようになる。

メモをとる手順は次の通り。

①ふせんの左上に「どうすれば」と書く。
②そのまま待つ。
③何かおもしろいことを聞いたら、それを（頭の中で）質問のかたちに変える。
④質問をふせんに書く。
⑤ふせんをはがして脇に重ねていく。

こうすると、一人ひとりの横にふせんの小山ができる——整理するのはあとだ。

このメソッドは、たしかに最初は違和感があるが、僕らがこれまで見てきたどのチームも、いったん書き始めるとすぐに慣れた。

「専門家に聞こう」と「どうすればメモ」のよさをわかりやすく説明するために、実際に行われたヒアリングのさわりと、そこでとられたメモを紹介しよう。

フラットアイアン・ヘルスのスプリントから切りとったこのシーンは、臨床戦略担当副社長のボビー・グリーン博士に話を聞いているところで、15分間のヒアリングの冒頭の2分間ほどだ。


「それじゃボビー、頼んだよ」とジェイクはいった。「僕らのマップに欠けているのは何だろう?」

「そうだな、この部分をちょっと補足しようか」ボビーはそういってホワイトボードの〝患者にマッチする試験を探す〟と書かれた部分を指さした。「ここについて、医師の立場から見た事情を話すよ」

ボビーは3枚つづりのプリントを回覧した。

「これは臨床試験の典型的な基準リストだ。患者を試験にマッチングするとき、患者のデータを、こういうリストとつき合わせるんだ」

＊5 僕らは3つの理由から、油性マーカーよりホワイトボード用マーカーを好んでいる。①用途が広い、②臭いが少ない、③ジェイクに油性マーカーを渡すと、まちがってホワイトボードに書いてしまうのは時間の問題だから。

ページには要件がびっしり並んでいた。全部で54項目、「年齢が18歳以上であること」に始まり、「前回のサルグラモスチム（GM‐CSF）、インターフェロンα‐2b製剤、またはインターロイキン‐2の投与時から4週間以上が経過していること」まで、多岐にわたっていた。

ジェイク、ブレイデン、ジョンは解読に苦労したが、ボビーのいいたいことは伝わった。長いリストだということだ。

フラットアイアンのプロダクトマネジャー、アレックス・イングラムが、プリントから目を上げていった。「クリニックは患者に関して、こういう情報をすべてもっているわけじゃないだろう？」

ボビーは頷《うなず》いた。「電子カルテに記載されている基準もあるが、そうでないものが多いね」

「カルテに載っていないときどうするのか、あらためて教えてくれる？」とフラットアイアンのCMO（最高医療責任者）、エイミー・アバネシーがいった。彼女自身は当然答えを知っていたが、全員が聞いておいて損はないと思ったのだ。

「そうだな、それは時と場合によるよ」とボビーは答えた。「たとえば多くの試験が『重篤な心疾患《しんしっかん》のないこと』を要件に挙げている。これは漠然としたいい方だが、たぶん最近心臓発作を起こしていないということなんだろう。こういったことは、電子カルテで簡単に調べることができない。だからクリニックの誰かが、患者本人や患者の心臓専門医から聞き出す必要がある」

ボビーはもってきた分厚い書類を、目の前のテーブルにドサッと置いた。

「患者を試験にマッチングするには、10項目から20項目ちょっとの質問に答えなくてはならない。この数に、毎週入ってくる新しい患者の数と、クリニックで扱っている試験の数をかけたらどうなるか」彼は疲れたように笑った。「それに僕らはがん専門医として、すでに手いっぱいなんだ」

部屋のあちこちでうなずく姿が見られた。そして僕らは猛烈にふせんにメモをとった。


ここまでおさらいしてみよう。スプリントの進行役を務めるジェイクは、ヒアリングの前置きとして、まずボビーにホワイトボードのマップに欠けている部分がないかどうか尋ねた。こうすることで、これから得られる新しい情報が、これまでの議論のどの部分にあてはまるのかを、全員に示すことができた。

続いてチームは多くの質問をした。エイミーの「あらためて教えて」といういい方は、とても有効なフレーズだ。なぜならほとんどのヒアリングには、チームが以前聞いた情報が含まれるからだ。それをふり返ることで全員の記憶がよみがえるし、新たな細部が明らかになることもある。

それに「あらためて教えて」のフレーズには、専門家の気を楽にさせる効果もある。人前で話すのに慣れているボビーにはその必要はなかったが、こういう質問をすることで、どんなに控えめな人からも多くの情報を引き出せるのだ。

「どうすれば」をたくさん書く

メモのとり方を説明しよう。
ボビーが示した問題のあらましは次の通り。

・患者を選別するために必要な情報をカルテから探すのは大変だ。
・欠けている情報を埋めるにはかなりの時間と労力がかかる。
・患者、試験、要件の数は手に負えないほど多い。

あーあ、気が滅入るだろう？

でもボビーの話を聞きながら、フラットアイアンのチームは頭のなかでこれらの問題を「どうすれば〜できるだろう？」という、「機会」のかたちに変換していた。彼らがふせんに書いたメモをいくつか紹介しよう。

・どうすれば、患者を選別するための重要な情報を体系化できるだろう？
・どうすれば、他院の医師との話し合いを簡素化できるだろう？

・どうすれば、電子カルテの確認を迅速にできるだろう？

「どうすれば」のメモを読むのは、問題がずらずら並んだリストを読むよりずっと気分がいい。ヒアリングを終えた僕らは、壁に貼り出された全員のメモを読みながらワクワクした。どの「どうすればメモ」も問題を的確にとらえ、それを機会のかたちに変えていた。

そのうえどの質問も、いろんな答え方ができそうだった。

質問の範囲は広すぎもせず（「どうすれば医療を立て直せるだろう？」などのように）、狭すぎもしなかった（「どうすればうちのロゴを右上に入れられるだろう？」などのように）。フラットアイアンの「どうすればメモ」は、多くのソリューションをイメージさせる程度に具体的だった。火曜日の「スケッチ」の格好のインスピレーションになりそうだ。

ボビーのヒアリングは、月曜日の午後の基本的な流れをよく示している。

マップをもとに、専門家にヒアリングを行う。

チーム全員でメモをとり、洗い出された問題を機会のかたちに落とし込む。

ヒアリングが終わるころにはメモの山ができている、という具合だ。

ヒアリングでは普通30枚から100枚ほどのメモができる。残念ながらこんなに多いと、すべてのメモを活用しきれない。いざスケッチを始めると、乏しい人間の脳みそは多くの機会を把握できなくなる。絞り込みが必要だ。

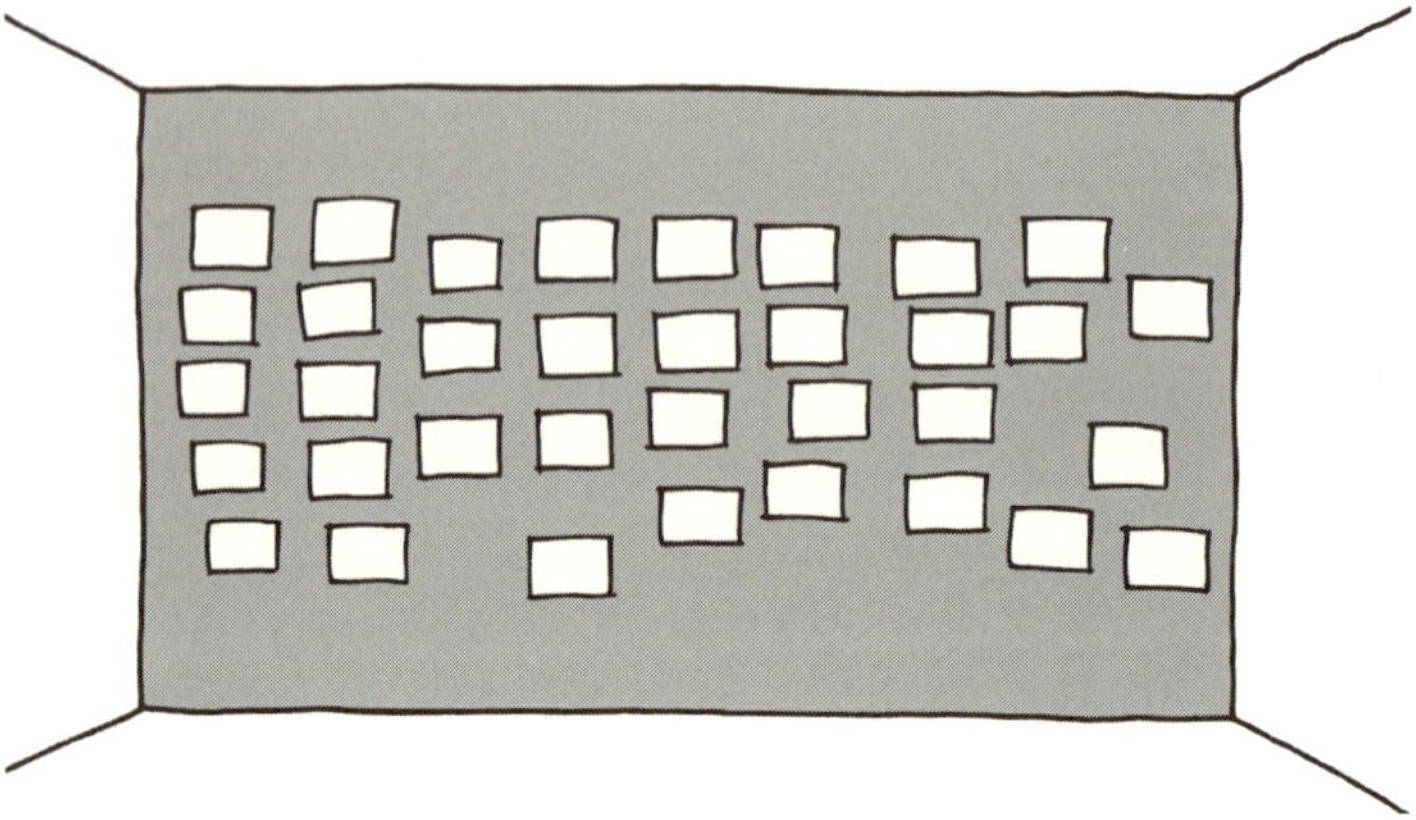

最初は「どうすればメモ」を整理せずに適当に貼る

バラバラのメモを「整理」する

専門家のヒアリングが終わったらすぐ、全員の「どうすればメモ」を集めて壁に貼りつけよう。こんなふうに適当にぺたぺた貼っていく(上図)。

おやおや、なんて散らかりようだ!

次に、メモをグループに分類する。全員で協力して、似たようなテーマの「どうすれば」の質問を見つけたら、近い位置に貼り直す。

どんなテーマで分類するかは前もってわからない。分類しているうちにテーマが見えてくる。

たとえばあなたがフラットアイアン・ヘルスのスプリントに参加していたとしよう。壁を見回しているうちに、「電子カルテ」につ

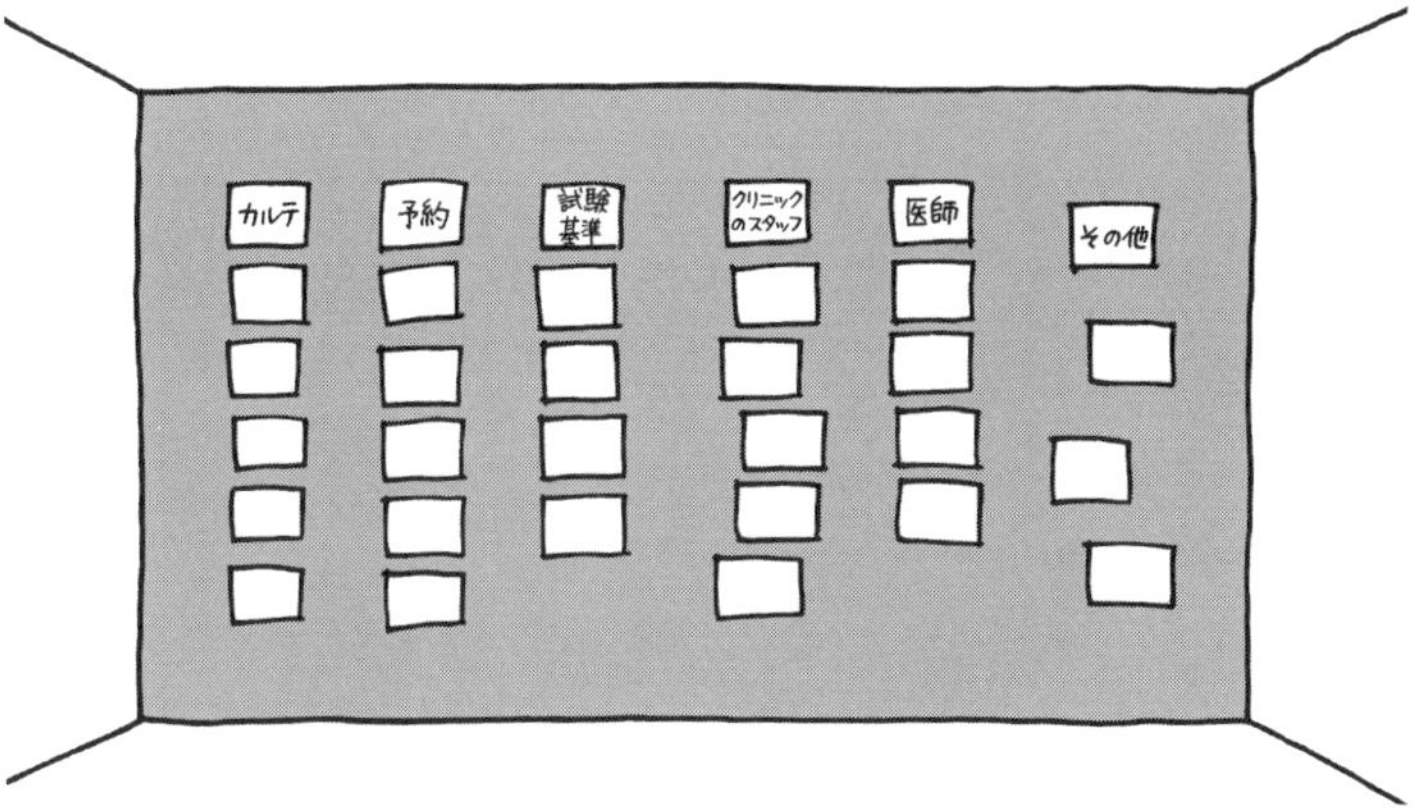

メモを分類し、それぞれにタイトルをつける

いてのメモが何枚かあることに気づき、それらをはがして近くに寄せる。そう、それがテーマだ。

整理するとき、テーマごとにタイトルのラベルをつけると作業しやすい。

新しいふせんにタイトルを書いて、グループの上のほうに貼ろう（上図。また僕らはどれにも属さないメモを「その他」というテーマにまとめている。こういうはみ出しものが、最高の質問になることも多いのだ）。

このプロセスはやり出すとキリがないが、完璧に整理する必要はない。10分もやれば、ランクづけできる程度に整理できる。

丸いシールで「投票」する

メモをランクづけするには、「ドット投票」という手法を使う。長ったらしい議論をすっ

ドットシールを使って一番役に立ちそうな質問に投票する

飛ばす近道としてお勧めだ。ドット投票は、その名が示す通りの方法だ。

①投票用の大きいドットシール（丸いシール）を1人2枚ずつ配る。
②決定者には大きいドットシールを4枚渡す。決定者の意見は、ほかの人の意見より重みがあるからだ。
③全員で「目標」と「スプリントクエスチョン」を読み返す。
④各自が一番役に立ちそうな「どうすれば」の質問に無言で投票する。
⑤このとき自分のメモに投票してもいいし、同じメモに2票入れるのもかまわない。

投票が終わると、一部の「どうすればメモ」にドットシールが集中し、壁一面のメモの優先度が明らかになる。

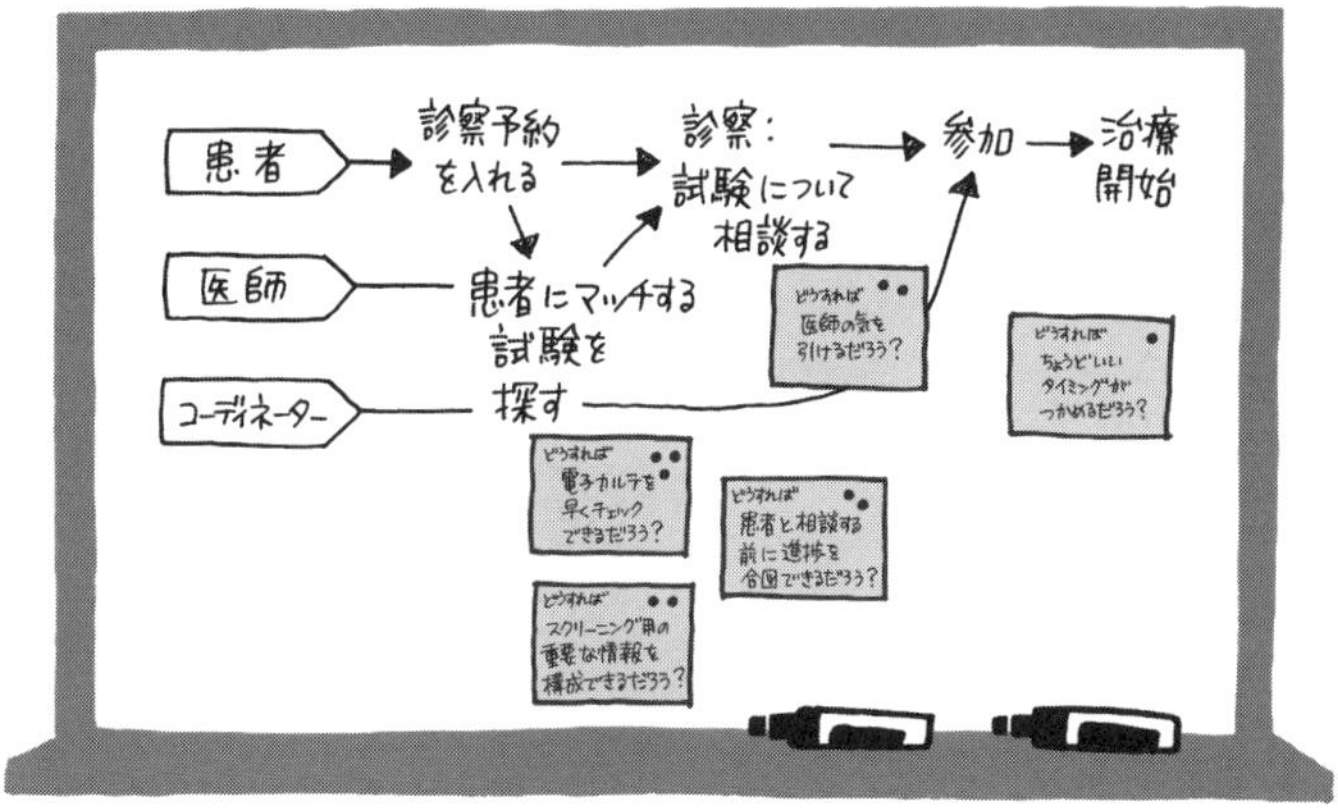

フラットアイアン・ヘルスのマップに人気上位の「どうすればメモ」を貼ったもの

投票が終了したら、多くの票を集めた「どうすればメモ」を壁からはがして、マップの該当部分に貼っていく。ほとんどのメモが、ストーリーのどこかの段階に対応するはずだ。この時点でのフラットアイアンのマップを見てみよう（上図）。

この選別プロセスも完璧ではない。じっくり考えている時間はないし、あとのほうの票が最初のほうの票に影響されることもある。

それでもかなりよい決定を下せるし、しかもさっさと終わるから、この日の一番大事な仕事のために時間を残しておける。

このあとには、「長期目標」と「スプリントクエスチョン」「マップ」「どうすればメモ」をふり返ってから、スプリントの残りのとりくみの具体的なターゲットを1つ選ぶ、という大仕事が控えているのだ。

第7章

「ターゲット」を決める

1948年、マリー・サープという若手科学者がニューヨークのコロンビア大学地質学部に職を得た。彼女はそこで一風変わった課題にとりくみ始めた。世界初の海底地形図の作成だ。サープは音響測深《そくしん》により得られた数千のデータを、精密にプロットしていった。データポイントの間にギャップがあれば、地質学と数学の専門知識を駆使して欠落部分を割り出した。

地図を描き出すうちに、驚くべきものが見えてきた。孤立した海底山のように見えたものは、じつは海底火山脈と深い海溝の長い連なりだったのだ。数千キロにおよぶ黒々としたひとつながりの帯が、まるで地図から飛び出しているかのようにくっきり見えた。

最近ではグーグルアースを使えば、「中央海嶺《かいれい》」（いまではそう呼ばれている）を簡単に見ることができる。海嶺は大西洋のグリーンランドの北からアイスランドを通って南大西洋まで延々続く、湾曲した濃紺の帯のように見える。そして南極圏の孤島ブーベ島の近くで別の濃紺のギザギザの帯につながり、インド洋に向かって東に延びている。海嶺は海から海へ次々と連なり、地球全体をとり巻いている。

サープは世界で初めてこれに気づいた人だった。彼女はこれをもって、海嶺は地殻が割れた場所に出現した巨大な亀裂だという仮説を立てた。プレートテクトニクス（巨大な地殻の板がつねに動いていて、大陸移動と地形形成を起こす力になっているという考え）は、当時荒唐無《こうとうむ》稽《けい》と見なされていた。しかしサープの地図が動かぬ証拠となり、1960年代末には事実として受け入れられた。

「誰」の「どの瞬間」がターゲットなのか？

月曜日の終わりに、あなたにも「マリー・サープの瞬間」が訪れる。

サープは中央海嶺を探そうとしたわけではないが、データを収集して地図をつくるうちに、見まごうはずのないものが現れた。あなたも専門家にヒアリングを行い、メモをまとめたとき、まるで地球の亀裂のように、プロジェクトの一番重要な部分がマップから飛び出して見えるはずだ。

月曜日の最後の仕事は、スプリントの「ターゲット」を決定することだ。

最も重要な顧客は誰なのか？

また彼らの体験の最も重要な瞬間はいつだろう？

スプリントの残りの活動は、この決定をもとに進めることになる。最後までずっとこのターゲットに照準を合わせる。「ターゲット瞬間」のためのソリューションをスケッチし、プロトタイプを計画し、作成するのだ。

サヴィオークは（ホテルのスタッフではなく）ホテルのゲストをターゲットに定め、（エレベーターやロビーではなく）お届けの瞬間に焦点を置くことに決めた。

ほかにも重要なシナリオはあったが、最大のリスクと機会は、客室のドアでの出会いの瞬間にあると判断した。それに、お届けの瞬間を成功させれば、そこで学んだことをほかにも活かせるはずだ。

ブルーボトルコーヒーは、最も手ごわい顧客をターゲットに選んだ。ブルーボトルの名を聞いたこともなく、一度も味わったことのないコーヒー豆をオンラインで買おうとする新規顧客だ。ブルーボトルのコーヒー豆は買う価値があると、初めての顧客に思わせることができれば、新しいオンラインストアは既存のファンにも受け入れられるだろう。

フラットアイアン・ヘルスはどうか？　ターゲットはいろいろ考えられた。患者に臨床試験のしくみをよりよく理解してもらうことや、患者が実験でひどい扱いを受けるようなことがないよう配慮することに的を絞ってもよかった。患者が試験に同意したあとの多くのステップを簡素化することでもよかった。診察の前に医師にメッセージを送信し、試験の説明をするようリマインドすることに焦点を置いてもよかった。ほかにもまだまだ候補はあったが、決定者のエイミーはターゲットを一つに絞る必要があった。

「一番大きなことができそうなところ」を選ぶ

僕らは月曜日の午後いっぱいかけて、チームの主な専門家に話を聞いた。がんクリニック勤続25年のナース・プラクティショナー（医師の指示なしに診断や治療を行える診療看護師）、ジャネット・ドネガンは、クリニックのスタッフの仕事を説明した。ソフトウェアエンジニアのフロイドとDJ、アリソン、チャーリーは、電子カルテのデータについてくわしく解説してくれた。ヒアリングをするたび、全貌が少しずつ見えてきた。

次にチームの全員がターゲットについて意見を述べる機会を与えられた。

臨床戦略担当副社長のボビー・グリーンは、医師のためのマッチングツールをつくるのがベストだといった。エンジニアは、リサーチコーディネーターに的を絞るべきだと主張した。どちらのいい分にも十分な根拠があった。

夕方になると雪は激しくなり、みんながコーヒーカップを手にホワイトボードの周りに集まった。そこにはこれまで何度も何度も（何度も）手を加えたマップが書かれ、投票で票を集めた「どうすればメモ」が、該当するステップの横に貼られていた。知らない人の目には、ごちゃごちゃした矢印と文字とふせんにしか映らないだろうが、チームにとってはジーン・クランツが書いたアポロ13号の飛行経路のように明快だった。

とうとうスプリントのターゲットを最終決定するときがきた。エイミーはターゲットの

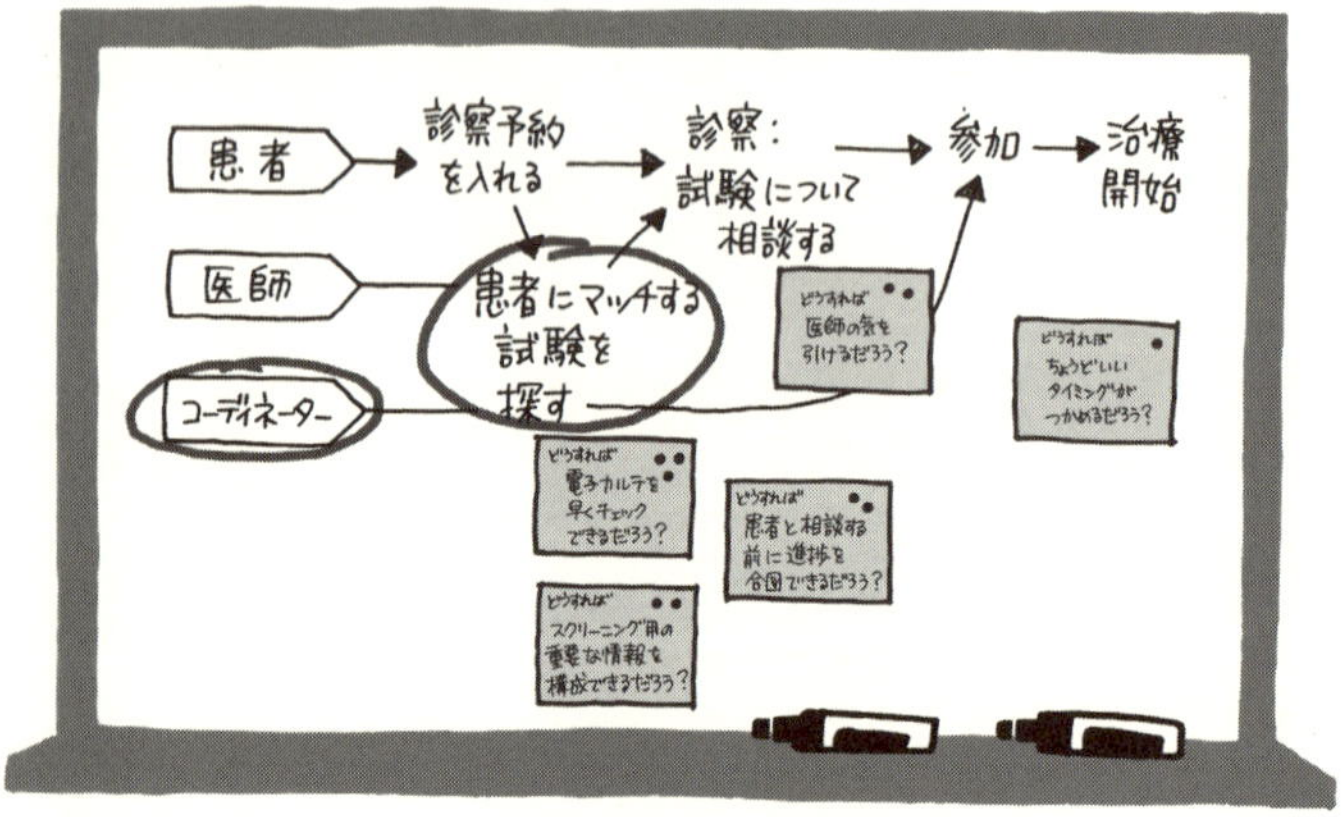

ターゲットの「顧客」と「瞬間」を選ぶ

「顧客」と「瞬間」をマップから選ばなくてはならない。僕らは長い議論を覚悟した。だが、準備はできたかい、とジェイクが聞くと、エイミーはうなずいてマーカーをつかんだ。

「ここにするわ」エイミーはそういって、ホワイトボードの2か所を丸で囲んだ。

「リサーチコーディネーターよ」と彼女はいった。「そして、彼らが新しい患者を試験にマッチングする瞬間。一番多くの患者を調べるのはこの最初の段階だから。そもそも患者と試験をマッチングするのが、コーディネーターの主な仕事よ。だから医師たちを相手にするのとはちがって、彼らの注意を引こうとして苦労することもない」

部屋のあちこちでフラットアイアンのチームが、エイミーの選択は当然だというようにうなずいていた。僕らはボビー・グリーンのほうを見た。彼は午後早くに、治療の決定権を握る医師をターゲットにすべきだという、説得力ある主張をしていた。ボビーはエイミーと同じがん専門医で、がんクリニックの運営経験も長く、万事に精通していた。

でもボビーは納得してくれた。「医師に行動を変えさせるのは大変だし、うちのシステムは最初から完璧とはいかないだろう。リサーチコーディネーターなら、多少の不具合には目をつむってくれるさ」

「これが正しいターゲットよ」とエイミーはいった。「コーディネーターのマッチング探しを手伝えれば、大きな一歩になる」

僕らはこれまで多くのスタートアップとスプリントを行っているが、臨床試験のマッチングほど複雑なものはなかった。それでもエイミーの目には、ターゲットは中央海嶺のように歴然としていて、まるでマップから飛び出ているように見えた。そしてほかのメンバーも、彼女の決定に従うのを当然と考えた。

もちろん、これは驚くことでもなんでもなかった。エイミーはたまたま決定者に選ばれたんじゃない。彼女には深い専門知識と強力なビジョンがあった。

ではチームのみんなはどう考えたか？

全員が一日を通して同じ情報に触れ、同じメモを読み、同じマップに合意した。全員が意見を表明する機会を与えられた。月曜日の夕方には全員が課題と機会、リスクをはっきり認識していた。つまり彼らにとっても、ターゲットは明白だった。

チームの「どうすればメモ」を分類すれば、スプリントの焦点をどこに置くかを決めやすくなる。マップのなかの、一番大きなことができそうな部分（かつ、失敗するリスクが一番高そうな部分）を選べばいい。

「ターゲット」を決める2つの方法

決定者はマップ上の1つの「ターゲット顧客」と1つの「ターゲット瞬間」を選ばなくてはならない。決定者が何を選ぼうと、チームはそれを中心にスプリントの残りのプロセスを進める。スケッチ、プロトタイプ作成、テストは、すべてこの決定をもとにして行う。

①「決定者」に決定を求める

決定者がそれ以上の議論や作業なしで、スパッと決断を下してくれるのが一番ありがたい。それまで一日中議論や作業を重ねてきたのだ。月曜日の夕方になればたいていの決定者が、エイミーのように迷いなく決定を下せるはずだ。

とはいえ、決定者は決定の前にもう少し情報を得たいこともあるだろう。そんなときは無言の「模擬投票」をすばやく行い、チームの動向を調べるといい。

②（決定者に情報を求められた場合）「模擬投票」をする

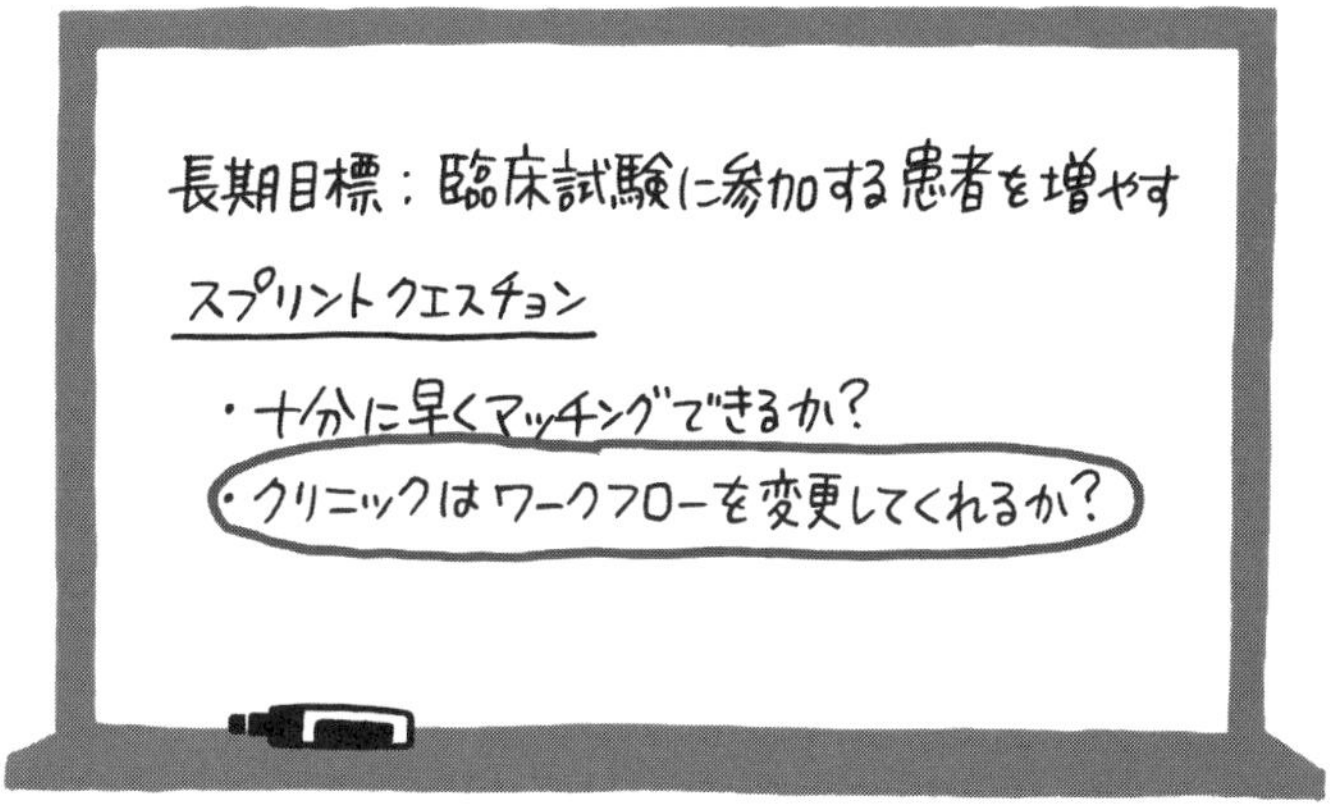
長期目標：臨床試験に参加する患者を増やす
スプリントクエスチョン
・十分に早くマッチングできるか？
・クリニックはワークフローを変更してくれるか？

ターゲットが決まったら、スプリントクエスチョンをふり返る

チームの一人ひとりに、一番重要だと思う顧客と瞬間を紙に書いてもらう。全員が誰とも相談せずに選び終わったら、紙を回収して、進行役がマップにホワイトボードマーカーで票を記入していく。それから票数を数え、意見が大きく分かれた部分（もしあれば）を確認する。決定者にはこの情報で十分だ。最終決定を決定者にゆだねよう。

ターゲットが決まったら、スプリントクエスチョンをふり返ろう。一度のスプリントですべてのクエスチョンに答えられない場合がほとんどだが、選ばれたターゲットに対応するクエスチョンが1つ以上あるはずだ。

フラットアイアン・ヘルスのターゲット（患者を試験にマッチングするコーディネーター）は、「クリニックはワークフローを変更してくれるか？」のスプリントクエスチョ

ンに対応していた。本物の顧客と一緒にソリューションをテストすれば、この質問への答えが得られそうだ。

❖

月曜日の夕方には、長期目標と、答えを出すべきクエスチョンが決まっている。マップをつくり、スプリントのターゲットを丸で囲っている。チーム全員が同じ情報をもち、スプリントウィークの目的を理解している。続く火曜日は、ソリューションを考える時間だ。

進行役のためのヒント

「最も忙しい」初日を乗り切る

グループをまとめる自信がない人もいるだろう。無理もない。経験豊富な進行役でも不安を感じるものだ。それに体系化されたミーティングという手法は一般的じゃないから、チームは戸惑っているかもしれない。幸先のいいスタートを切るにはどうすればいいだろう？

①「許可」を得る

そんなとき役に立つ戦術が、最初にグループの許可を得ることだ（元グーグル社員のチャールズ・ウォーレンに教わった）。これから自分が進行役を務め、時間とプロセスを管理するつもりだと説明する。そしてこう尋ねるのだ。「それでいいかな？」「イエス！」なんて威勢のいい返事を期待しちゃいけない。でもちゃんと説明し、反論の機会を与えたんだから（たぶん誰も反論しないが）、チームの抵抗は薄れるだろう。なにより、あなた自身の抵抗もだ。

②いつでも書きとめられるように

脅かすつもりはないが、進行役にとって月曜日は一番忙しい一日になる。すべての活動でグループを指揮しつつ、単純だが大切な仕事をこなさなくてはならない。よいアイデアをホワイトボードに書きとめる仕事だ。

月曜日、進行役は一日中ホワイトボードマーカーを握っている。朝から晩まで、チームの議論をまとめては、ホワイトボードにせっせと書きとめる。

ここで紹介した段取りは、説明通りに実行できる場合が多いが、いつもテンプレート通りにいくとは限らない。興味をそそる情報をリストアップしたり、追加の図を書くなど、適宜工夫しよう。

書きながら、「こんな感じでどうだろう？」「それはどう書けばいいかな？」などとチームに聞くといい。議論が煮詰まりかけたら、こういって結論を促そう。「この考えをまとめて次に進むには、どうすればいいだろう？」

ホワイトボードがチームの共通の脳だということを忘れずに。ホワイトボードをいつも整理しておけば、全員の思考力と記憶力を高め、よりよい決定をより早く下せる。

③「わかりきった質問」をする

進行役はことあるごとに「なぜ？」と聞き、誰もが答えを知っている質問をしなくてはいけない。わかりきったことをあえて問いただすことによって、誤解を防げるし、全員が知っているわけではない重要な情報を引き出せることも多いのだ。

スタートアップとスプリントをやるとき、僕らにはずるいアドバンテージがある。何も知らない部外者だから、本心からまぬけな質問ができるのだ。あなたのスプリントでは、あなたが部外者のようにふるまわなくてはならない。

④人間たちの「世話」をする

進行役は、スプリントを運営するだけじゃない。チームの集中力と活力を保つのも大事な仕事だ。コツをいくつか紹介しよう。

頻繁に休憩をとる

休憩は大切だ。僕らは60分から90分ごとに10分間の休憩をとることが多い。人が一つのタスクやエクササイズに集中できるのは、それくらいが限度だからだ。それに休憩をとれば、スナックやコーヒーで一息つける。チームが空腹やカフェインの禁断症状から解放されると、進行役の仕事はずっと楽になる。

ランチは遅めに

ランチを午後1時にすれば、カフェテリアやレストランの混雑を避けられる。そのうえ一日をきっかり半分に分けられる。午前10時から午後1時までの3時間と、午後2時から午後5時までのもう3時間だ。

軽いものをこまめに食べる

良質で栄養価の高いスナックを、朝だけでなく一日中提供しよう。ランチを食べ過ぎないよう気をつけること。ブリトー、ピザ、サブウェイの30センチのサンドイッチ、食べ放題のビュッフェは厳禁だ。重いランチを食べると午後にチームの勢いが衰えることを、僕らは苦い経験（ナンで巻いたインド料理版ブリトー）を通して学んだ。

⑤「決定」して次に進む

スプリントウィークの間、チームは大小さまざまな決定を下さなくてはならない。大きな決定（月曜日のターゲット決めや水曜日のスケッチの絞り込みなど）はこの本でやり方を説明するが、小さい決定は自分なりの方法で対処しよう。

決定をだらだら延ばすとエネルギーが吸いとられ、スプリントのスケジュールが危うくなる。結論の出ない不毛な議論に陥らないよう気をつけよう。なかなか決められないときや結論がはっきりしないときに、決定者に決定をゆだねるのは、進行役の仕事だ。チームが前進を続けられるよう、決定者に決断してもらおう。

TUESDAY

思考を発散させる

月曜日にチームは課題を定め、ターゲットを選んだ。
火曜日はソリューションを考える日だ。
この日はインスピレーション探しから始める。
既存のアイデアを見直し、
「組み替え」や「改良」ができそうなアイデアを探す。
午後には、芸術性より批判的思考を重視する４段階プロセスをもとに、
全員が個別にソリューションを「スケッチ」する。
この日に書いたスケッチのうちのベストなものが、
プロトタイプとテストの原型になる。
一晩ぐっすり眠り、バランスのとれた朝食をとってこの日に臨もう。
火曜日は大事な１日だから。

第8章 「組み替え」と「改良」に徹する

いまが1900年代初めだと想像してほしい。

あなたはほどよく熱いコーヒーを飲んでいる。ただ……あまりおいしくない。コーヒーのかけらが歯に挟まるし、苦くて口がひん曲がりそうだ。カフェインのためでなければコーヒーなんか飲まないだろう。

当時のコーヒーは紅茶方式で、挽いた豆を金網に入れ、熱湯を注いで淹れていた。うまく淹れるのは至難のわざだった。濃さを調整するのが難しいし、豆のかけらがたくさんまじった。麻布のフィルターで漉《こ》す人もいたが、目が粗すぎたし、洗うのも一苦労だった。

1908年、ドイツのメリタ・ベンツという女性は、ざらざらした苦いコーヒーにほとほとうんざりしていた。もっといい淹れ方があるはずだと、アイデアを探し回った。ふと目についたのが、息子の学校のノートについていた吸いとり紙だ。余分なインクを吸いとるためにつくられた素材で、厚くて吸収力があり、しかも使い捨てときている。

ピンと来た彼女は、吸いとり紙を一枚破りとった。それから真鍮《しんちゅう》の容器に釘で穴を開け、カップの上に置いて中に吸いとり紙を敷き、挽いたコーヒー豆を入れて熱湯を注いだ。できあがった飲みものは口当たりがよく、かけらがまじらず、あと片づけも楽だった。こうしてメリタは紙のコーヒーフィルターを発明した。ペーパーフィルターは100年以上たったいまも、コーヒーを淹れる最も一般的な（かつ最高の）道具として使われている。

「既存のアイデア」を組み合わせる

誰もが神がかり的なインスピレーションで世界を変えたいと――そしてチームメイトをうならせたいと――夢見ている。まったく新しいものを生み出すことに憧れる。だが驚異的なアイデアは、何もないところから舞い降りてはこない。

メリタ・ベンツの教訓は、「偉大なイノベーションは既存のアイデアを新しいビジョンでとらえ直したもの」ということだ。コーヒーのフィルターはそれまでも試されていたが、金網や布だった。吸いとり紙のアイデアはどこから？　その辺に転がっていたのだ。

既存のアイデアの組み合わせだといって、ベンツの功績にケチをつけるつもりなんかない。むしろこのことは、発明家をめざす僕らにとって朗報だ。スプリントでは彼女を見習い、「組み替え」と「改良」に徹しよう。ただし、単なる模倣《もほう》はいけない。

火曜日は、午後のソリューションスケッチのヒントになりそうな既存のアイデアを探すことから始まる。これはレゴ遊びに似ている。まず使えそうな部品を集め、それを組み合わせて独創的で新しいものをつくるのだ。

既存のアイデアを集めて組み合わせる際に役立つエクササイズを、僕らは「光速《ライトニング》デモ」と呼んでいる。

チームが一人ずつ順番に、ほかの製品やほかの分野、社内のほかの部署などから得た最高のソリューションを「3分間で紹介」するのだ。このエクササイズのねらいは、競合製品を模倣することではなく、アイデアの原材料を探すことにある。


経験からいうと、同業者の製品を研究しても大して役に立たない。最高のソリューションの起爆剤になるアイデアは、異なる環境の似たような問題の解決策にこそある。

ブルーボトルは、顧客が気に入ったコーヒー豆を探す手伝いをしたかった。でもコーヒー豆の見かけはどれも同じだから、写真を載せても助けにならない。チームは使えるソリューションを求めて、洋服からワインまでのあらゆるオンラインショップの光速デモを行い、風味や香り、口当たりといった感覚的な情報を表現する方法を学ぼうとした。

最終的に、最も参考になったのは、チョコレートバーの包装紙だった。「チョー」はカリフォルニア州バークレーのチョコレートメーカーだ。チョーのチョコレートバーには、チョコレートの風味を6つに分類してわかりやすく表した「フレーバーホイール」が印刷されている。ブライト、フルーティー、フローラル、アーシー（土っぽい）、ナッティー、チョコレーティー。

ブルーボトルのチームはこのラベルを見てひらめいた。そしてソリューションスケッチでアイデアをつくりかえ、ブルーボトルのコーヒー豆を簡単なキーワード（リッチ、チョコレート風味、ほっとする、など）で説明する、というソリューションを生み出した。

この簡単な説明は、金曜日のテストでも、その後オープンした新しいオンラインストアでも顧客に喜ばれた。異なる分野からひらめきが得られた好例だ。

使わなかった「古いアイデア」を探す

探索の幅を広げるには、社内を探すのもいい。すばらしいソリューションがあっても、タイミングが悪くて活用されていないことがよくあるのだ。スプリントはそうしたアイデアをよみがえらせる格好の機会になる。開発中の未完成のアイデアや、断念された古いアイデアを探してみよう。サヴィオークのスプリントでは、ロボットの目の未完成のデザインが、リレイの個性をつくりあげるカギになった。

サヴィオークは、リレイが物語に出てくるような、自分で考えて応答できるロボットと思われるのを避けたかった。またCEOのスティーブとヘッドデザイナーのエイドリアンは、目だけで感情を伝えられると考えた。

そこで火曜日の朝の1時間を使って、映画に出てくるロボットやアニメキャラクターなどのいろんな目を調べた。そのなかにとくに注目を引いたものがあった。日本のアニメ映画「となりのトトロ」に出てくる、言葉を話さない架空の生きもの「トトロ」は、ゆっくり動く穏やかなまなざしでほのぼのとした雰囲気を伝えていた。

だが最終的に僕らの心を射止めたのは、前からあった目だ。エイドリアンは、昔つくった目をいろいろ見せてくれた。そのなかに、トトロのようなほのぼのとした雰囲気で、しかもロボットの外観にぴったりのシンプルな形状のものがあった。金曜日のテストでは、このシンプルな目のまばたきによって、会話を期待させずに親しみやすい個性を伝えることに成功した。

あなたのチームもソリューションのアイデアを探すとき、サヴィオークにならって、遠い場所と身近な場所の両方に目を向けるといい。そうすれば思いがけない優れたアイデアが見つかるだろう。

「光速デモ」を実行する

光速デモは形式ばらずに、こんな感じでやる。

「リスト」をつくる

各自がソリューションのヒントになりそうな既存の製品/サービスを考えて、リストアップする（その場で考えるのは難しそうだが、意外と簡単だ——でもなんなら月曜日の夜の宿題にしてもいい)。業界や業種にとらわれないよう、また社内にも目を向けるよう促そう。

フラットアイアンのスプリントでは、臨床試験のウェブサイトやDNA解析用ソフトウェアなど医療分野の製品を調べたほか、別の分野の似たような問題も参考にした。たとえばメールをフィルタリングするツールや、やることを分類するタスク管理アプリ、プロジェクトや期限を管理するソフト、航空会社がフライト情報の変更を乗客に通知するサービスなど。自社のエンジニアが開発していたが未完成に終わった実験的プロジェクトも調べた。

このエクササイズで検討する製品には、参考にできる優れた面がなくてはならない。しょぼいものを研究してもしょうがない。リストができたら少し考えて、各自が一番よい1つか2つのアイデアに絞り込む。全員が選び終わったらリストを集め、ホワイトボードに書き出そう。いよいよデモを始める時間だ。

「3分間」の光速デモを行う

1人ずつ順番に、自分の提案する製品の光速デモをする。どこがそんなにいいのかを、チーム全体にわかるように説明するのだ。タイマーをセットして、1人3分程度にとどめる(ちなみにいっておくと、説明のためにラップトップやスマホなどのデバイスを使うのはかまわない。僕らは全員に見えるよう大画面につなげている)。

3分間の「光速デモ」

「ビッグアイデア」を書きとめる

3分間の光速デモはとにかく速いから、短期記憶に頼っていてはよいアイデアをすべて把握できない。

「いつでも書きとめられるように」の教えを胸に、デモを聞きながらホワイトボードにメモをとろう。

デモをする人に、「この製品のビッグアイデア（肝となるアイデア）は何ですか？」と最初に尋ねよう。そしてそのエッセンスを簡単に図で表し、上に簡単な見出しと、下にアイデアの出所を書いておく。

たとえばフラットアイアンの光速デモでは、臨床試験のマッチングツールにコメント機能を追加するには、グーグルのスプレッドシートのコメント機能が参考になりそうだと考えた人がいた。

そこで僕らはソフトウェアの簡単なデモをして、ビッグアイデア（埋め込みコメント）を書きとめ、図をさっと書いた（左ページ上図）。

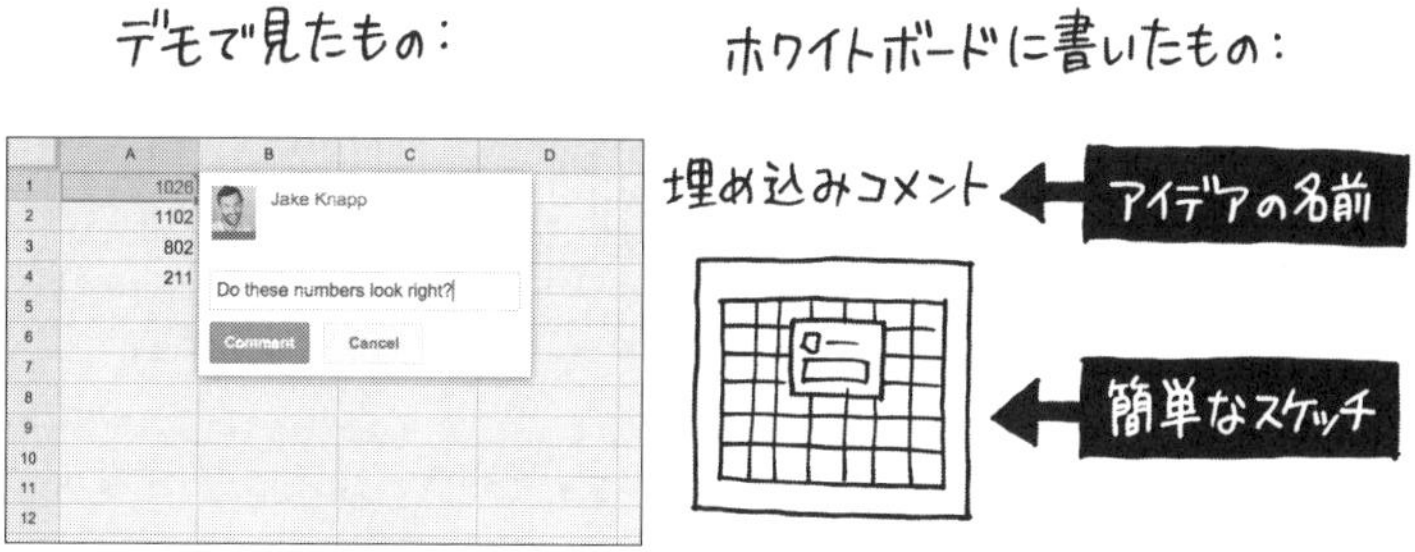

簡単なスケッチでアイデアを書きとめる

このメモは、午後に記憶を呼び起こすためだけのものだから、気の利いたメモやくわしいメモは必要ない。光速デモを終えると、いつもホワイトボードがアイデアでいっぱいになる。フラットアイアンのスプリントでも、こんな感じになった（148ページの図）。

判断せずに何でも書いていく

フラットアイアンのデモでは興味深い要素がたくさん見つかったが、最終的にほとんどが却下された。

　デモを見ながらホワイトボードにメモをとる時点では、どのアイデアを捨てるべきか、どのアイデアに「組み替え」と「改良」の価値があるかを判断する必要はない。それは各自がスケッチするときに考えればいい。

　これぞエネルギーの効率的な使い方だ。この時

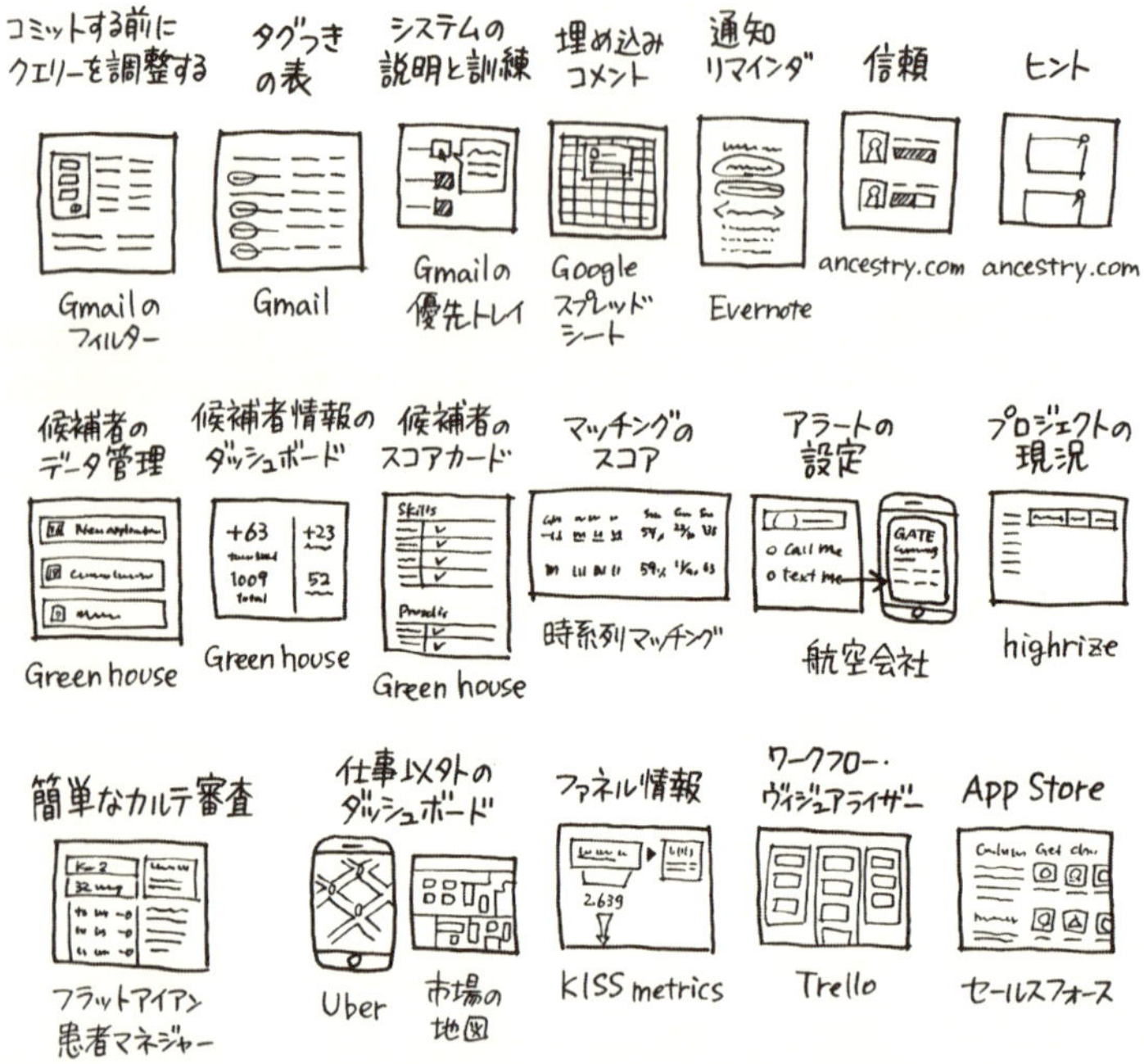

光速デモの後は、たくさんのアイデアスケッチが残る

点では決定も議論もせず、ただ「役に立つかもしれない」ものを何でも書きとめよう。

光速デモが終わると、10個から20個ほどのアイデアでホワイトボードがいっぱいになる。これくらいの数があれば、全員の最高のインスピレーションがもれなく書きとめられているはずだし、またスケッチを描く際の参考にもしやすい。

ほとんどのアイデアに使い道がなくても、1つか2つはすばらしいソリューションにつながるものがあるはずだ。ホワイトボードをじっくり探せば、たいてい「吸いとり紙」のようなアイデアが見つかる。

いま書き出した「アイデア」と、月曜日につくった「マップ」「スプリントクエスチョン」「どうすればメモ」は、素材の宝庫だ。午後にはこの素材をソリューションに変える。だがその前に、簡単な戦略を立てよう。チームがいくつかに分かれて、問題を分担してとりくむのか、それとも全員で同じ部分に集中してとりくむか？

ブルーボトルコーヒーは、スプリントに明確な目標をもっていた——顧客のコーヒー豆選びを手伝うことだ。しかしその目標には、ウェブサイトのホーム画面やコーヒーのリスト、買い物カゴなど、多くの部分が関係していた。事前に示し合わせなければ、全員が同じ部分——たとえばホーム画面——のスケッチを描いてしまい、プロトタイプ全体のアイデアが得られないかもしれない。そこでチームは分かれることにした。まず各自がやりたい部分を選び、ホワイトボードのマップで散らばり具合を確認した（150ページ）。

この図の通り分担はやや偏っていたものの、重要な部分には2人以上の人が確保できた。

分担するか、全員でとりくむか？

問題を分担すべきだろうか？　マップをよく見て、チームで簡単に話し合おう。問題の

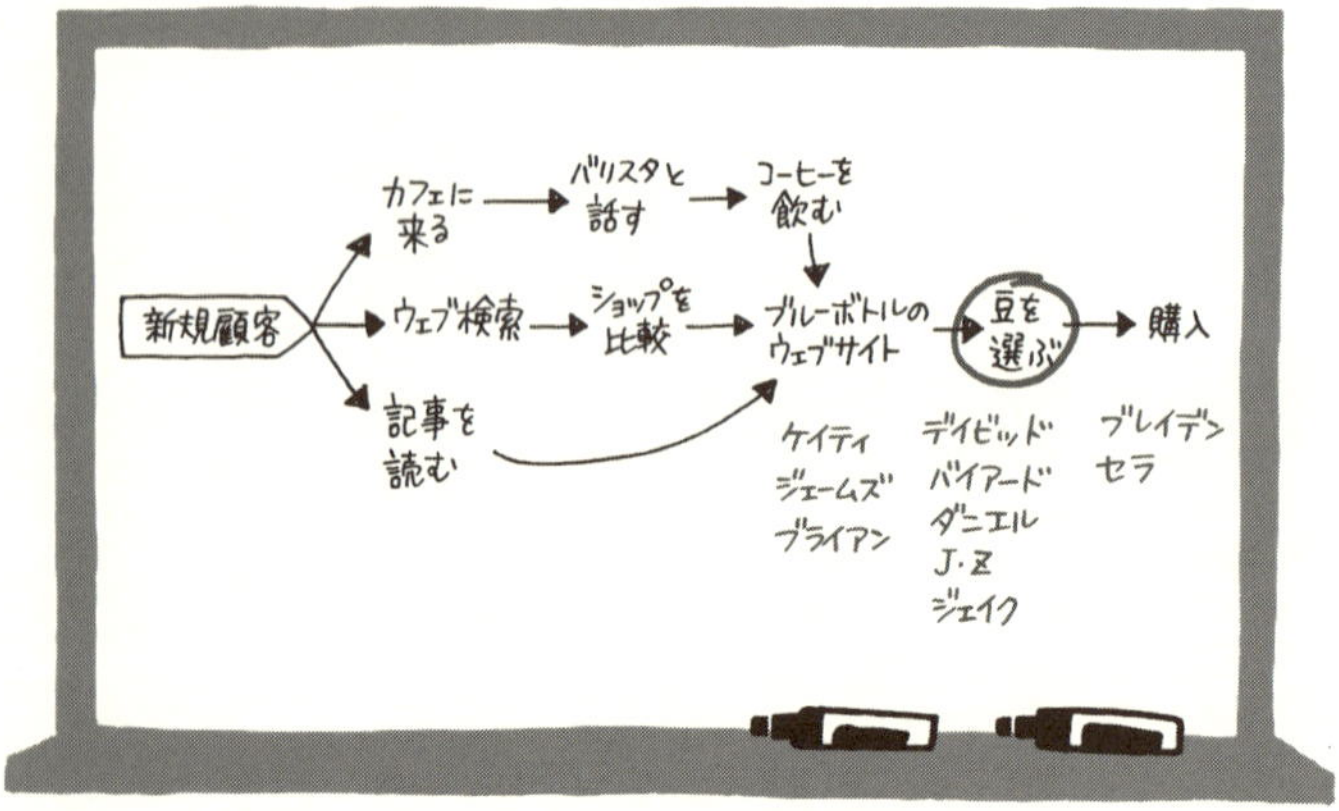

やりたい部分に名前を書き込む

範囲がとても狭い場合は、分担せずにチーム全体で同じ部分を攻略してもいい。

重要な部分がいくつかあるなら、分担したほうがいい。

分かれてとりくむ際、分担を簡単に決めるには、まず各自に一番興味のある部分を紙に書いてもらい、それを回収してマップの該当部分に名前を書く。希望者が一部に集中してほかが手薄になっていたら、代わってくれる人を募ろう。

全員が自分の担当分野を確認したところで、ランチの時間だ。午後に備えてエネルギーを補給しよう。ここまで準備を重ね、ようやくソリューションをスケッチするときがやってきた。

え、スケッチは苦手だって？

第9章

「スケッチ」する

ブルーボトルコーヒーのカスタマーサービス責任者セラ・ジアルッソは、不安げな様子だった。彼女だけじゃない。CEOのジェームズ・フリーマンまでが眉間にしわを寄せている。

ブルーボトルのスプリントは、火曜日の午後にさしかかっていた。窓に日が差し込み、床に四角い模様をつくっている。表の通りでクラクションを鳴らす音がする。そしてスプリントルームの中央のコーヒーテーブルに、懸案のブツが載っていた——ひと束の紙に、12個のクリップボード（下敷き）、紙コップにぎっしり立てられた黒ペン。

誰かがコホンと咳払《せきばら》いをした。ブルーボトルの広報担当マネジャー、バイアード・ダンカンだ。みなが一斉にふり向くと、彼はおずおずとした笑みを浮かべていった。

「いや……」と彼はいった。「絵が描けない人はどうすりゃいいんだ……」

絵が上手でも下手でも関係ない

火曜日の午後はソリューションを考える時間だ。とはいえ、ブレーンストーミングのようにアイデアを口々に叫んだりしないし、突飛なアイデアを促すために判断を保留したりもしない。一人ひとりが個別に、じっくり時間をとってスケッチするのだ。

僕らはまるっきりのハイテクオタクだが、最初に紙に書くことの大切さはよく知っている。紙は万人を平等にする。どんな人も、単語やボックスを紙に書けば、自分のアイデアを誰とも同じくらい明快に表現できる。

絵が描けない人も（というより、絵が描けないと思い込んでいる人も）、心配ない。紙に書くのを嫌がる人は多いが、誰でも、本当にどんな人でも、すばらしいソリューションをスケッチできるのだ。

これをわかってもらうために、ブルーボトルコーヒーのスプリントでのスケッチを一つ紹介しよう。「マインドリーダー」（人の心が読める人）と名づけられたアイデアだ。1枚のふせんが、ブルーボトルのウェブサイトの1ページを表している。

「マインドリーダー」の根底にあるビッグアイデアは、店を訪れた顧客とバリスタとの会話をオンラインストアで再現する、というものだ。

次ページの図の3つのコマを見るとわかるように、このソリューションは顧客を歓迎するところから始まり、顧客が家でどうやってコーヒーを淹れているかを尋ね、お勧めのコーヒー豆と淹れ方を説明している。このアイデア自体には複雑な要素が多々あるが、図は単純だ。ほとんどボックスとテキストだけの、誰にでも描けるものだ。

チームは木曜日に「マインドリーダー」をベースに、細部をほかのスケッチで肉づけし

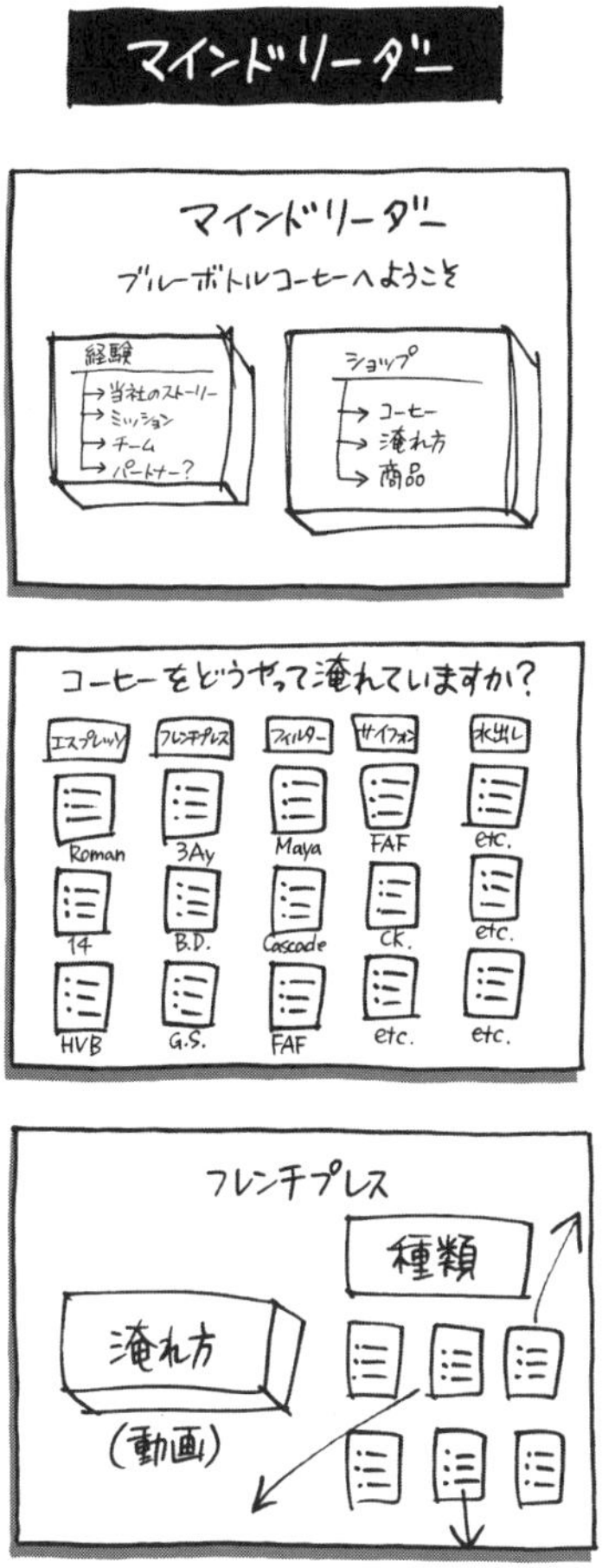

ブルーボトルコーヒーのスプリントで出たソリューションの1つ。
1枚のふせんが1つの画面を表している。

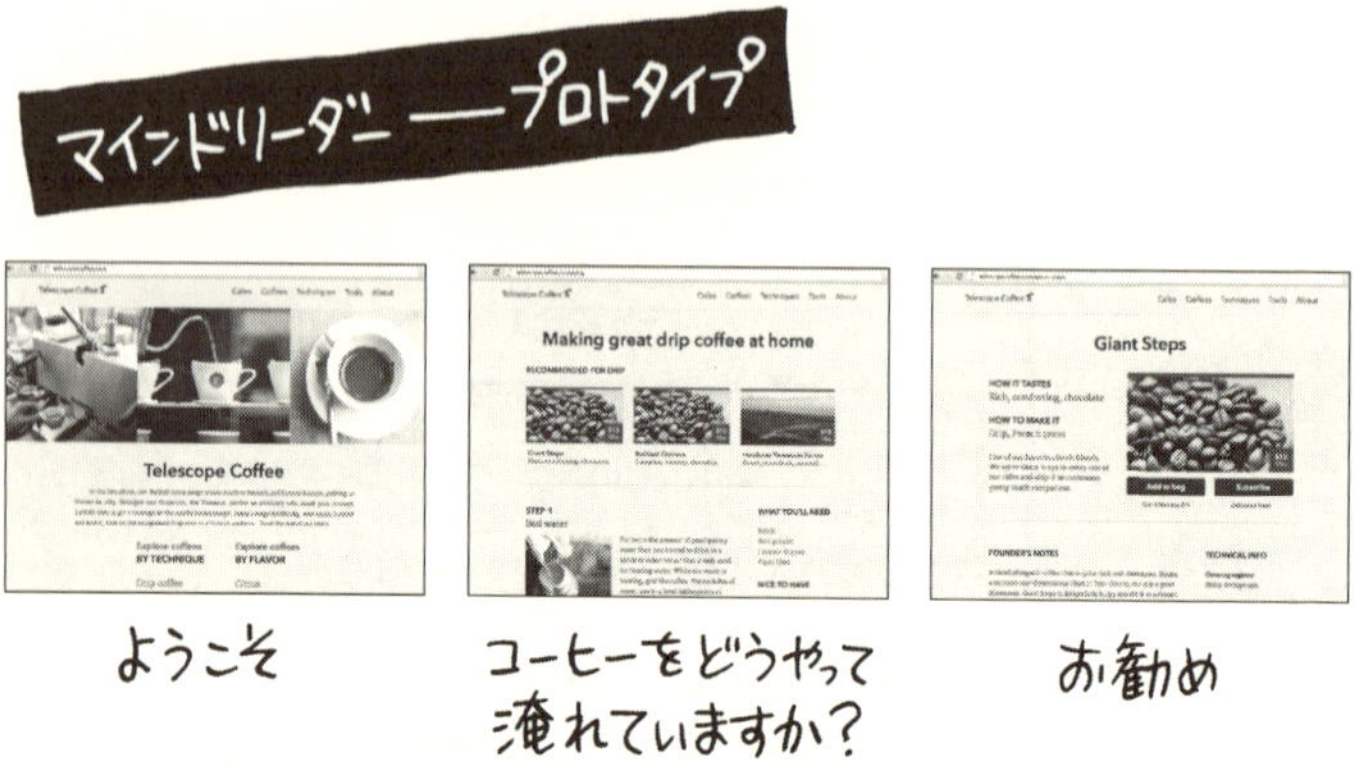

マインドリーダーをベースにしてつくったプロトタイプ

て、リアルなプロトタイプをつくった。上の写真が完成版のプロトタイプだ。

金曜日の本物の顧客とのテストで、「マインドリーダー」は目を見張るほどの効果をあげた。顧客はウェブサイトをクリックするうちに、ブルーボトルのコーヒーの品質に信頼を深め、注文したい豆を見つけられた。

彼らはこのプロトタイプをほかのコーヒー専門店のウェブサイトよりも「ずっといい」と評価し、「この連中はコーヒーを知り尽くしている」とコメントした。「マインドリーダー」はこのテストでダントツの結果を出し、ブルーボトルの新しいウェブサイトの原型になったのだ。

さて、このソリューションをスケッチしたのは誰だろう？

それはデザイナーでもなく、ITアーキテクトでもなく、イラストレーターでもなかった。自称絵が描けない男、バイアード・ダンカンだったのだ。

というわけで、火曜日の午後はスケッチを描くが、大切なのはソリューションの中身だ。チームは水曜日にすべてのスケッチを品評して一番よいものを選び、金曜日にプロトタイプをテストする。そのときものをいうのはソリューションの質であって、もとの図の芸術性じゃない。

「抽象的なアイデア」は間違って評価される

たとえばあなたはすごいアイデアを思いつき、何週間も温めてきたとする。職場に行き、チームにアイデアを説明するが……みんなはただぽかんと聞いている。説明がへただったのかもしれないし、タイミングがまずかったのかもしれない。理由はともかく、アイデアは伝わっていない。いらつくシチュエーションだろう？ でも事態はさらにひどくなる。

たとえばそのときボスが別のアイデアを提案したとする。ぽっと出のアイデアで、生煮えだし、うまくいきそうにないのは一目瞭然だ。なのに、チームは全員うなずいている！ あいまいなアイデアを自分のいいように解釈したのかもしれないし、ボスだから仕方なく賛成しているのかもしれない。でもどっちにしろ、あなたに勝ち目はない。

オーケイ、それじゃ現実に戻ろう。いまのは架空のシナリオだが、アイデアが抽象的なときに起こりがちなことだ。抽象的なアイデアは当然具体性に乏しいから、（あなたのアイデアのように）過小評価されるか、（ボスのアイデアのように）過大評価されることが多い。

火曜日にスケッチをするのは、楽しむためじゃない。なぜスケッチをしてもらうかといえば、これが抽象的なアイデアを具体的なソリューションに変えるための、簡単かつ最速の方法だという確信が僕らにはあるからだ。

アイデアそのものが具体的だと、それ以上何の説明も受けなくても厳格で公平な評価を下せる。なにより、全員が個別にスケッチするから、具体的なアイデアをじっくり練ることができる。

全員が「個別」にとりくむ

グループで騒がしくブレーンストーミングをするより、各自が個別に問題にとりくんだほうがよりよい結果が得られることを、僕らは経験上知っている。[*6]

一人で作業することで、じっくりものごとを調べ、ひらめきを得て、問題を考え抜くことができる。また個別にとりくむと、プレッシャーと責任感から、ベストな仕事をするよう駆り立てられる。

でも個人で問題にとりくむのは楽じゃない。一人で問題を解決しなくてはならないうえ、問題を解決するための戦略まで練る必要がある。大仕事にとりくむはずが、結局はニュースを読んでだらだら過ごしてしまったことがある人なら、これがどんなに大変なことかわかるだろう。

僕らのスプリントでは、チームは個別に作業するが、誰もが集中して前へ進めるように、具体的なステップを設けている。一人でスケッチすると、時間をとって深く考えられる。またチーム全体が並行して作業をすると、集団ブレーンストーミングにありがちな集団思考を避けながら、多くの優れたアイデアを生み出せる。これを「全員が個別にとりくむ」方法と呼ぼう。

火曜日に描くスケッチは、スプリントの残りの作業の原動力になる。水曜日には全員のスケッチを品評してベストなものを選ぶ。木曜日にスケッチをプロトタイプに落とし込み、金曜日にそれを顧客と一緒にテストする。

数枚の絵がそこまで重要なものになるということは、レオナルド・ダ・ビンチのノートから出てきたような天才的作品を期待されているように思うかもしれない。でもそんなことはない。

＊6　ジェイクは手痛い失敗を通して集団ブレーンストーミングの弊害を学んできたが、多くの研究者が同じ結論に達している。一例が1958年にイエール大学で行われた研究だ。個人とブレーンストーミングの集団に同じ問題の解決策を考えてもらったところ、個人に軍配が上がった。個人のほうがより多くの解決策を生み出し、またその解決策はより質が高く独自性に富んでいると判定された。集団ブレーンストーミングの完敗だ！　なのに……それから半世紀以上たったいまも、集団ブレーンストーミングは盛んに行われている。その理由はブレーンストーミングという、心をそそるネーミングにあるのかもしれない。

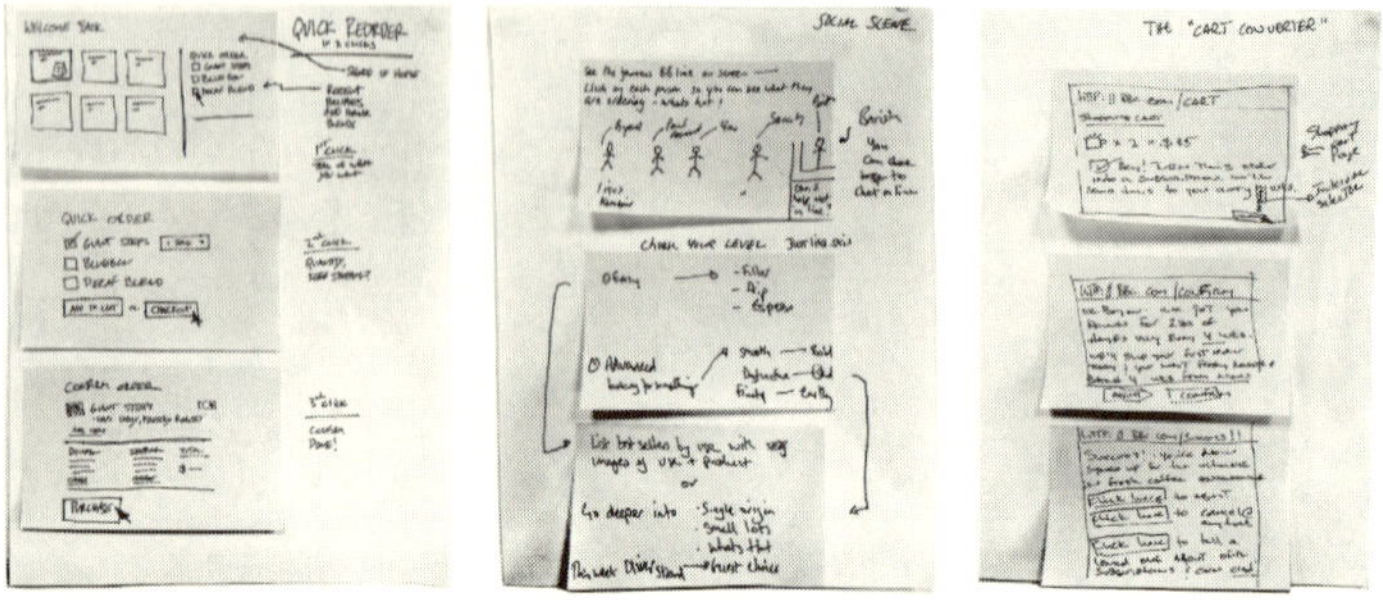

ブルーボトルコーヒーのスプリントで出た3つのソリューションスケッチ

スケッチの威力をわかってもらうために、ブルーボトルのスプリントで出たソリューションをもう少し紹介しよう（上図）。

これを見ればわかるように、スケッチは綿密だが、芸術作品じゃない。どのスケッチもテキストとボックス、棒人間でできていて、普通のコピー用紙と普通のふせんに普通のペンで書かれている。

単純だろう？……オーケイ、説明は終わりだ。それじゃ、すばらしいソリューションをスケッチしてくれたまえ！

うそうそ、冗談だ。白紙を前にすると気が重くなるのは、僕らも同じだ。そこで、生産性の大家デビッド・アレンにヒントを得て、スケッチのプロセスを段階に分けてみた。アレンは著書『はじめてのGTD　ストレスフリーの整理術』（二見書房）で、面倒な仕事を攻略するためのスマートな戦略を教えている。

アレンによると、タスクを一つの大きなとりくみ（たとえば「税金の支払いをする」など）と考えずに、前進するために必要な最初の小さな一歩（「必要な書類を集める」など）を決めて、そこから始めることがカギだという。

最も成功する「4段階スケッチ」

ジェイクはスプリントを始めたころ、それまで自分がやったなかで最も成功したワークセッションを再現しようとした。

彼自身最もよい仕事ができたのは、まず重要な情報を見直すことによって自分自身を「起動」し、それから紙上でデザイン作業を開始し、複数のバリエーションを検討し、時間をかけて綿密なソリューションを編み出したときだった。またジェイクは先延ばしの名人だから、締切がタイトなときに最も効率が上がった。

「4段階スケッチ」は、いまあげた重要な要素をすべて盛り込んだものだ。

まず最初に、部屋中に貼り出されている目標や機会、インスピレーションを見てメモをとり、20分間で自分を「起動」する。

それから20分間で大まかなアイデアを書き出す。

次は頭を柔らかくして、「クレイジー8《エイト》」と呼ばれるラピッドスケッチ（速描き）で、アイデアのバリエーションを考え出す。

そして最後に、30分かそれ以上かけてソリューションスケッチを描く。ソリューション

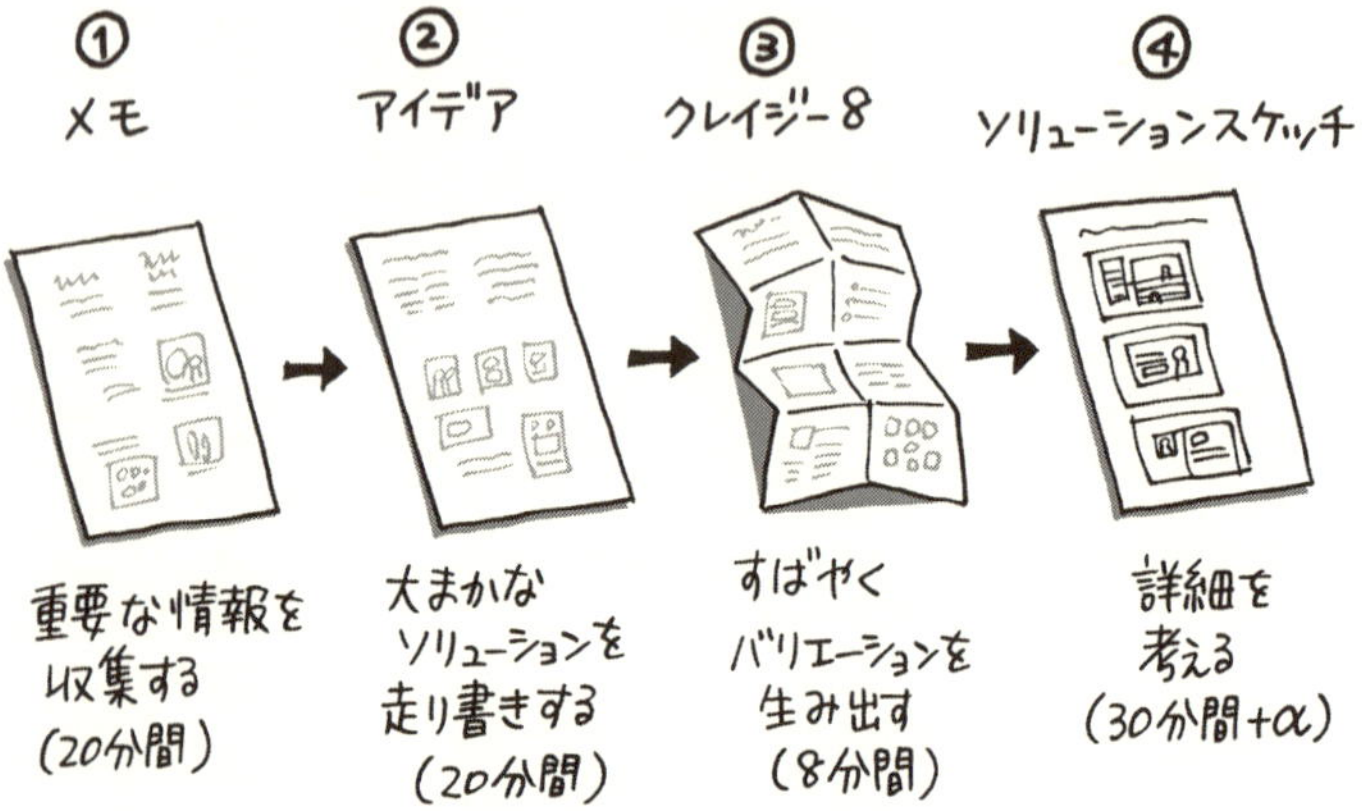

ソリューションを編み出すための「4段階スケッチ」

スケッチは、詳細をきちんと詰めた、一つの筋の通ったコンセプトだ。

①メモ――24時間の「ベストヒット集」をつくる

最初のステップは超簡単だ。チーム全員が部屋を回り、ホワイトボードを読み直してメモをとる。このメモは、いわば過去24時間のスプリントの「ベストヒット集」だ。ソリューションを考える前に、こうして記憶を呼び起こす。

まず「長期目標」を書き写そう。次に「マップ」と「どうすればメモ」「光速デモ」のメモを見て、役に立ちそうなことを全部書き写す。新しいアイデアを考えたり、きれいに書いたりする必要はない。これは自分しか見ないメモだ。

メモをとる時間は20分間。この間はラップトップやスマホで自由に資料を参照してかまわない。朝の光速デモで見たことを確認したり、自社製品やウェブサイトをくわしく調べたい人もいるだろう。目的が何であれ、この時間は「デバイス禁止」ルールの数少ない例外だ。それから古いアイデアを見直すことも忘れずに。前にもいったように、昔のアイデアは最強のソリューションになることが多いのだ。

メモの時間が終わったら、ラップトップとスマホを閉じる。もう3分間とって、自分の書いたメモを読み直し、とくに目を引いたものを丸で囲もう。こうしておくと次のステップがやりやすくなる。

②アイデア――「落書き帳」のように何でも描く

さて全員がメモをたっぷりとったら、アイデアモードにシフトする。このステップでは、各自がソリューションのざっくりとしたアイデアを走り書きする。1枚の紙（アイデアシート）に、文字や仮のタイトル、図、棒人間が何かをしている絵など、考えのタネになりそうなことを片っ端から書いていく。

アイデアは整理されていなくても、未完成でもかまわない。メモと同じで、このページはチーム全体に見せるものじゃない。「落書き帳」だと思えばいい。それにどんなやり方をしてもかまわない。全員が何かを考え、何かを紙に書いてさえいればいい。

あなたのアイデアシートはこんなふうかもしれないし、まったくちがうかもしれない。
でも何か書いてさえいれば大丈夫。

アイデアを生み出す時間は20分間。終わったらもう3分とって書いたものを見直し、気に入ったアイデアを丸で囲もう。次のステップで、これらの有望な要素を練る。

③クレイジー8――高速で「バリエーション」を考える

クレイジー8《エイト》は駆け足のエクササイズだ。各自が自分の最強のアイデアのバリエーションを8分間で8つ考え、すばやくスケッチする。

クレイジー8をすると、無難な原案を押し広げ、さらに改良するか、少なくとも代替案を絞り出すよう駆り立てられる。

誤解のないようにいっておくと、クレイジー8の「クレイジー」とは、アイデアの内容のことじゃない。「まともでない」の

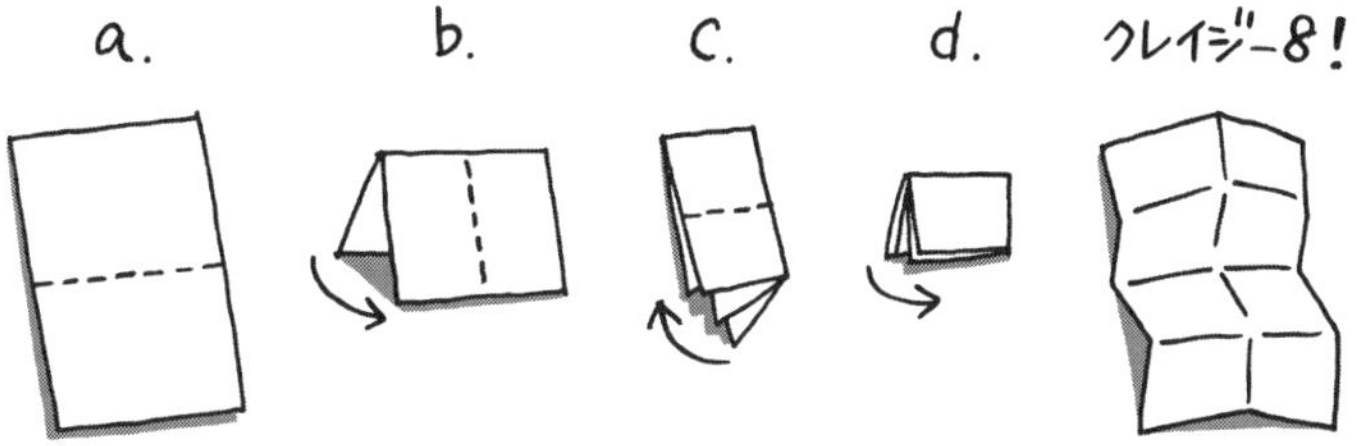

A4用紙を3回、半分折りにする

は8分間に8つというペースのことだ。

ブレーンストーミングにありがちな、「突飛なアイデアを歓迎する」なんてアドバイスは忘れよう。ここではよいアイデア、つまり効果があり、目標の実現に役立ちそうなアイデアに集中する。クレイジー8の手法で、そうしたよいアイデアに手を加え、膨らませるのだ。

クレイジー8では、まずA4の用紙を3回、半分折りにして、8つのスペースに分ける。それからタイマーを60秒にセットし、「スタート」ボタンを押したらスケッチを始めよう。1つのスペースを60秒間で埋め、8分間で合計8つのミニスケッチを描く。すばやく大ざっぱに描いていく。

クレイジー8もチームに見せるものじゃないから、雑でかまわない。

このエクササイズは、同じアイデアのバ

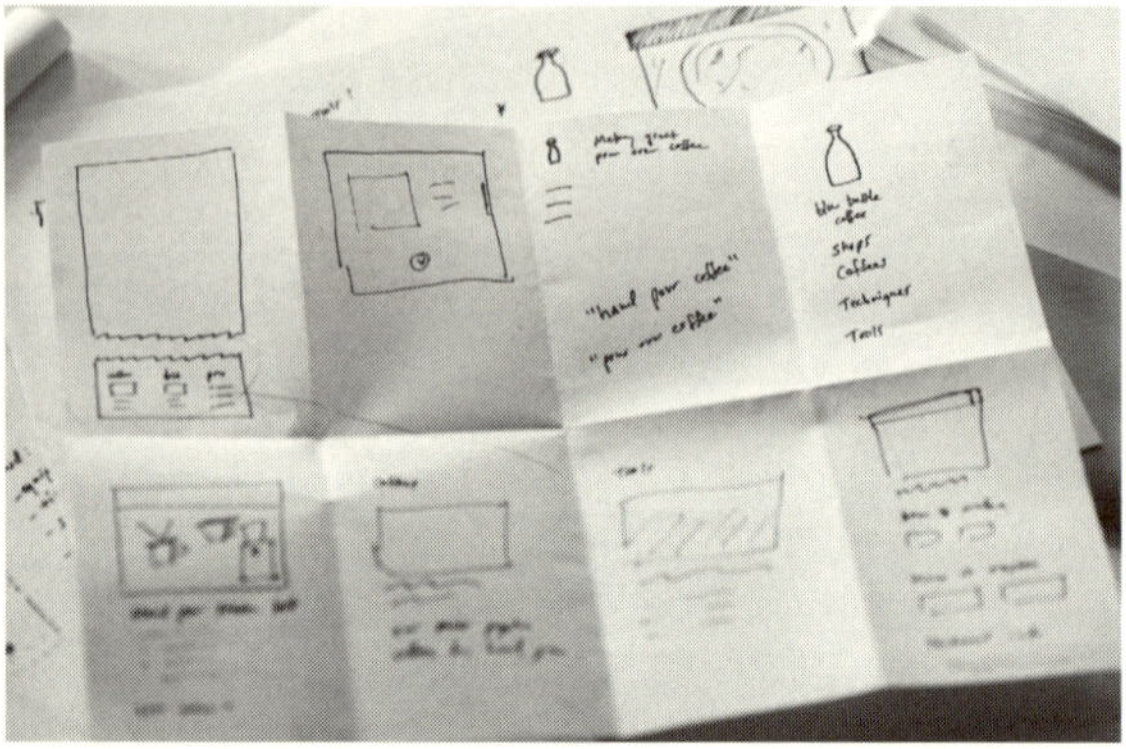

ブルーボトルコーヒーのスプリントでのクレイジー8。一つひとつのスペースに、フレーズ（「手で淹れたコーヒー」「フィルターコーヒー」）やナビゲーション、ページのレイアウトのバリエーションが描かれている。

リエーションをいくつも生み出してこそ効果がある。アイデアシートのなかの一番気に入ったアイデアを見つめて、こう考える。「これをやるためのよい方法はほかにあるだろうか？」

次々と描いていき、それ以上考えが浮かばなくなったらまたアイデアシートを見て別のアイデアを選び、そのバリエーションを描いていく。

クレイジー8は、いい回しを練るエクササイズとしても使える。あなたのアイデアにフレーズやマーケティングの見出しなどのテキストが含まれるなら、クレイジー8でいい回しを考えてもいい。

次のステップで見ていくように、テキストはソリューションスケッチの最も重要な要素であることが多いのだ。

クレイジー8をすると、大きなひらめき

を得て、アイデアを新しい観点からとらえ直せることもある。そうかと思えば、大してよいアイデアが浮かばないこともある。最初のアイデアが最高のアイデアだった、ということもある。

いずれにせよ、クレイジー8は多くの選択肢を検討するのに役立つ。それに、次に控えるメインイベントの肩慣らしにもなるのだ。

④ソリューションスケッチ――3コマで「全体像」を見る

これまで「大丈夫、誰も見ないから」といい続けてきた。でもそれはもうおしまいだ。ソリューションスケッチとは、各自の最高のアイデアを紙にくわしく描き表したものをいう。どのスケッチも、「こうやって課題を解決すべきだ」という独断的な仮説だ。このスケッチはチームメンバーにじっくり見られ……おまけに品評までされる！　だから具体的で周到でわかりやすいものにしなくてはならない。

具体的にいうと、スケッチとは顧客が製品／サービスを利用するときに目にするものを表す3コマのストーリーボード（絵コンテ）で、1コマを1枚のふせんに描く。

なぜストーリーボードの形式にするかといえば、製品／サービスはスナップショットというより映画に近いからだ。

顧客は何もないところから突然現れ、いきなり消え去るわけじゃない。一つのシーンを演じる役者のように、ソリューションのなかを動き回るのだ。だからソリューションも、顧客と一緒に動く必要がある。

僕らは普通3コマ形式でやるが、例外もある。スプリントによっては、顧客体験の一部分に焦点を当てることもある。たとえばウェブサイトのホーム画面や、検査報告書の最初のページ、オフィスのロビー、本の表紙など。

このようにチーム全体で「単一シーン」の課題にとりくむ場合は、紙1枚をまるまる使ってスケッチしたほうが、細部までくわしく示せるだろう（170ページ参照）。

どちらの形式でも、次の重要なルールを念頭に置こう。

1.「一目瞭然」にする

スケッチは水曜日の朝、全員に見えるように壁に貼り出される。見ただけで理解できなくてはならない。スケッチは、アイデアが通過しなくてはならない最初の関門だ。スケッチの段階で理解してもらえなかったら、磨きをかけてもよくなるはずがない。

2.「匿名」にしておく

スケッチに名前は書かず、全員が同じ紙と同じ黒ペンを使って描くこと。水曜日にスケッチを品評するとき、匿名だと批評しやすく、最高のアイデアを選びやすい。

3．「へた」でもかまわない

スケッチは凝る必要はない（ボックスと棒人間、テキストで十分）が、詳細で周到で完結したものでなくてはならない。できるだけわかりやすく描くべきだが、絵心がなくても心配ない。ただし……

4．「言葉」は大切

僕らはいろんな業界のスタートアップとスプリントを行っているが、いつも驚かされることがある。それは、言葉がカギを握るということだ。とくに、テキストでの説明が画面の大半を占めるソフトウェアやマーケティングでは、文章力がものをいう。どんな媒体を使うときでも、適切ないい回しを選ぶことがとても大切だ。

だからスケッチのテキストには特別な注意を払おう。小難しい言葉を使ったり、テキストを波線で省略したりしないこと。テキストはアイデアを説明する重要なカギだから、わかりやすく現実的な文章にしよう！

5．キャッチーな「タイトル」をつける

スケッチは匿名だから、タイトルをつけておこう。そうすればあとで品評して選ぶときに記憶に残りやすい。それにタイトルは、ソリューションスケッチの根底にあるアイデアに注目を集める手段でもある（ブルーボトルのバイアード・ダンカンが、自分のスケッチに

「マインドリーダー」というタイトルをつけたのは、おもしろ半分だったが、顧客にぴったりのコーヒーを勧めるというアイデアを強調するためでもあった)。

❖

オーケイ、それじゃ紙を用意して、自分のメモとアイデア、クレイジー8を手元に置こう。そしたらペンのキャップを外して、シートベルトを締め、背もたれとテーブルを元の位置に戻そう。ソリューションスケッチはまもなく離陸する。

1人が1つのソリューションスケッチを責任をもって仕上げる。ひらめきを得て複数のスケッチを描きたくなったら、描いてもかまわないが、手を広げ過ぎないこと。

スケッチが1つ増えるごとに、水曜日の品評と絞り込みの作業が大変になる。それだけじゃない。僕らの経験からいうと、最初に書いたスケッチが一番よいことが多く、スケッチの総数が10から12を超えると収穫逓減《ていげん》の法則が発動して、それ以上数が増えても大した成果があがらなくなる。30分間という時間は、全員が1つずつのスケッチを完成させるのにちょうどいい時間だ。

全員が描き終わったらソリューションスケッチを回収するが、目を通したい衝動をこらえよう。初めて見られるのは一度きりだから、水曜日まで新鮮な目をとっておこう。

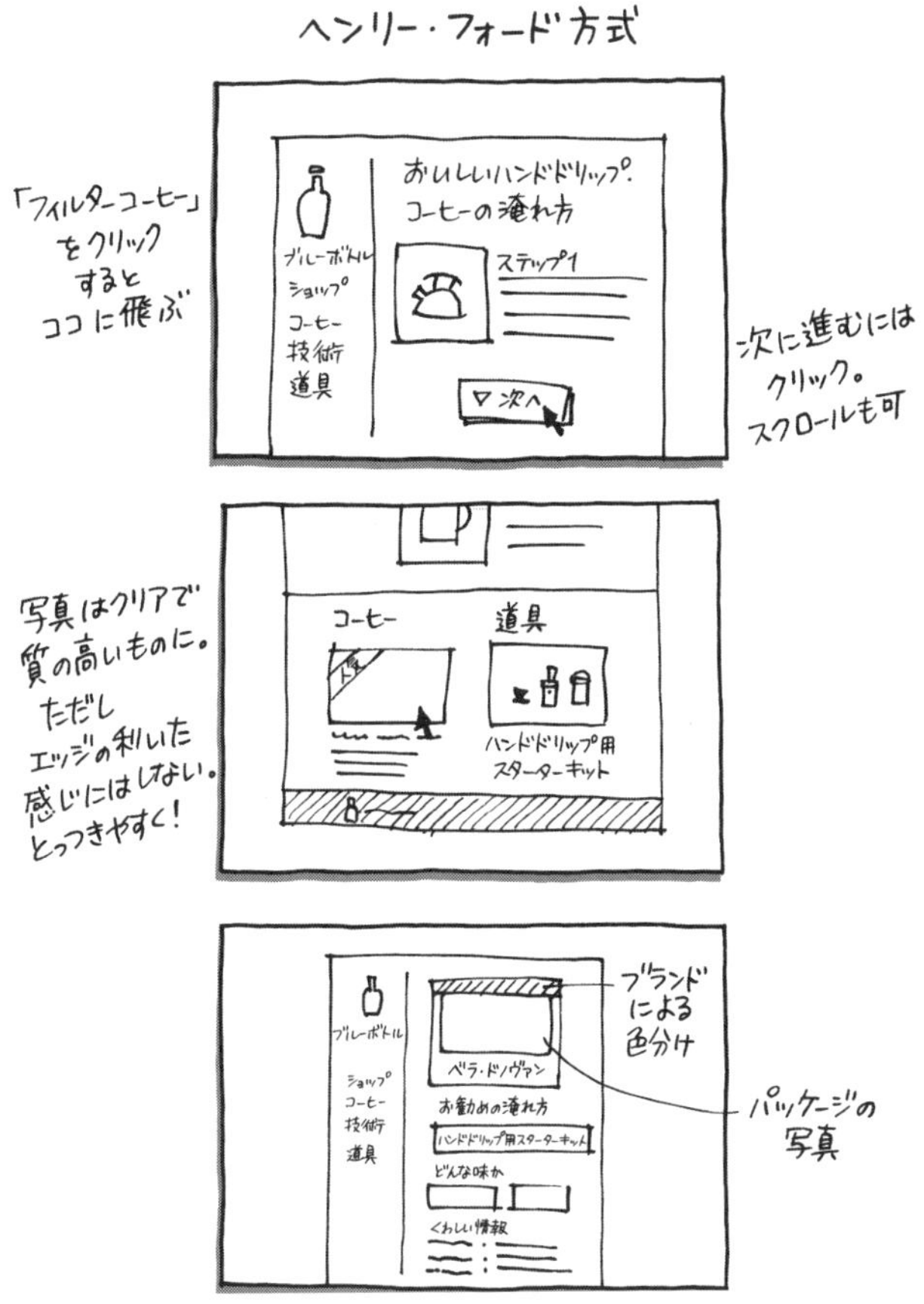

ブルーボトルコーヒーのスプリントでのソリューションスケッチの１つ。このアイデアの成り立ちを理解するには、マンガのコマを読むように上から下まで順にメモを読めばいい。１つめのコマで、顧客はコーヒーの淹れ方の手引きに目を通し、２つめのコマでお勧めのコーヒー豆のリンクをクリックし、３つめのコマでコーヒー豆の説明を見つける。

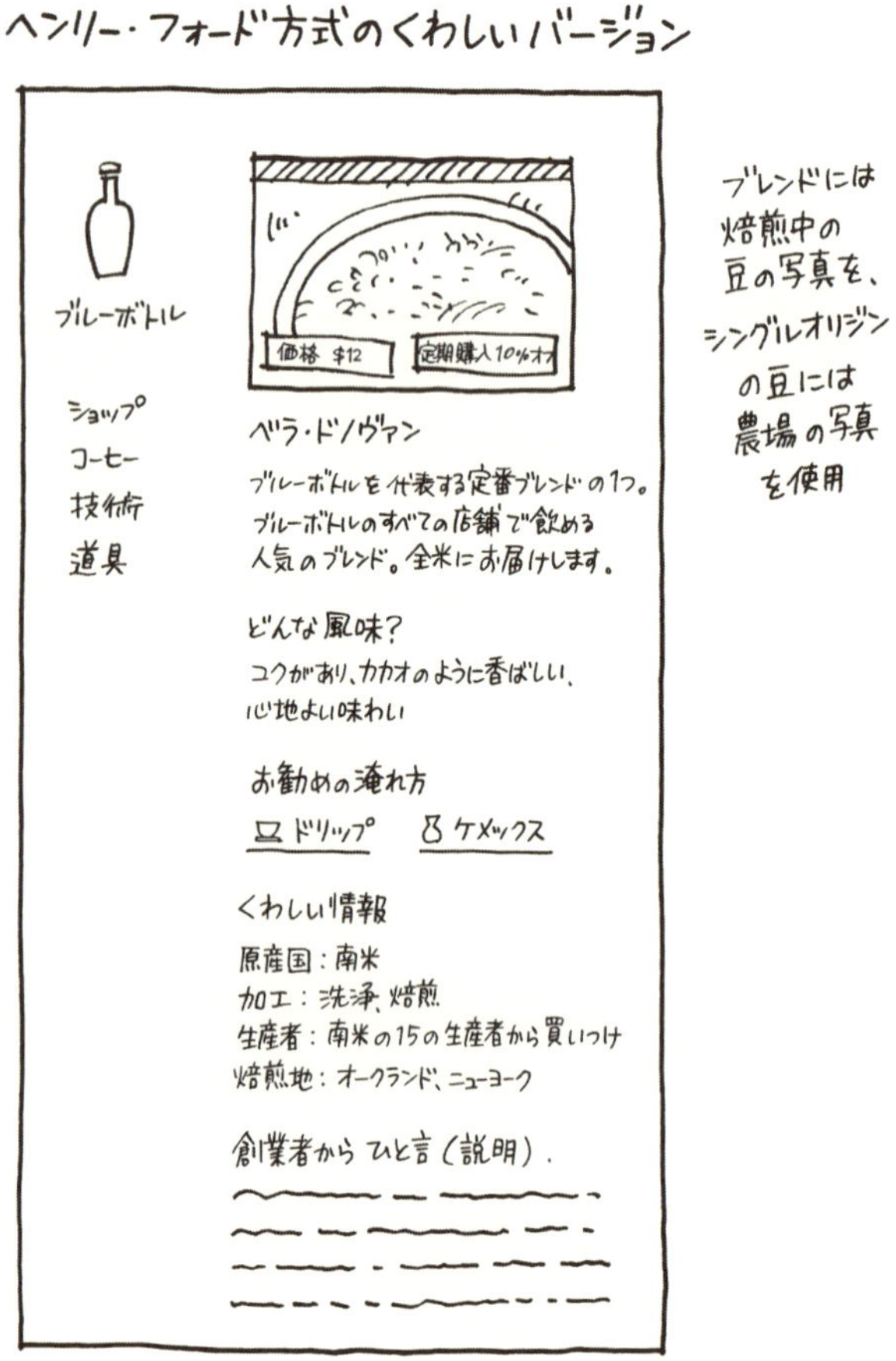

ブルーボトルのスプリントの同じスケッチの全面バージョン。ストーリーボード形式ではなく、紙1枚をまるまる使って、オンラインストアの1つのページをくわしく表したもの。

進行役のためのヒント

「テストの相手」を探す

月曜日か火曜日に、金曜日の「テスト」のための5人の顧客探しを始める。つまり、チームの誰かが、スプリント外の時間に余分な仕事をしなくてはならない。適切な顧客を募集、選定するには、毎日1、2時間ずつとはいえ、まる1週間かかる。ただでさえ多忙な進行役の負担を増やさないために、顧客探しは進行役以外の人に任せたい。

テストにふさわしい顧客を探す方法は2つある。顧客が比較的探しやすい場合はクレイグズリスト〔地域ごとに分かれた無料掲示板〕を利用し、探しにくい場合は人脈に頼ろう。

クレイグズリストで顧客を募集する

僕らはターゲット顧客の特性に一致する人を探すために、クレイグズリストを使うことが多い。嘘のようだが、効果抜群なのだ。サヴィオークやブルーボトルコーヒー、その他数十社のテストに最適な顧客を見つけたのも、この方法だった。幅広い層にアピールする一般的な求人広告を掲載し、短いアンケートに誘導して、ターゲット顧客を絞り込むのがコツだ。

最初に一般的な求人広告を考えよう。何をテストするか、どんな顧客を求めているかがわからないようにする。僕らは関心を引くために薄謝や粗品——100ドルのギフト券が多い——を提供するようにしている。「その他の仕事」欄に、こんな感じの広告を掲載するといい。

顧客調査のインタビューに100ドル（8月2日、サンフランシスコ）
8月2日木曜日にサンフランシスコで60分間のインタビュー調査を予定しています。選考の上、参加者を決定します。参加者にはインタビュー終了後、アマゾンギフト券100ドル分をプレゼント。まずは簡単なアンケートに答えてください。ここをクリック

これを読んだだけでは何の広告かはわからない——コーヒー、ロボット、コーヒーのロボットなど、何でもあり得る。大都市では一般的な広告に数百人もの応募があるから、適切に選別すれば、求めるプロフィールをもった顧客を5人見つけるのはわけないだろう。

選定のための「アンケート」を作成する

選定のアンケートとは、関心をもった応募者に記入してもらう、簡単な質問表だ。適切な人を探すには、適切な質問をする必要がある。まず、金曜日にテストを行う顧

客にもっていてほしい特性をリストアップし、次にそうした特性を、アンケートを通して調べられる基準に変換する。除外したい特性（たとえば業界に精通しているなど）についても同じことをする。

ブルーボトルコーヒーのスプリントでは、「コーヒー好きの食通」をインタビューしたかった。そこで僕らは次のような基準を設けた。コーヒーを1日1杯以上飲み、食に関するブログや雑誌を読み、週に一度以上外食する人。また、自分でコーヒーを淹れない人や、家であまりコーヒーを飲まない人を除外した。

次にそれぞれの基準のための質問を考える。「正解」がわからないような質問にすること。ギフト券をせしめようとして嘘の答えを書く人もいるからだ。たとえば外食が好きかどうかを尋ねる代わりに、「週に何度くらい外食をしますか？」と聞いたり、食に関するブログを読むかどうかを尋ねる代わりに、こんな質問をする。

どんなジャンルのブログや雑誌をよく読みますか？（複数回答可）

□スポーツ　□食べもの　□ニュース　□コーヒー

□カクテル　□育児　□ガーデニング　□自動車

以上のような質問をした際、僕らの頭には「正解」があったが、アンケートの回答者には正解を推測するすべがなかった。

基準を質問のかたちに変えたら、アンケートを作成する。グーグルフォームがお勧めだ。簡単に設定でき、回答が自動的にグーグルのスプレッドシートに入るから、そのまま並べ替えやフィルタリングができる。

選定用のアンケートを作成し、広告をクレイグズリストに掲載すると、続々と回答が集まり始める。回答に目を通し、基準に合った顧客を選ぼう。水曜日の午後に顧客に連絡をとり始め、金曜日のインタビューのスケジュールを決めよう。

「探しにくい顧客」を探すには？

クレイグズリストは、あなたの会社のことをよく知らない顧客を探すのに、意外なほど効果がある。だが特殊な職業の専門家のような探しにくい顧客や既存顧客はどうするか？　その場合は別の戦略が必要だ。

「人脈」を通じて顧客を集める

既存顧客は探しやすいことが多い。メーリングリストや店内ポスター、ツイッター、フェイスブック、自社のウェブサイトなど、会社はたいてい既存顧客と連絡をとる手段をもっている。

また、専門家のような探しにくそうな顧客も、実際はそう探しにくくないことが多い。たとえばがん治療薬会社はがん専門医とつき合いがあるはずだし、金融の仕事をしている人は金融業界に知り合いが多いはずだ。自社の販売部門や事業開発部門を通して連絡をとることもできる。

それが無理なら、専門職協会や地域活動団体、学生団体、または個人的な人脈を通じて接触する。2011年に行ったスプリントでレストランの支配人をインタビューしたときは、地元のレストラン協会の理事に頼んで紹介してもらった。

既存顧客であれ、探しにくい顧客であれ、クレイグズリストで幅広い層に呼びかけるのであれ、譲れないことが一つある。インタビューの候補者は選定の基準を満たしていなくてはならない。インタビューは5回しかないから、最適な人に話を聞くことが欠かせない。スプリントは、金曜日のテストで適切なデータが得られることを前提に成り立っているから、顧客探しを担当する人は心してかかろう。

顧客探しは舞台裏で行うが、チームでの活動と同じくらい重要だ。選定用アンケートのサンプルやその他のオンラインリソースは、僕らのウェブサイト thesprintbook.com を参照してほしい。

日本での顧客探し

アメリカでは、一般的な顧客を募集するのにクレイグズリストを使うことが多いが、日本ではまだあまり普及していないため、（英語を話す顧客を探すのでもなければ）たぶん役に立たないだろう。日本でスプリントのための顧客探しを何度か行っている、ＡＱ株式会社の長瀬映子の経験が参考になる。長瀬のお勧めは、調査会社を利用するか、知り合いのつてをたどる方法だ。

人材斡旋会社を利用する

顧客探しを確実に成功させたくて、それをやってくれる人を雇うだけの予算があり、かつ金曜日に必ず来てくれる人を探したい場合は、人材斡旋《あっせん》会社や調査会社を利用するのがいいと長瀬はいう。

優れた業者は、テスト相手のスケジューリングややりとりを一手に引き受けてくれるし、また選定のアンケートについてもためになるフィードバックを提供してくれるから、質の高いテストを確実に行うことができる。おかげで不適切な顧客をテストするリスクも抑えられるし、顧客がテストに遅れたり、姿を現さないなどということもなくなるため、テストそのものに集中できる。

知り合いのつてをたどる

ＡＱは知り合いのつてをたどってターゲット顧客を探すことにも成功している。たとえば長瀬はメッセンジャーやＬＩＮＥを通じて、特定のプロフィールにマッチした人を友人に紹介してもらい、その人たちに連絡をとって、同じような関心をもつ人たちをさらに紹介してもらうという。

広告を載せる

顧客を幅広く探すには、ネットに広告を出すのも手だ。日本で顧客探しに使われるサイトには、無料の広告掲示板「ジモティー」、地域コミュニティアプリ「メルカリアッテ」、ネット掲示板「2ちゃんねる」などがある。

ただ、これらの経路を通じて得られる顧客には特定の偏りがあることが多く、テストにふさわしくないかもしれない。それにリクルーターや個人的なつながりを通じて探した人でないと、金曜日に来てくれないリスクも高い。そのため、広告を掲載する場合には、必要な人数より多めに集めておくといいだろう。

WEDNESDAY

ベストを決める

水曜日の朝、チームには山ほどのソリューションがある。
これはすごいことだが、困ったことでもある。
すべてのソリューションのプロトタイプをつくって
テストするわけにはいかない――まずはソリューションを絞り、
それをもとにしっかりした計画を立てる必要がある。
この日の午前中は、ソリューションを一つずつ品評して、
長期目標を達成するのに最も役立ちそうなアイデアを「決定」する。
続いて午後に、選ばれたアイデアを「ストーリーボード」に仕立てる。
これがプロトタイプをつくるための計画になる。

第10章 「決定」する

ほら、どうしようもないミーティングってあるだろう。

いつまでもだらだら続き、無関係な議論に脱線し、時間と労力を無駄にして、誰も満足しない決定で終わる——何も決めずに終わることすらある。

僕らは人類学者じゃないが、これまでオフィス環境での人間行動をいやというほど観察して(くり広げて)きた。

僕ら人間の議論は、放っておくとこんなふうになる(左ページ上図)。

わかったわかった、大げさなのは認める。

でも、まったくのつくり話じゃない。

あなたもこんな堂々めぐりを経験したことがあるだろう。誰かが解決策を思いつき、グループで品評し、くわしく検討したと思ったら、また別の誰かが新しいアイデアを出す(左ページ下図)。

こんな話し合いはストレスがたまる。

会社の議論のおなじみのパターン

これもおなじみの疲弊するパターン

人間の短期記憶と意思決定のエネルギーには限りがある。次から次へと意見が出ると、重要な情報を頭のなかにとどめておけなくなる。

それに一つのアイデアを長々と議論するうちに疲れてしまう。

焼き菓子コンテストの審査員が、最初にアップルパイを食べ過ぎて、ほかの作品を試食できなくなるようなものだ。

普段なら、全員の意見を聞くためにはこういう苦行に耐えるしかない。

でもスプリントはちがう。水曜日は一度に一つのことをやるよう――かつ、うまくやれるよう――予定を組んでいる。すべてのソリューションを一斉に評価し、一斉に品評し、一斉に決定を下す。こんな感じだ（182ページの図）。

水曜日の午前中の仕事は、プロトタイプにするソリューションを決定することだ。

僕らは「不自然だが効率的」な決定方式をとっ

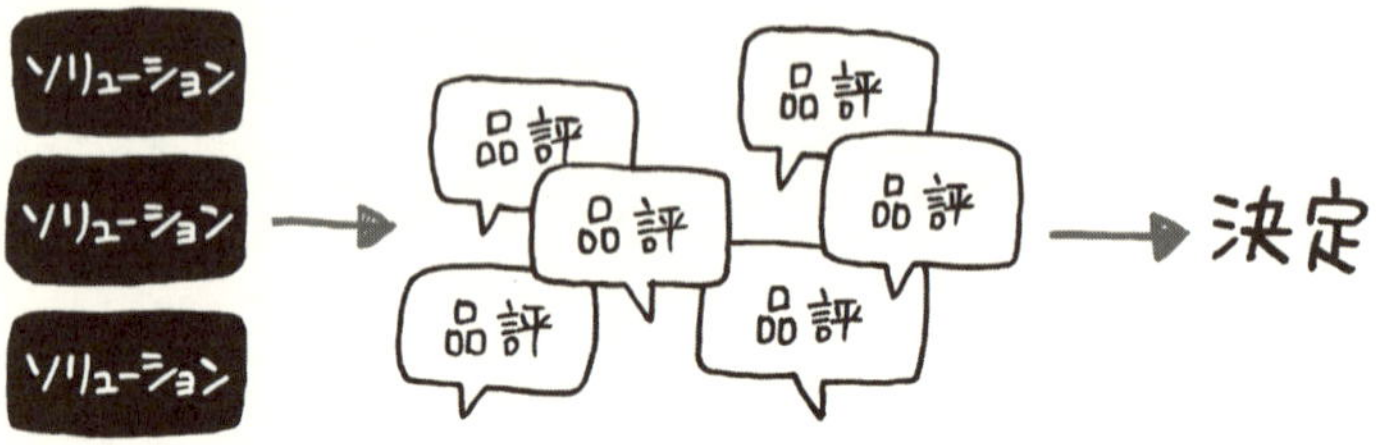

スプリントの議論

ている。チームの話し合いは台本に沿って進めるから、脇道にそれたりしない。このやり方はぎこちないが合理的だ。「スタートレック」のクールで論理的なミスター・スポックになったような気分がしたら、いい線行っている。

チームの専門知識を最大限に活かし、人間の強みと弱みに合った方法で、よい決定をできるだけ楽に下せるようにするのが、このやり方のねらいだ。

「急成長」をどう維持するか？

水曜日の流れを説明するために、別のスタートアップを紹介しよう。

このスタートアップはビジネスソフトウェアの会社だが、もとはそうじゃなかった。最初の製品は、「グリッチ」というビデオゲームだった。

グリッチは一風変わっていた。なにしろ戦闘なしのマルチプレーヤーゲームなのだ。プレーヤーは戦う代わりにグループで協力して問題を解決し、チャットをする。残念ながら、よい行動を重んじるこの異色のゲームは、世間に――そう、すべて世間が悪いのさ――受け入れられなかった。

グリッチが花開かないことがはっきりすると、会社は不思議な行動に出た。ちがうゲームをつくったり廃業したりするのではなく、片手間にやっていた別のプロジェクトに労力を注いだのだ。

それは社内用につくったコミュニケーションツールだった。創業者のスチュワート・バターフィールドは、このメッセージングシステムがほかの会社にも役立つと直感し、「スラック」という名で一般公開した。

スラックは技術系企業に大人気を博した。サービス開始1年後には、6万を超えるチームの50万人を超えるユーザーが、毎日欠かさずスラックを使っていた。職場用ソフトウェアとしては前例がないほどの成長ぶりだ。スラックが「史上最速で成長するビジネスアプリケーション」を宣言すると、メディアもそれを受け入れた。

会社は急成長を遂げたが、組織につきもののさまざまな課題を抱えていた。その一つが、急成長をいかに維持するかということだ。

スラックを導入する顧客は、新しいソフトウェアを試すことに抵抗のない、技術系企業が多かった。だが技術系企業の数にも限りがある。会社が拡大を続けるには、どんな業種の顧客にもわかりやすく製品を説明することが欠かせない。これは厄介な問題だった。スラックは一見すると単純な職場用メッセージングアプリだが、一皮むくとややこしい事情が隠れていた。

スラックがこれほどの人気を博したのは、チームの仕事のあり方を一変させたからだ。最初はインスタントメッセージを送り合うためにスラックを使い始めたチームは、そのうちにメールを使わなくなった。だがスラックは一対一のメッセージング専用のツールじゃない。チームでスラックを使うと、メンバー全員が「チャネル」と呼ばれるチャットルームに入って情報交換できるのだ。

やがてチームはチェックインミーティング〔進捗状況の報告会〕や電話の代わりにスラックを使い始め、プロジェクトを管理したり、社内中のとりくみを把握するのに活用した。またスラックをほかのソフトウェアやサービスと連携させ、すべてをワンストップで使えるようにした。

こうしてスラックが仕事のハブになると、チームは効率性と一体感を高め、なぜだか気分よく仕事ができるようになった。スラックを導入した職場の一つであるニューヨークタイムズの記者も、こう書いている。「西海岸にいる同僚に親近感を覚え、働くのが楽しいとすら感じる。仕事でこんな気持ちになれるのはすごいことだ」

「議論」が最速で終わる

だが「親しみやすいが、まったく新しい、いい感じのサービス」という、スラックの全体像を説明するのは猛烈に難しかった。新しい顧客層への拡大を図ろうとする場合にはなおさらだ。

この会社に入社して間もないプロダクトマネジャーのマーシー・グレースが、問題解決の責任を負った。「有望顧客にスラックを説明する方法を考える」のが、彼女のチームの仕事だ。マーシーは手始めとしてスプリントを行うことに決め、スラックに出資しているGVの僕らに声をかけてくれた。

スプリントチームには、マーシーと二人のデザイナー、エンジニア、マーケティング担当者、そしてGVから数人が参加した。水曜日の朝には、すべてが順調に進んでいた。十数個のソリューションスケッチが、ガラスの壁に青いマスキングテープでとめられていた。

僕らは黙って部屋を回り、お互いのアイデアを初めて見た。スラックを導入した有名企業のケーススタディ風のスケッチや、アニメーション、スラックを紹介するガイドツアーのスケッチなどもあった。スラックを説明するためのアイデアは、どれも個性的で、どれも有望に思えた。難しい決定になりそうだ。

さいわい、僕らはいきなり選択をする必要はなかった。まずアイデアのうちのおもしろいと思った部分に、小さいドットシールを貼っていった。数分するとほとんどのスケッチにドットの集まりができた。こうして「無言の品評」が終わると、次は全員で一つひとつのスケッチについて話し合った。シールが集中した部分に重点を置き、タイマーも活用して、手短に議論をすませた。

全部のスケッチを品評するのに1時間もかからなかった。続いてみんなでピンクの大きいドットシールを手にもち、模擬投票に向かった。何分かじっくり考えてから、プロトタイプをつくってテストしたいスケッチにめいめいがシールを貼った。

チームでもう一度簡単に話し合ったあと、決定者に最終決定がゆだねられた。ここで、もう一人の決定者のスチュワートがカメオ出演して、CEOとしての意見を述べた。それから二人の決定者はピンクのシールに目をやり、少し考えてから「スーパー票」を投じた。これをもって——とりとめのない議論もセールストークもなしで——決定が下された。

スラックのスプリントでは、新規顧客に製品を説明するためのソリューションが十数個出た。誰もが自分のアイデアに自信をもっていたから、時間が許せば1時間でも説明しただろう。でも一つのアイデアを議論するのに1時間ずつかけていたら、明確な結論が出ないまま一日が終わってしまう。

だがスプリントのおかげで、あてどもない議論の代わりに、効率的な品評と決定のプロセスを実行できた。午前が終わるころ、テストしたいアイデアが決まった。

「くっつく決定」で心にくっつく決定をする

僕らはスプリントの決定をできるだけ効率的にするために、何年もかけてプロセスの最適化を図った。その成果が、これから紹介する5段階プロセスだ。どうした偶然か、どのステップでもくっつくものを使う。

①美術館：ソリューションスケッチをマスキングテープで壁に貼りつける。
②ヒートマップ：黙ってソリューションを見て回り、おもしろいと思った部分にドットシールを貼っていく。
③スピード品評：それぞれのソリューションの見どころをすばやく話し合い、ビッグアイデアをふせんに書き出す。
④模擬投票：各自がソリューションを一つ選び、シールで投票する。
⑤スーパー投票：決定者がこれまたシールで最終決定を下す。

くっつくものを使うのは奇をてらったわけじゃなく、ちゃんと意味がある。ドットシールを使うのは長ったらしい議論抜きで意見を表明し、整理するためだし、ふせんは短期記憶に頼らずにビッグアイデアを記録するためだ（スプリントのための完璧なショッピングリストを、巻末のチェックリストに載せた）。

このステップを行う理由はもちろんほかにもあるが、それは追い追い説明する。それじゃ、「くっつく決定」の流れを見ていこう。

①美術館——「ソリューションスケッチ」を貼り出す

最初のステップは単純だ。水曜日の朝の時点では、まだ誰もソリューションスケッチを見ていない。全員に一つひとつをじっくり見てもらいたいから、パリのルーブル美術館にならって、壁に貼り出すことにした。

具体的には、スケッチをマスキングテープで壁に貼っていく。美術館の絵画のように横一列に並べると、混雑せずに横に広がってスケッチを吟味《ぎんみ》できる。スケッチのふせんはストーリーボードの順番通りに並べる。

②ヒートマップ——人気の有無を「一目瞭然」にする

普通に考えれば、自分のソリューションを紹介し、そのねらいを説明する機会を、誰もが公平に与えられるべきだ。たしかにその通りだが、スプリントではそうしない。

アイデアを説明することには、いろんな弊害がある。感動的な主張をした人や、カリスマ性のある人の意見に流されがちだ。アイデアと発案者が結びつくと、偏見が生じる（「ジェイミーはアイデアマンだしな」）。アイデアの意図を知るだけでも、意見は変わってしまう。

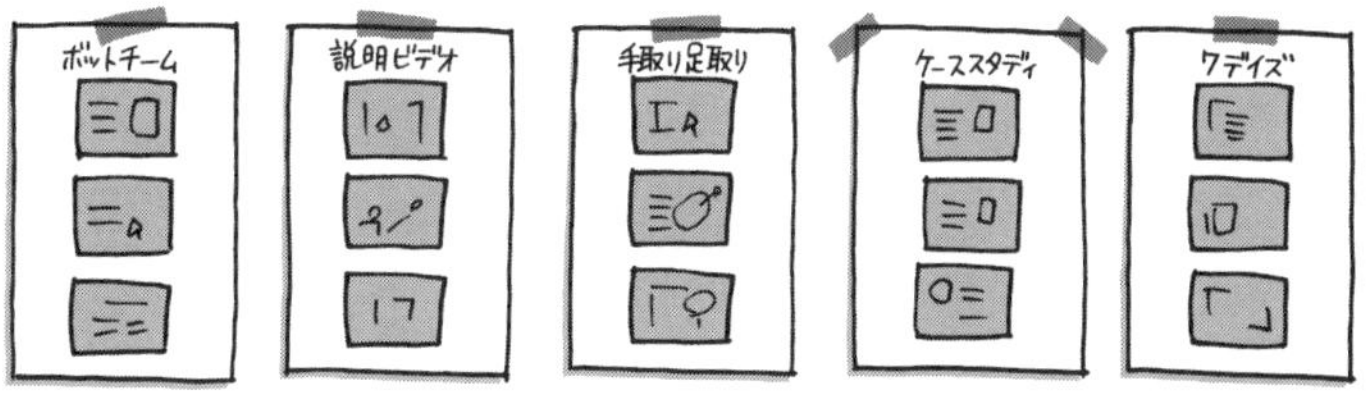

ソリューションスケッチを美術館のように展示する

アイデアの発案者にとっては、凡庸《ぼんよう》なアイデアをいかにもすばらしく思わせたり、理解不能なアイデアをそれらしく説明するのは朝飯前だ。でも現実世界では、誰かがいつもそこにいてセールストークや説明をするわけにはいかない。

アイデアはそれだけで完結していなくてはならないのだ。スプリントのメンバーにすらわかりにくいものを、顧客にわかってもらえるはずがない。

ヒートマップ〔データに色づけして頻度や程度を可視化した図〕のエクササイズは、白紙の状態でソリューションを見たときの第一印象を活かそうという方法だ。スケッチを見る前に、「小さいドットシール」を、1人20枚から30枚ずつ配る。それから各自が次のステップを実行する。

1. しゃべらない。
2. ソリューションスケッチを見る。
3. 気に入った部分があれば、そこにシールを貼る。
4. すごいと思ったら2、3枚貼る。
5. 質問や疑問があれば、ふせんに書いてスケッチの下に貼る。

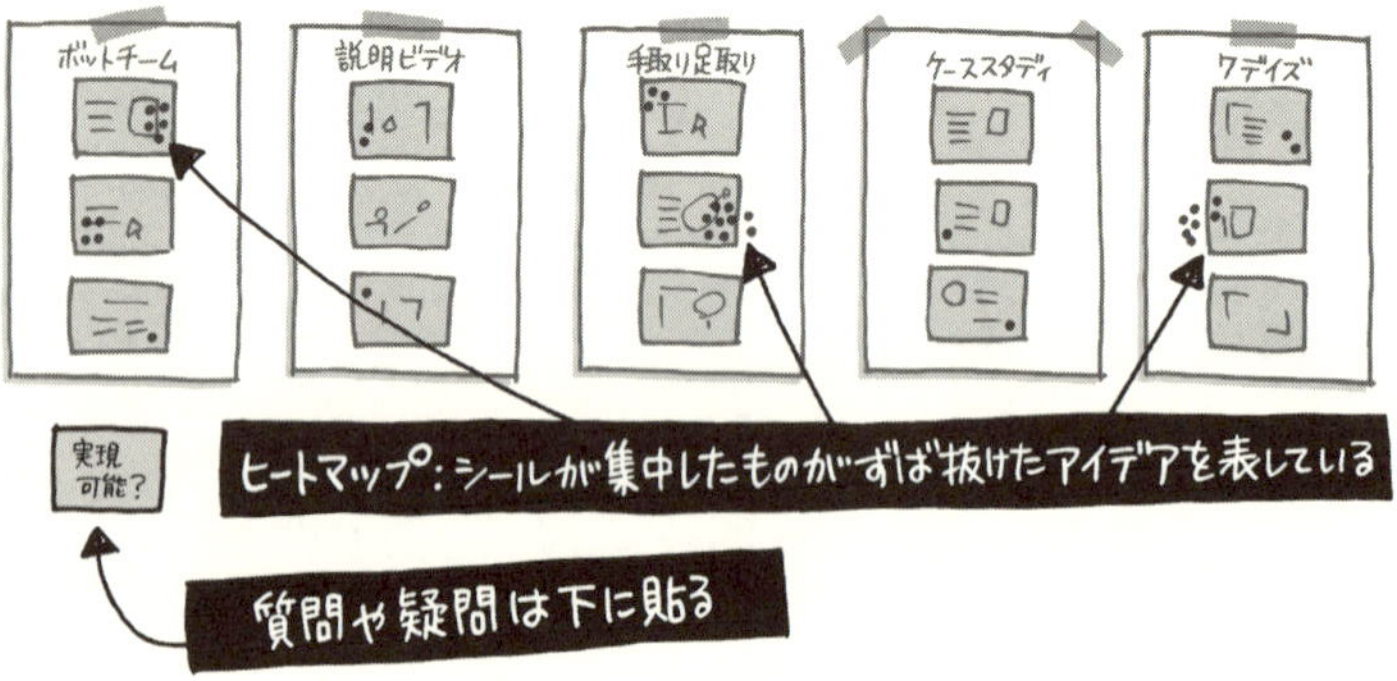

おもしろいアイデアにシールを貼る

6．次のスケッチに移り、1からくり返す。

シールの貼り方には、何の制限もルールもない。自分のスケッチにシールを貼ってもいいし、シールが足りなくなったら何枚でももらえる。最終的にこんな感じになるだろう（上図）。

こうすることによって、スケッチ上にヒートマップができ、グループがおもしろいと思ったアイデアがひと目でわかる。

単純なエクササイズだが、これから見ていくように、このヒートマップが「くっつく決定」の土台になるのだ。

このプロセスはすばやいから、すべてのスケッチを一気に短期記憶に読み込ませることができる。またシールの数に上限がないから、決断力を使い果たさずにすむ。ヒートマップはずば抜けたアイデアを見つけるのに役立つだけでなく、最終決定に備えて脳みそをウォーミングアップするのにもいい。

だがヒートマップにも限界はある。ヒートマップだけを見ても、なぜ多くの人がアイデアを気に入ったかはわからないし、スケッチの作者のねらいもわからない。それを知るにはスケッチについてチームで議論する必要がある。そう、火曜日の午前中から意図的に避けてきた、声に出して行う議論だ。みんなやり方を忘れていないといいんだが。

意見を声に出すことにはリスクもある。人間は社会的動物だから、本能的な衝動に任せて議論したり討論したりしていると、あっという間に時間がたってしまう。短期記憶に負担をかけたり、貴重なスプリントの時間を無駄にするのは避けたい。だから次のステップでは、議論は声に出すが、台本に沿って行う。

③「スピード品評」――それぞれ「3分」で議論していく

スピード品評では、チーム全員でソリューションスケッチを一つずつ品評し、ずば抜けたアイデアをメモする。品評は決められた手順で、時間制限つきで行う。

初めてやるときは違和感をもったり、あわただしく感じたり、ステップを全部覚えていられないこともあるだろう（わからなくなったら巻末のチェックリストを参照してほしい）。でもすぐにコツがつかめる。そうなればしめたもので、チームはアイデアを分析する強力なノウハウを手に入れたことになる。このノウハウはほかのミーティングでも使える。

進行役はスピード品評の間はとても忙しいから、書記は別の人に頼もう。進行役がヒートマップをふり返る間、書記はずば抜けたアイデアをふせんにせっせと書いていく。

書記がとるメモには一石数鳥の効果がある。このメモはソリューションを説明するための共通の言語になる。また書記がメモをとると、全員が意見を聞いてもらったと満足し、議論がスピードアップする。メモのおかげでチームの意見がまとまりやすくなり、次のステップの投票が簡単になる。

スピード品評はこんなふうにして行う。

1. ソリューションスケッチの周りに集まる。
2. タイマーを「3分間」にセットする。
3. 進行役がスケッチのナレーションをする（「ここで顧客がクリックして動画を再生し、またクリックして説明のページに飛び……」）。
4. 進行役がシールの集中したずば抜けたアイデアを挙げる（「アニメーションにシールが集まっていますね」）。
5. チームは進行役が見逃したずば抜けたアイデアを指摘する。
6. 書記はずば抜けたアイデアをふせんに書きとめ、スケッチの上のほうに貼る。そして、それぞれのアイデアに簡単な名前をつける。「アニメーション」「一発登録」など。
7. 質問や疑問について話し合う。

品評は１つにつき３分で、テンポよく進める

8．最後にスケッチの作者が名乗りをあげる（「これを描いた人は名乗りを上げ、何か抜けていることがあったら教えてください！」）。
9．スケッチの作者はチームが見逃したアイデアを説明し、質問があれば答える。
10．次のスケッチに移って、同じ手順をくり返す。

そう、ソリューションが脚光を浴びている間も、作者は品評が終わるまで発言を許されないのだ。この一風変わったやり方によって、時間を短縮し、無駄を省き、率直に議論することができる（作者のセールストークを先に聞いてしまうと、批判、否定しづらくなる）。

品評は一つのスケッチにつき3分以内に収めるつもりで、ただし臨機応変に。スケッチによいアイデアがいくつも盛り込まれているときは、2分間ほど余分にとって、すべてのアイデアをとりあげよう。

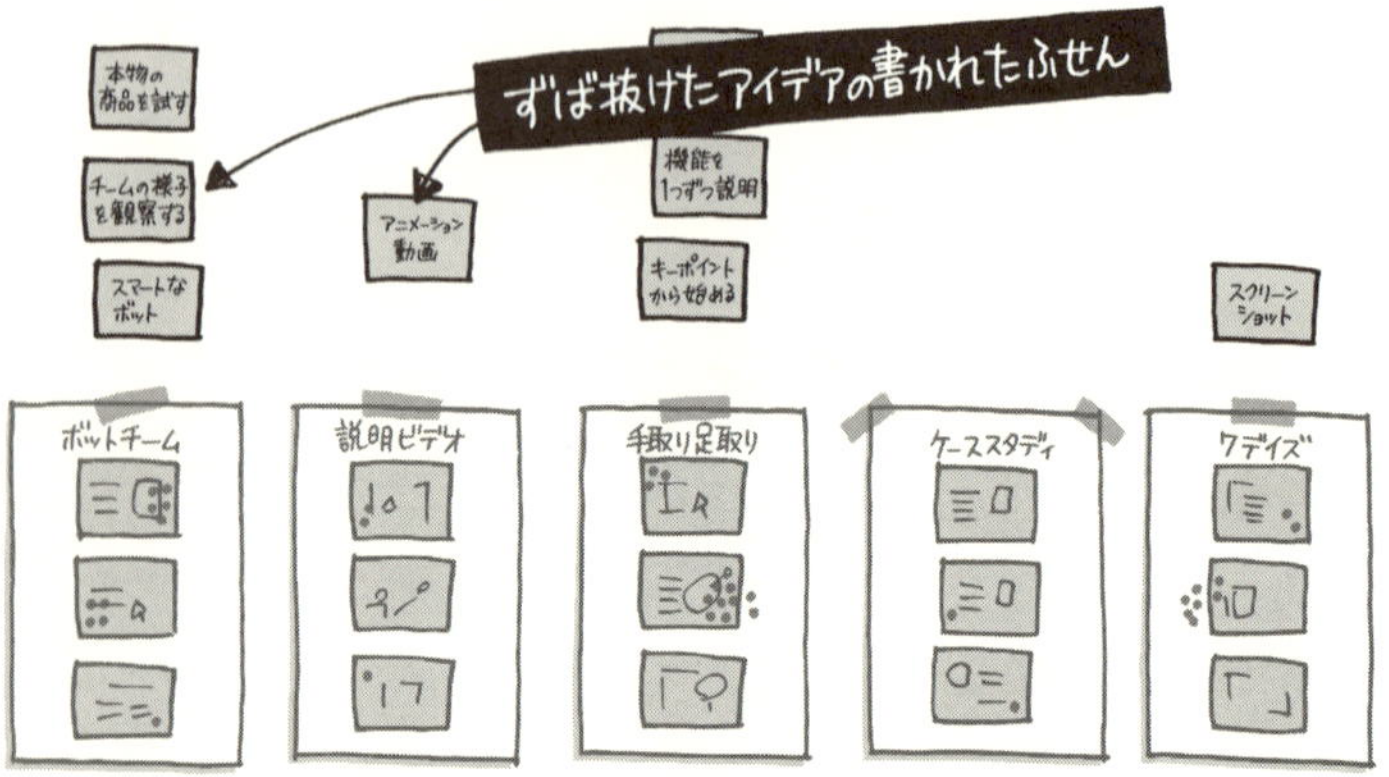

品評を経てわかった「ずば抜けたアイデア」を上に貼る

逆にシールの数がとても少なく、作者も大した説明ができないときは、みんなのためにさっさと次に進もう。誰も気にしていないスケッチをこきおろしてもしょうがない。

スピード品評では、有望なアイデアを記録できればそれでいい。プロトタイプに何を含めるべきかを議論する必要はない。それはあとでやる。この場で新しいアイデアを出そうとしないこと。ソリューションのずば抜けた点のメモができれば十分だ。

スピード品評が終わるころには、全員がすべての有望なアイデアを細部まで理解している。そして議論の内容をこんなふうにかたちにすることができた（上図）。

スピード品評では、進行役がその場ですばやく考えを整理し、議論をどんどん先に進めなくてはならない。ナレーターとレフリーを兼任するのは大変だが、きっと楽しめる。ソリューションはおもしろいし、最高のアイデアに的を絞って議論するから、雰囲気も前向きだ。

④模擬投票——素直に「判断」する

政治オタクじゃない人のために説明すると、模擬投票《ストロー・ポール》というのは（わら《ストロー》を飛ばして風の向きを調べるように）集団の動向を調べるために行われる、拘束力のない投票をいう。

スプリントの模擬投票も、同じ目的のために行う。チーム全体がすばやく意見を表明するよい方法だ。決定者はこの結果に従う義務はなく、ただ目安にすればいい。

1. 全員に「1票ずつ」与える（「大きいドットシール」を1枚。僕らはピンクを使っている）。
2. 全員で「長期目標」と「スプリントクエスチョン」をふり返る。
3. 迷ったら、大化けするかもしれないリスキーなアイデアを選ぶよう全員に念を押す。
4. タイマーを「10分間」にセットする。
5. 各自がアイデアを選び、「黙って」メモする。スケッチ全体を選んでもいいし、スケッチのなかの1つのアイデアでもいい。
6. 時間になったら、または全員が終わったら、各自が自分の選んだアイデアまたはスケッチの上に「大きいドットシール」を貼る。

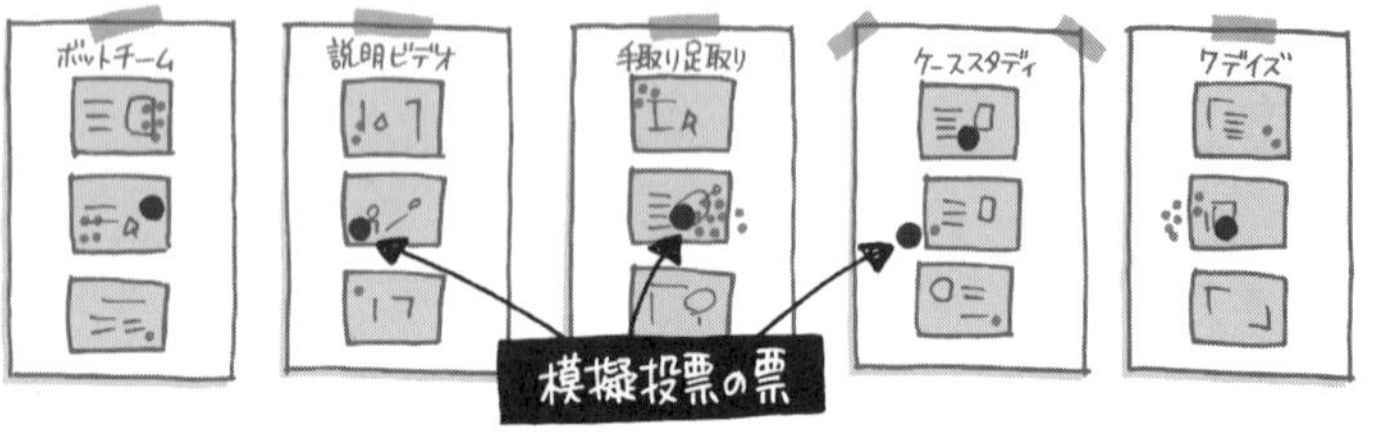

それぞれが１つ、ベストと思うアイデアに「大きなシール」を貼る

7. 各自が自分の投票を簡単に「説明」する（1人1分程度）。

投票の参考にできるヒントはいろいろある。前章でソリューションにキャッチーなタイトルをつけた。模擬投票ではこのタイトルのほか、ヒートマップやスピード品評のふせんのメモを参考に、意見を比較検討するといい。

これまで人間の限界について散々いってきたが、この種の決定は人間の脳が最も得意とすることだ。

部屋にいる一人ひとりが、特殊な専門知識と長年の叡智《えいち》をもっている。スピード品評を短期記憶に読み込ませたいま、優れた脳はたった1つのタスクに集中できる。議論を進めたり、意見を述べたり、あのスケッチが何のことだったのかを思い出したりする必要もない。専門知識と情報をもとに決定を下せばいい。それこそ脳の独壇場なのだ。

数分間何もしゃべらずに、各自でどこに投票するかを考える。そして……そう、シールを貼ろう。

終わったら一人ずつ順番に自分の投票を説明する。決定者は説明をしっかり聞こう。このあと決定者にすべての意思決定権限がゆだねられるからだ。

「本音」で決める

人は集団で話し合いをすると、意見をまとめようとして、みんなが気に入るような決定を下しがちだ。それは人間の善意がなせるわざでもあり、グループの結束を強めたいからでもあり、民主主義は気分がいいからでもある。とはいえ、民主主義は国をまとめるにはいいが、スプリントには向かない。

この本の冒頭で、僕らがヤリイカ社で犯したまちがいを披露した。スプリントのメンバーに決定者を含めなかったのだ。その数週間後、今度はダチョウ社[*7]でスプリントを行った。決定者に関する教訓を活かして、ダチョウ社の創業者兼CEOのオスカーにはスプリントの全プロセスを通して参加してもらった。

水曜日、ダチョウ社がアイデアを選ぶ時間になった。「いいか、これはみんなで決定すべき問題だ」とオスカーが宣言した。「僕らはチームじゃないか」

チームの意気は上がり、全員で投票した。チームが選んだソリューションは、オスカーが推していたものとはちがったが、金曜日のテストで上々の結果が出た。スプリントは成

＊7　無実の人たちを守るために、名前や特定可能な情報を変更した。

「スーパー票」には決定者のイニシャルを入れる

功した。と思ったのも、2週間後オスカーと話すまでのことだった。

「ああ、あれね……」オスカーは頭の後ろをかいた。なんだか気まずそうだった。「あのあとちょっと考えて……別の方向に行くことにしたよ」

「当ててみようか」とジョンがいった。「スプリントで君が推していたアイデアだろう？」

「まあなんていうか」とオスカーはいった。「そうなんだ」

スプリントの間、オスカーは仲間意識に酔い、チームに決定をゆだねた。だがチームが選んだのは、オスカーの気に入ったアイデアじゃなかった。プロトタイプ作成とテストが終了すると、彼はいつもの意思決定スタイルに戻った——そしていまやダチョウ社は、オスカーが独断で選んだアイデアを推進しているというわけだ。

さて、ここでやらかしたのは誰だろう？

オスカーだけじゃない。スプリントに参加した全員だ。オスカーがチームに意思決定権限をゆだねるのを許したのは、全員の失敗だった。僕らがダチョウ社で学んだ教訓は、「本音で決

決定者はイニシャル入りの「スーパー票」を３枚貼る

める」ということだ。

決定者にスプリントルームに来てもらうのには理由がある。決定者にきちんと役目を果たしてもらいたいからだ。

もちろん、それは簡単な役目じゃない。僕らがつき合っているスタートアップのCEOも、会社やチームのために適切な決定を下すことにプレッシャーを感じている。だがスプリントでは、決定者は意思決定のための手厚いサポートを受けられる。詳細なスケッチに、全員でとったメモ、いま行った模擬投票と、必要な情報はそろっている。

⑤スーパー投票——決定者が「最終決定」をする

スーパー投票が最終決定になる。決定者は特別な（決定者のイニシャル入りの！）票を3票与えられる。彼（ら）が何に投票しようとも、チームはそのプロトタイプをつくってテストする。

決定者は模擬投票で人気のあったアイデアを選んでもいいし、模擬投票の結果を無視してもかまわない。また、３票を複数の

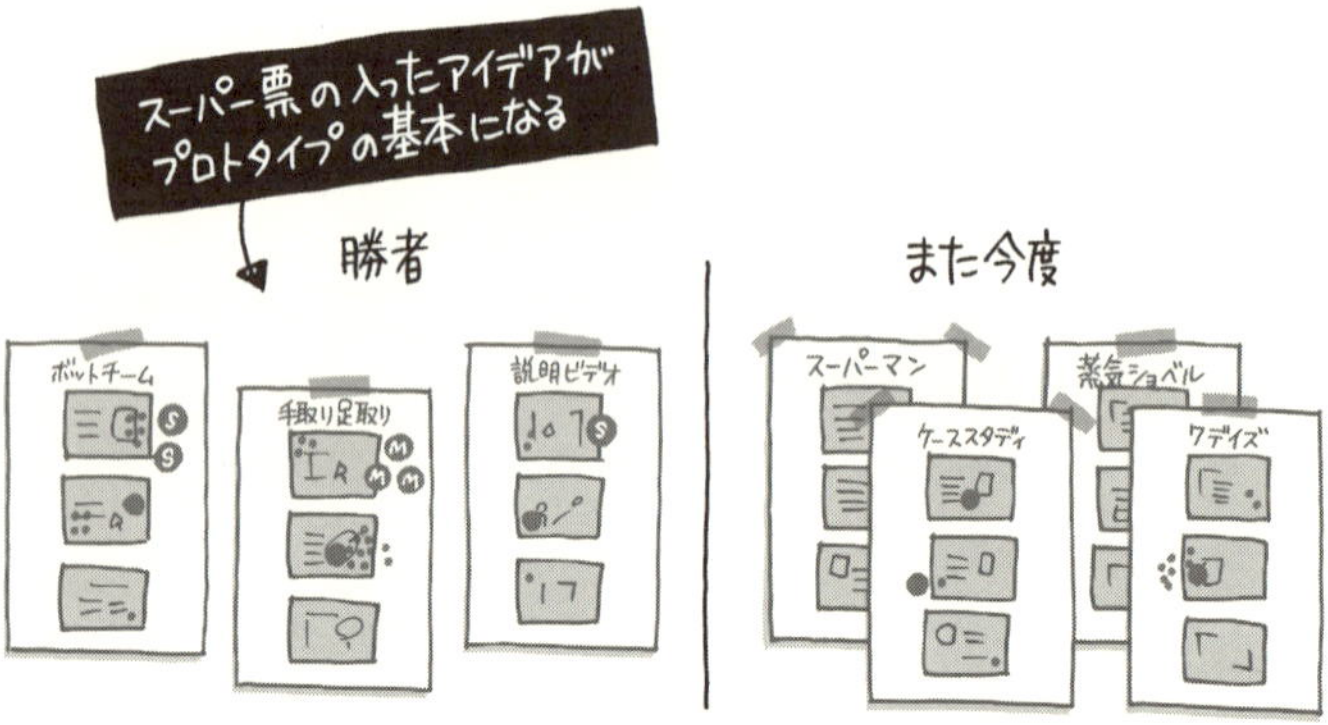

1票でもスーパー票が入れば「勝者」になる

アイデアに分けてもいいし、同じ場所に貼ってもいい。要するに、決定者は好きなように投票できる。

とはいえ、投票前に決定者に長期目標とスプリントクエスチョンをふり返ってもらうのはよいことだ（まだホワイトボードのどれかに書いてあるはずだ！）。

ようやく決定者が票を投じると、スプリントウィークの一番難しい決定が完了する。

そして最終的にこんな感じになる（199ページの図）。

スーパー票が（たった1票でも！）入ったスケッチが、勝者となる。これらのアイデアをもとにプロトタイプを計画し、金曜日にテストをする。壁のスケッチを並べ替え、スーパー投票の勝者を一つにまとめよう。こんな感じだ（上図）。

スーパー票が入らなかったスケッチは、勝者じゃないが、敗者でもない。「また今度」だ。水曜日の午後にプロトタイプの計画を立てる際にとり入れてもいいし、次のスプリントで使ってもいい。

この意思決定プロセスも完璧ではないことに注意しよう。ときには決定者が選択を誤ることもある。優れたアイデアが（少なくとも最初のスプリントでは）選ばれないこともある。それでも「くっつく決定」は、完璧でないにせよかなりうまくいくし、とてもスピーディーだ。このスピードこそ、スプリントのより大きな目標を達成する助けになる。

その目標とは、金曜日のテストで実データを手に入れることだ。最高の決定を導くのは、つきつめればこのデータなのだ。

勝者のソリューションが決まると、みんなほっとする。なにしろスプリント最大の決定が下されたのだ。誰もが意見を表明する機会を与えられ、決定に至ったプロセスを理解している。ほっとする気持ちに加えて、プロトタイプの構成要素が決まってワクワクしているはずだ。

だがもう一つハードルがある。とくに決定者が2人いる場合、それぞれ3票ずつもっているから、複数のスケッチが勝者に選ばれることが多い。

選ばれたスケッチが相容れない場合はどうする？

すべてのアイデアを同じプロトタイプに組み込めない場合、どうすればいい？

それは次の章で説明しよう。

第11章 「ガチンコ対決」をする

スラックの創業者でCEOのスチュワート・バターフィールドは、「ボットチーム」と名づけられたスケッチを検討していた。新規顧客が「ボット」のチームと話しながら、スラックを実際に使ってみるというアイデアだ。

「ボット」とは、メッセージを送信したり簡単な質問に答えたりできる、コンピュータ制御のキャラクターだ。スチュワートはふむふむとうなずきながら、無精ひげの生えたあごをなでた。それからピンクのシールの最後の1枚を「ボットチーム」に貼ると、スーパー投票が完了した。

スチュワートは、これがよさそうだという直感が働いたと話してくれた。

スラックの潜在顧客は、スラックを仕事で使うことがどういうことなのか、ピンと来ていない。だがボットチームと一緒にシミュレーションをすれば一発で理解できるだろうと、スチュワートは考えた。

2つの「矛盾するアイデア」があったら？

過去にもベンチャー事業を成功させている連続起業家のスチュワートは、鋭い直感をもっていることで知られる。ビデオゲームのグリッチが流行らなかったときも、直感をもとにスラックを生み出した。

10年前に写真共有サービスのフリッカー（Flickr）を立ち上げたのも、直感からだ。そんなスチュワートが「ボットチーム」というスケッチに直感が働いたというのだから、僕らはもちろん聞く耳をもった。

だがプロダクトマネジャーのマーシーは、人間ではないボットのチームが顧客を混乱させるのではないかと懸念した。それにボットチームを正式に導入するとなれば、4か月から6か月のエンジニアリング作業が必要になりそうなのも不安材料だった。

マーシーもチームの信頼を得ていた。彼女はスラックに加わる前にソフトウェア会社を立ち上げ、起業家として経験を積んでいる。そしてプロジェクトの代表者である彼女も、スプリントの決定者だった。マーシーのスーパー票は、「手取り足取り」という別のスケッチに投じられた。スラックのインターフェースを順を追ってていねいに説明するというソリューションだ。

スーパー票が割れたせいで、困ったことになった。というのも、「ボットチーム」と

「手取り足取り」をどうすれば同じプロトタイプに含められるか、僕らには見当もつかなかったからだ。1つのウェブサイトに含める説明としては、盛りだくさんすぎる。

2つのすばらしいアイデアがあって、それを組み合わせる方法が見つからないとき、とるべき賢明な行動は1つしかない。「ランブル」（ガチンコ対決）のときがやってきた。

「矛盾するアイデア」を闘わせる

水曜日の午前中に、チームは「くっつく決定」によって、一番有望なスケッチを選ぶ。だがスラックのように、共存できない2つ（か3つ）のスケッチが勝者になったらどうする？　決定者はスーパー票を3票ずつもっているから、この種の葛藤はしょっちゅう起こる。

これは問題のように思えるが、じつはもっけのさいわいなのだ。

優れているが相容れない2つのアイデアがあるとき、どちらか一方を選ぶ必要はまったくない。両方のプロトタイプをつくって、金曜日のテストで顧客の反応を見ればいいのだ。

2つのプロトタイプは、プロレスラーがパイプ椅子で殴り合いをするように、真っ向から対決する。僕らはこの種のテストを「ランブル」と呼んでいる。

ランブルをすることで、チームは複数の選択肢を一度に検討できる。スラックの場合、「手取り足取り」と「ボットチーム」の2つのプロトタイプをつくることになった。

マーシーとスチュワートは、いい争うことも、妥協案で手を打つこともなかった。スプリントのおかげで、投資決定を下す前にたった5日間で実データを得られたのだ（どっちの直感が正しかったかは、またあとで紹介する）。

もちろん、ランブルをする必要がないこともある。勝者のスケッチが1つだったり、複数の勝者を1つのプロトタイプに組み込める場合がそうだ。

サヴィオークのスプリントでも、ロボットに個性を与えるというアイデアで勝者になったソリューション——効果音、まばたき、ハッピーダンス——は、すべて1つのプロトタイプに共存できた。これには心底ほっとした。なにしろロボットは1体しかなかったのだ。

複数の勝者のスケッチを1つの製品に組み込めそうなら、ランブルの必要はない。問題を解決できる可能性が一番高そうなソリューションにすべてを組み込もう。このオールインワン方式には、別の利点もある。プロトタイプがよりくわしく、わかりやすくなるのだ。

「ニセの名前」をつける

勝者のソリューションが複数ある場合、ランブルをするかオールインワン方式をとるかをチーム全体で手短に話し合う。これはすぐ決まることが多いが、そうでなければ決定者に決めてもらおう。

さて、ランブルに決まった場合、もうひとつ小さな問題がある。

顧客に同じ製品のプロトタイプを2種類見せるなんて、検眼士みたいだろう？「AとBのどちらがよく見えますか？ A、それともB？」

これでは選びづらいから、ニセの名前をつけてみよう。プロトタイプに特徴的な名前や外見を与えると、区別がつきやすい。

スラックのスプリントでは、一方のプロトタイプに「スラック」の名を使うことにしたが、もう一方に別の名前が必要になった。「絶頂」とか「ピエロのパンツ」なんて名前のプロトタイプは真剣に受けとめてもらえないから、リアルな競合製品に聞こえる名前が必要だった。

いくつか案を出し合い、「ギャザー」という名に決めた。このネーミングは完璧だった。本物の製品ではないが、それっぽく聞こえる。

ブルーボトルコーヒーも、オンラインストアのアイデアを複数テストするとき、同じ問題にぶつかった。本物のコーヒー会社らしく聞こえるニセのブランド名が必要になり、「リンデンアレーコーヒー」「テレスコープコーヒー」「ポッティングシェッドコーヒー」とつけた。

ニセの名前を考えるのは楽しいが、時間を喰うと困る。さっさと終わらせるために、僕らは「メモって投票」と呼ぶ、ブレーンストーミングに代わる多目的な手法をとっている。やり方を説明しよう。

「メモって投票」ですぐ決まる

スプリントでは、グループから情報やアイデアを集め、そのなかからいくつかを選ばなくてはならないときがある。「メモって投票」はその近道だ。10分ほどですむし、ニセブランドの名前からランチする場所まで、何を決めるのにも使える。

①チームメンバーに「紙を1枚」と「ペンを1本」ずつ配る。
②各自が黙って3分間かけて「紙にアイデアを書きまくる」。
③各自が2分間かけて、書いたものを「2つか3つの最高のアイデアに絞り込む」。
④全員の最高のアイデアを進行役が「ホワイトボードに書き出す」。7人のスプリントなら、15〜20個ほどのアイデアが出るはずだ。
⑤各自がホワイトボードの中から2分間かけて「一番気に入ったアイデアを無言で選ぶ」。
⑥一人ずつ順番に「自分のお気に入りを叫ぶ」。1票入るごとに、進行役はホワイトボードの該当するアイデアの横にドットシールを貼っていく。
⑦決定者が「最終決定を下す」。このときも、全員の動向に従うか従わないかは、決定者の自由だ。

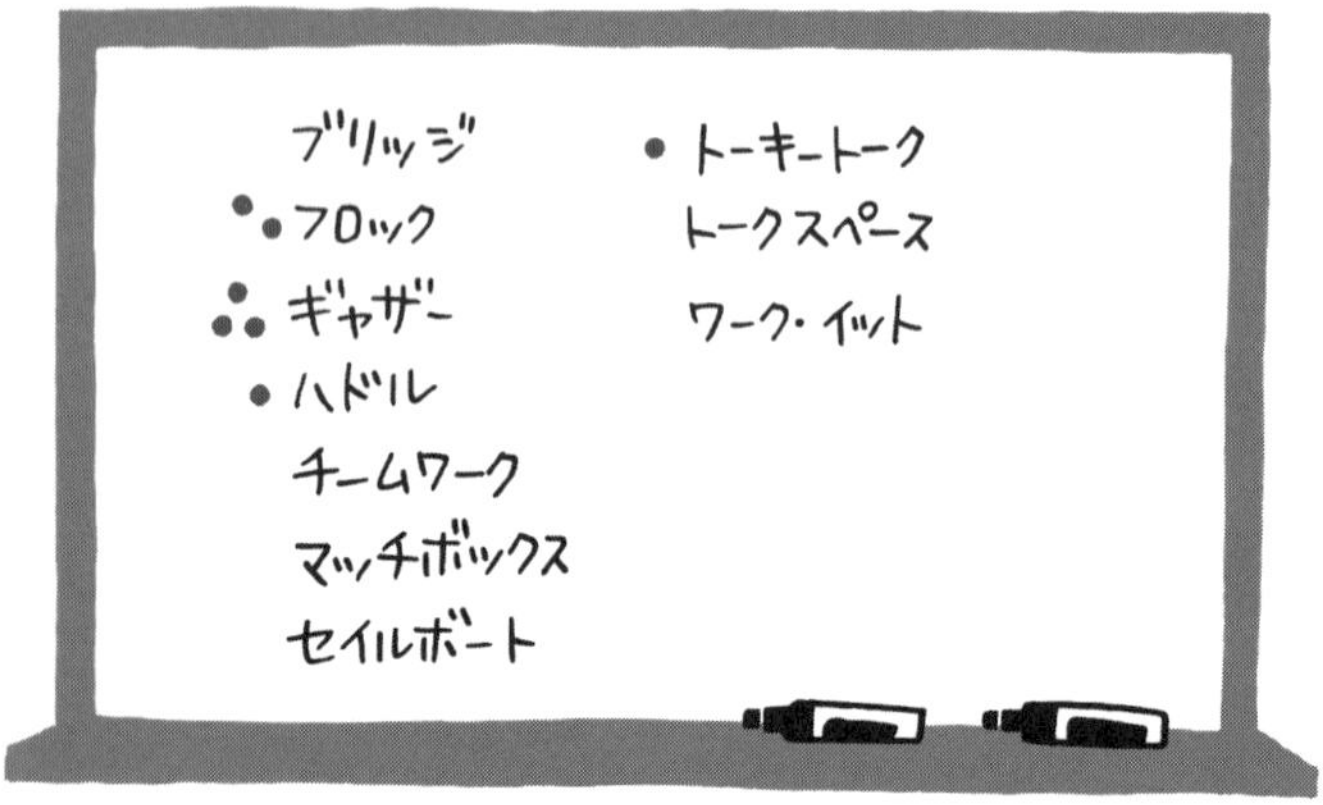

それぞれが最高のアイデアを出し、みんなで投票する

水曜日のランチタイムになれば、スプリントクエスチョンに答えを出し、長期目標を実現するのに最も役立ちそうなスケッチが決まっている。

それらを1つのプロトタイプに組み込むか、2、3のプロトタイプをつくってランブルでテストするかも決まっている。

次は、プロトタイプを金曜日のテストに間に合わせるために、すべての決定を盛り込んだ「行動計画」を立てよう。

第12章 「ストーリー」を固める

水曜日の午後にもなれば、金曜日の顧客とのテストが迫っているのがひしひしと感じられる。スケジュールがタイトだから、勝者のアイデアが決まったらただちにプロトタイプ作成に移りたくなる気持ちもわかる。

だが計画もなしにプロトタイプ作成を始めれば、未解決の問題がちょこちょこ出てきて、いちいち手を止めて考えるはめになる。

そのうちかみ合わない部分が生じて、プロトタイプ全体が崩壊するかもしれない。

水曜日の午後は、こうした小さな疑問を解決して計画を立てる時間だ。

具体的には、勝者のスケッチをもとにしてストーリーボード（絵コンテ）をつくる。ストーリーボードとは、火曜日に描いた3コマのスケッチを長くしたようなもので、10〜15個のコマが緻密につながってできた、筋の通ったストーリーをいう。

計画なしにプロトタイプ作成に進むと挫折する

やるべきことがクリアになっていれば作業に集中できる

「エンディング」までの流れをつくる

長尺のストーリーボードを作成するのは、映画制作では一般的な手法だ。「トイ・ストーリー」や「Mr.インクレディブル」などでおなじみの映像制作会社ピクサーは、アニメーションにとりかかる前に、数か月かけてストーリーボードをつくり込む。

ピクサーにとって、事前の作業に労力をかけるのは理にかなっている。アニメーションのレンダリング〔データを処理して画像化する作業〕をやり直したり、超有名俳優に声を入れ直してもらうより、ストーリーボードをつくり込むほうがはるかに簡単だ。

スプリントは、ピクサーの映像制作に比べれば期間も短く規模も小さいが、ストーリーボードをつくることに意味はある。

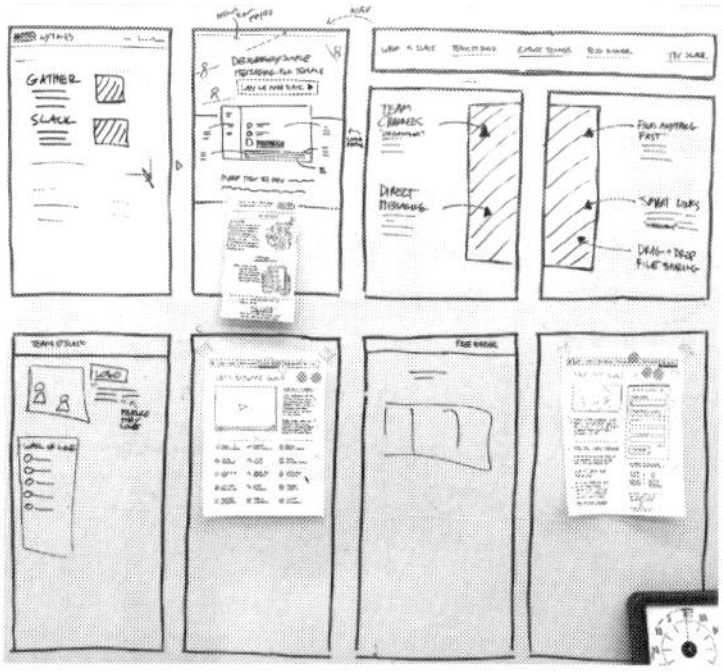

スラックのスプリントで使った実際のストーリーボード

ストーリーボードでプロトタイプの完成形を事前にイメージすれば、実際に作成を開始する前に問題や不明点を洗い出せる。

こうした点を事前にクリアにしておけば、木曜日は思うさま作業に集中できる。

スラックのストーリーボード（上図）は、顧客が2つの製品（「スラック」と「ギャザー」）をとりあげたニュース記事を読み、クリックしてウェブサイトに飛び、（願わくば）サービスに登録する、という流れを通して、プロトタイプのしくみを表したものだ。

このストーリーボードは一見すると、世界一つまらない（かつへたくそな）マンガに見えるかもしれない。

でもスラックのチームにとっては最高傑作だった。最高のアイデアがもれなく盛り込まれ、チーム全員が理解でき、顧客にも理解しやすいストーリーのかたちにまとめられていた。

ストーリーボードを使えば、最高のアイデアをシンプルにまとめられる

ホワイトボードを見たとき、みんなはここを見ていたのだ（上図）。

あなたのチームのストーリーボードも、スラックと同様、チームにとっての最高傑作になる。

これからスラックの例を引いて、ストーリーボードのつくり方をズバリ説明する。

まず、ストーリーボードの「アーティスト」を一人決めよう。

「アーティスト」とカッコ書きにしたのは、芸術的才能はいらないからだ。ここでいう「アーティスト」は、単にホワイトボードにたくさん書いてくれる人をいう（進行役にも一息つく時間をつくってあげられる）。

「マス目」を書く

最初に大きなマス目を15個くらい書く。空

ホワイトボードに、大きなマス目を15個程度書く

白のホワイトボードに、できるだけ大きくコマを書いていく。

長い直線を書くのが苦手な人は（みんなそうだが）、マーカーの代わりにマスキングテープを使うといい。

左上のコマからストーリーボードを描き始める。このコマは、金曜日に顧客が体験する最初の瞬間を表している。

とすると……何がいいだろう？　このプロトタイプにうってつけの冒頭シーンは、どんなものだろう？

冒頭シーンをビシッと決めれば、テストの質が格段に上がる。背景をきちんと設定しておけば、顧客はプロトタイプをテストしていることを忘れて、一人でいるときのように自然に反応してくれる。

アプリのプロトタイプなら「アップストア」から、新しいシリアルの箱のプロトタイ

金曜のテストは、何から始める？　スラックのスプリントでは「ニセのニュース記事」を冒頭シーンにした。

プなら「食料品店の棚」から始めてもいい。

では、ビジネス向けコミュニケーションツールのプロトタイプはどうだろう？

スラックはすでにさかんにマスコミにとりあげられていた。新規顧客は新聞やオンライン上の記事を通してスラックのサービスを知ることが多かった。

そこでマーシーは、冒頭シーンにニセのニューヨークタイムズの記事を使うことを提案した。「オフィスソフトウェアの新しいトレンド」に関する記事なら、「スラック」と「ギャザー」の2つのプロトタイプをうまく紹介できる。

僕らはそれをこんなふうにストーリーボードに表した（上図）。

ニセのニュース記事は、冒頭シーンにもってこいだ。ブルーボトルのスプリントでもこの方法を使った。このときは急成長中の3つの（ニセの）コーヒー会社に関する（ニセの）ニューヨークタイムズの記事で始めた。

ストーリーボードを始める方法はいくらでもある。

フラットアイアン・ヘルスは、自社ソフトの既存ユーザーがワークフローを変更してでも新しい臨床試験ツールを使ってくれるかどうかを知りたかった。そんなとき、ニュース記事はあまり役に立たない。

そこでフラットアイアンの冒頭シーンは、受信ボックス内の1通のメールから始めた——コーディネーターが新しいシステムから通知を受ける瞬間だ。

サヴィオークの冒頭シーンは、ゲストが部屋にチェックインして歯ブラシを忘れたことに気づく瞬間だった。

実際のソリューションが開始する1、2ステップ前のシーンから始めるのがコツだ。

「冒頭シーン」を決める

顧客は何を通してあなたの会社の存在を知るのだろう？　製品を使う直前に、どこにいて何をしているのか？　僕らがよく使う冒頭シーンは、どれもシンプルだ。

・自社ウェブサイトが並んでいる「ウェブ検索の結果」

・自社サービスが載っている「雑誌の広告」
・自社製品が競合製品に交じって並ぶ「店の棚」
・自社アプリが並ぶ「アップストア」
・自社サービスと競合サービスをとりあげた「ニュース記事」
・自社製品がその他の投稿に交じって並ぶ「フェイスブックやツイッターのタイムライン」

冒頭シーンはほかにもいろいろ考えられる。顧客の日常業務のワンシーンから始めるのも手だ。たとえば医師の報告書のフォルダー、エンジニアのメールの受信ボックス、教師の学級通信など。新型店舗のテストなら、顧客が入口から入って来る瞬間から始めてもいい。

ソリューションを競合製品の隣に並べるのも効果的だ。なんなら金曜日のテストで、顧客にプロトタイプと一緒に競合製品を試してもらってもいい。

冒頭シーンを決めさえすれば、もうあと900ほど決定を下すだけで、ストーリーボードは完成だ。冗談冗談……でもないか。

ストーリーボードは単純な工程だが、決定しなくてはならないことが山ほどある。細かい点をつめるのは大変だが、その分あとが楽になる。いま決めておけば、プロトタイプをつくるとき考えずにすむ。

ストーリーの「コマを埋める」

冒頭シーンが決まったら、ストーリーボードアーティストが、それを最初のコマに書く(アーティストはホワイトボードの横に立ち、その周りに全員が集まる)。ここから1コマずつ、マンガのようにストーリーをつくっていく。一つひとつのコマをチーム全体で話し合おう。勝者のソリューションスケッチに使われたふせんを可能な限り活用して、ホワイトボードに貼りつけよう。ギャップ(ストーリー内の、スケッチによって説明されていないステップ)があっても、アイデアをテストするのに不可欠でない限り、埋める必要はない。

プロトタイプの一部が機能しなくても問題ない。機能しないボタンや利用できないメニューがあってもかまわない。金曜日のテストの顧客は、こういう「行き止まり」を意外と気にしないものだ。

ギャップを埋める必要がある場合は、「また今度」のスケッチやすでにある製品が使えないか考えてみよう。その場で新しいアイデアを考えるのは避けたい。水曜日の午後をアイデアを考えるのに費やすのは、時間と労力の無駄遣いだ。どんどんコマを描いていこう。

必要な場合のみギャップを埋め、勝者のスケッチを肉づけして、プロトタイプを信憑性のあるストーリーにする。しつこいようだが、しゃれた絵を描く必要はない。画面を表すシーンならボタンと単語とクリックの場所を示す小さな矢印で十分だし、実生活のシーンなら棒人間と吹き出しで表せる。

ストーリーボードの作成には午後いっぱいかかるだろう。午後5時までに必ず終わらせるには、次のガイドラインを参考にするといい。

「すでにあるもの」を使う

新しいアイデアを考えたい衝動をこらえ、すでに考えたよいアイデアだけを使おう。

みんなで「いい回し」を練らない

ストーリーボードには簡単な見出しや重要なフレーズが含まれているが、みんなでいい回しを練らないこと。チームで文案を練っても退屈でくどい駄文ができるだけで、時間の無駄だ。ソリューションスケッチの文章をそのまま使うか、木曜日まで放っておこう。

「必要最低限の情報」を含める

木曜日のプロトタイプ作成時に「次はどうなる?」「ここに何が入る?」などの疑問が噴出しない程度にくわしくする。だが具体的になりすぎるのもよくない。すべてのコマを完璧にして、細部にわたるまで考え抜く必要はない。「ここんところは、明日つくる人が決めてくれ」といって、どんどん先に進もう。

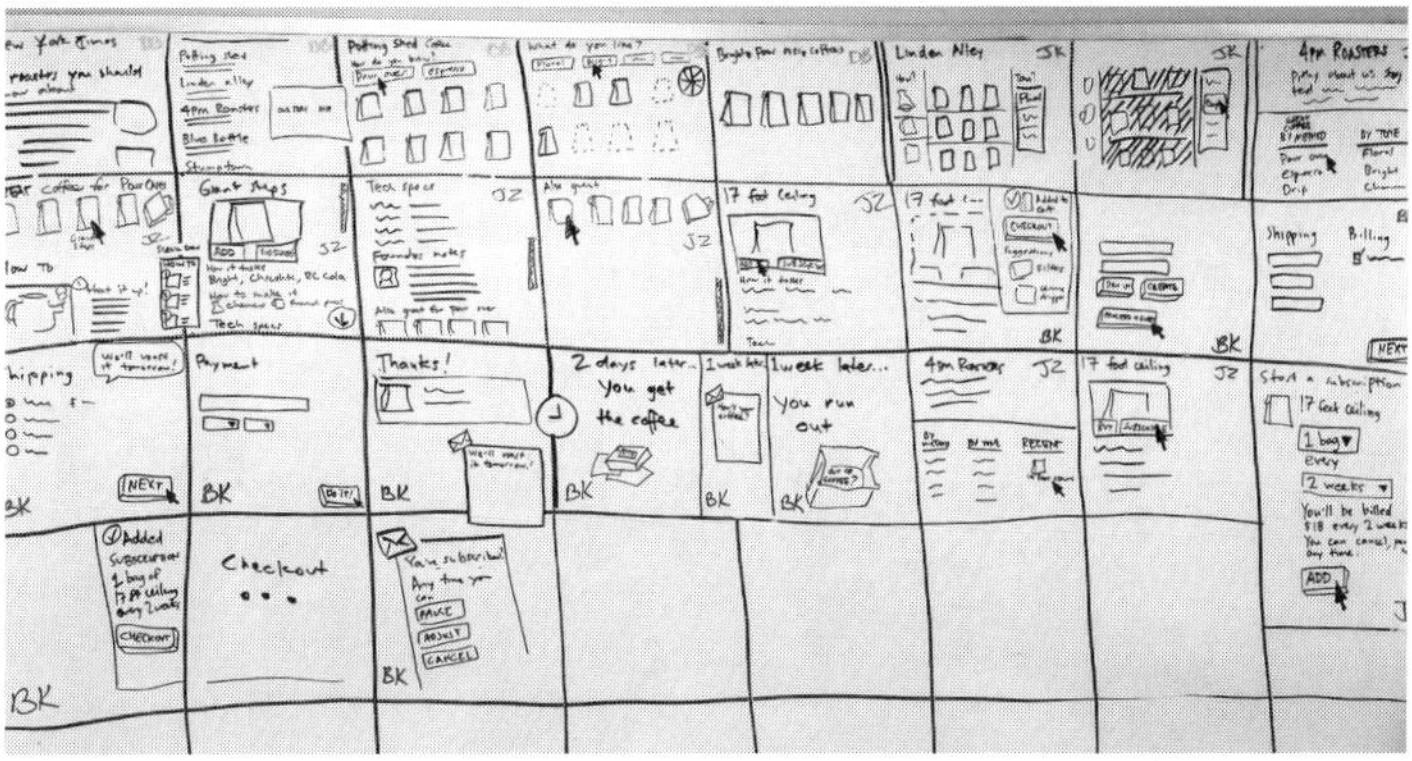

ブルーボトルコーヒーの実際のストーリーボード。コーヒー豆を選んで注文するまでの全クリックを表している。

「決定者」が決定する

ストーリーボードづくりが大変なのは、ただでさえ限られた意思決定エネルギーの大半を午前中に使ってしまうからだ。作業を楽にするために、ここでも決定者に頼ろう。

スラックのスプリントでは、ブレイデンがストーリーボードを描く「アーティスト」を務めたが、決定は決定者のマーシーが下した。マーシーは大変だったが、おかげで全員が元気に作業を進められた。

よいアイデアだからといって片っ端からとり入れていたら、意味の通らないストーリーボードになってしまう。それにどのアイデアを含めるべきかを一日中議論するわけにもいかない。

決定者は、チームにアドバイスを求めたり専門家の意見に従ってもいいが、民主主義に戻らないこと。

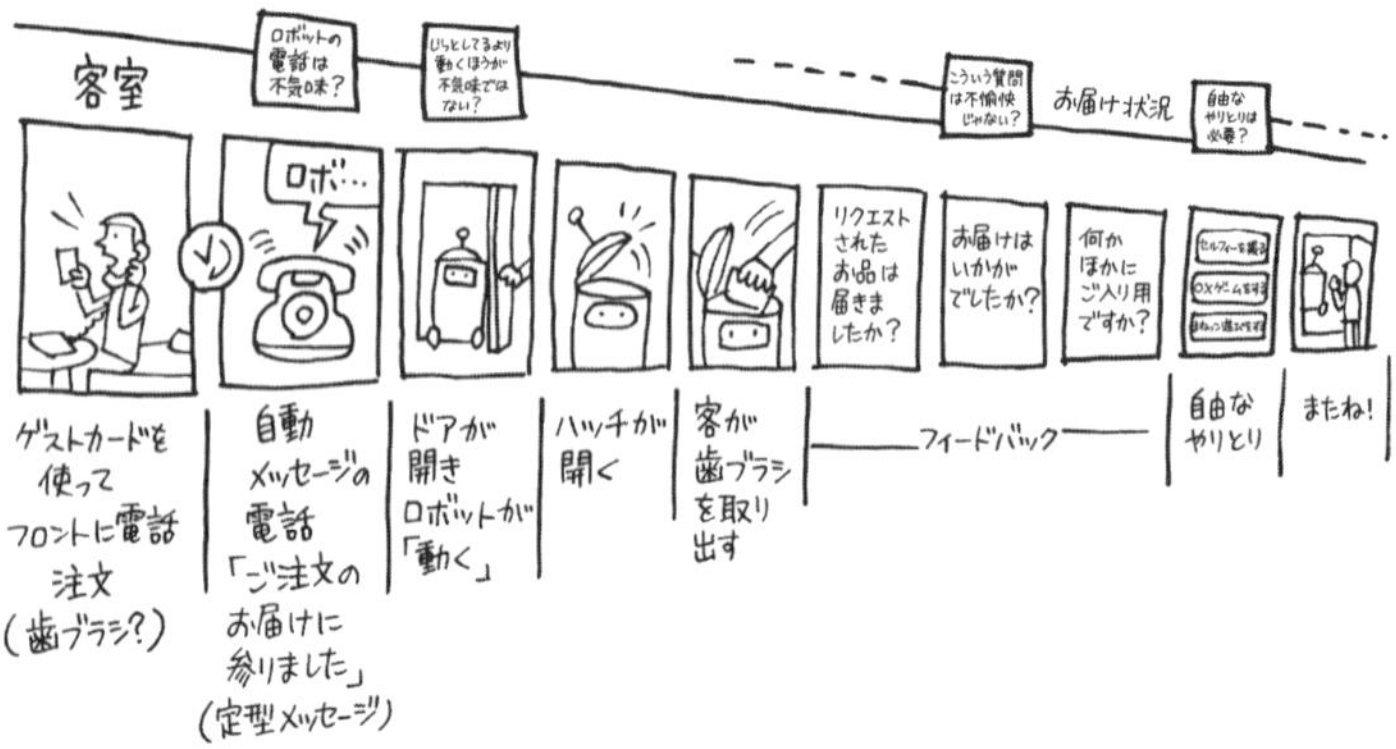

サヴィオークのストーリーボードの一部。ロボットがお届けをする流れを詳細に表している。

迷ったら「リスクの高いほう」をとる

ときにはすべてを組み込めないこともある。前にもいったように、スプリントは当たれば大きい、リスクの高いソリューションをテストするのに一番向いている。だから普段とは優先順位を逆にして考えよう。

成功まちがいなしの小さなチャレンジなら、わざわざプロトタイプをつくる必要もない。そういう楽勝案はパスして、大きく大胆な賭けを選ぼう。

ストーリーは「15分以内」にする

プロトタイプ全体を15分ほどでテストできるようにする。顧客インタビューに60分間もかけることを考えると、15分は短いと思うかもしれない。

だがインタビューでは、顧客が考えていることを口に出していう時間や、質問に答える時間を見ておく必要がある。最初にインタビューを軌道に乗せるまでの時間や、最後の締めくくりの時間も必要だ。またストーリーは15分間を想定していても、実際にテストすればそれ以上かかるのがつねだ。

そしてこの制限時間にはもう一つ、実際的な理由がある。15分以内に収めることで、重要なアイデアに集中でき、実現不可能な計画を立てずにすむ（経験則として、ストーリーボードの1コマは、テストの約1分間に相当する）。

❖

勝者のスケッチをすべて組み込んだら、ストーリーボードは完成だ。これでスプリントの一番大変な部分が終わった。決定が下され、プロトタイプの計画が完成したところで、水曜日はお開きだ。

進行役のためのヒント

「バッテリー切れ」を起こさせない

決定を下すには意志力が必要だが、人が一日に使える意志力の量には限りがある。意志力は、毎朝満タンで始まり、決定を下すたびに消耗していくバッテリーのようなものだ（「決定疲れ」と呼ばれる現象だ）。進行役は、全員のバッテリーを午後5時までもたせなくてはいけない。

水曜日は次から次へと決定を下す日だから、ぼやぼやしているとすぐにバッテリーが上がってしまう。「くっつく決定」のプロセスにしたがい、新しいアイデアを生み出すのを避けていけば、バッテリー切れを起こさせずに5時まで乗り切れるだろう。

いつも周りに気を配り、堂々めぐりの議論に目を光らせよう。そんな議論を発見したら、すぐに決定者に決定をゆだねよう。

〈使えるフレーズ〉

「いい議論だね、でも今日はまだまだやることがある。先に進むために決定者に決めてもらおうか」「これについては決定者に一任しよう」

デザインやいい回しなどの細かい部分は、木曜日まで先延ばしにしてかまわない。

〈使えるフレーズ〉
「これは明日プロトタイプをつくる人に任せよう」

その場で新しい解決策を考え始めた人がいたら、たとえその人が決定者であっても、スプリントが終わるまで新しいアイデアを考えるのを待ってもらおう。

〈使えるフレーズ〉
「新しいアイデアを考えているようだね。とてもおもしろいアイデアだから、忘れないように書きとめておこう。でもスプリントを終わらせるには、いまあるアイデアに集中しないと」

この最後のシチュエーションはとくに注意を要する。インスピレーションを握りつぶされて嬉しい人はいない。それに新しいアイデアはスケッチのアイデアよりよさそうに見えることが多い。

でもたいていのアイデアは具体化する前のほうがよく見えるから、実際にはそれほどよくないのかもしれない。いずれにしろ、たとえ新しいアイデアが史上最強だったとしても、プロセスを一からやり直している暇はない。

勝者のスケッチは、選ばれた以上テストされる権利がある。新しいアイデアや改良案に本当に価値があるなら、次の週まで待てるはずだ。

THURSDAY

幻想をつくる

水曜日にチームはストーリーボードをつくった。
木曜日は「なんでもフェイクする」精神に則り、
ストーリーボードをリアルな「プロトタイプ」のかたちにする。
これからの数章で、たった7時間でプロトタイピングを
実現するための考え方や戦略、ツールを説明しよう。

第13章 「フェイク」する

いかつい顔のカウボーイが酒場の前に立っている。帽子を直し、風で舞い上がる土埃《つちぼこり》のなか目を凝らすと、通りの向こう側にはライフル片手に馬にまたがる黒服の男たち……。少し離れた雑貨屋の店先に町の人たちが集まっている。回転草が風に吹かれて転がっていく。口には出さないがみんな知っている、この町に何かよくないことが起ころうとしているのを──。

西部劇ファンにはおなじみのシーンだ。白い帽子の正義役と黒い帽子の悪役がくり広げる、数々のドラマ。劇中の最もリアルなシーンは町だ。羽目板張りの建物に木の遊歩道、スイングドアつきの酒場。

もちろん、西部劇のシーンは見かけほどリアルじゃない。さびれたゴーストタウンや絵になるイタリアの町など、それらしい雰囲気のロケ地が使われることもあるが、ほとんどの映画はハリウッドのセットで撮影される。カウボーイのうしろの酒場は？　あれは建物の正面だけをつくった「ファサード」だ。ただの外壁で、裏には何もない。

だが観客は、そんなことは気にもとめない。町を見ている数分間はストーリーに没頭しているから、すべてがリアルに見える。外壁であれ、ゴーストタウンであれ、幻想が効いて本物に見えるのだ。

「9割方リアル」なものをつくる

木曜日は「幻想」の日だ。チームはすばらしいソリューションのアイデアを選んだ。普通なら数週間や数か月、数年かけて本物のソリューションに仕上げるところを、スプリントではフェイクする。西部劇のファサードのような、リアルに見えるプロトタイプを、たった1日でつくりあげる。そして金曜日に、顧客は映画の観客のように、自分がどこにいるかも忘れて、プロトタイプに反応するのだ。

ファサードをつくるのは思ったより簡単だ。たとえばあなたが100日かかるプロジェクトにとりくんでいるとしよう。9割方リアルな製品をつくれば、テストできるとする。単純計算でいくと、9割方リアルな水準に達するには90日かかるから、3か月ほどでテストの準備ができる。

ところがファサードをつくるだけなら、1日で9割レベルに到達できるのだ。

「なんてこったい」とあなたは思っているだろう。木曜日の朝にはホワイトボードの絵と紙のスケッチしかないのに、たった1日でリアルなプロトタイプがつくれるだって？　そんなの無理だろう?

普通なら無理かもしれないが、大変な作業は月曜日と火曜日、水曜日に終わっている。ストーリーボードがあるから、何を含めるべきかで頭を悩ますこともない。ソリューションスケッチには、実際に使えるテキストや要素が満載されている。なにより、プロトタイプ作成に必要なスキルをもつすご腕のメンバーがそろっている。

もちろん、時間をかけて完璧なプロトタイプをつくることもできる。でもそうすると学習のスピードが落ちてしまう。

うまくいくという確信があればそれでいいかもしれないが、正直いって、アイデアは成功するとは限らない。大胆なアイデアに賭けるのであれ確信がもてないのであれ、成否が早くわかるに越したことはない。だめなアイデアで時間を無駄にするのはもったいない。

でもおそらく一番まずいのは、プロトタイプであれ本物の製品であれ、何かに長時間とりくんでいるうちに愛着を感じ、否定的なテスト結果が出ても真摯《しんし》に受けとめなくなることだ。1日とりくんだあとなら意見を受け入れられても、3か月もするとガチガチにのめり込んでしまう。

あなたは最初、左のこれらのグラフ(僕らがこしらえた架空のグラフだ)で有利な位置にいる。まだ自分のアイデアに愛着がないから、テスト結果が悪ければ修正したり却下するなど、柔軟に対応できる。つまり、9割方リアルに至る急曲線(下のグラフ)を活用できる絶好の位置につけている。ただし、ファサードをつくることだけに集中すれば、の話だ。

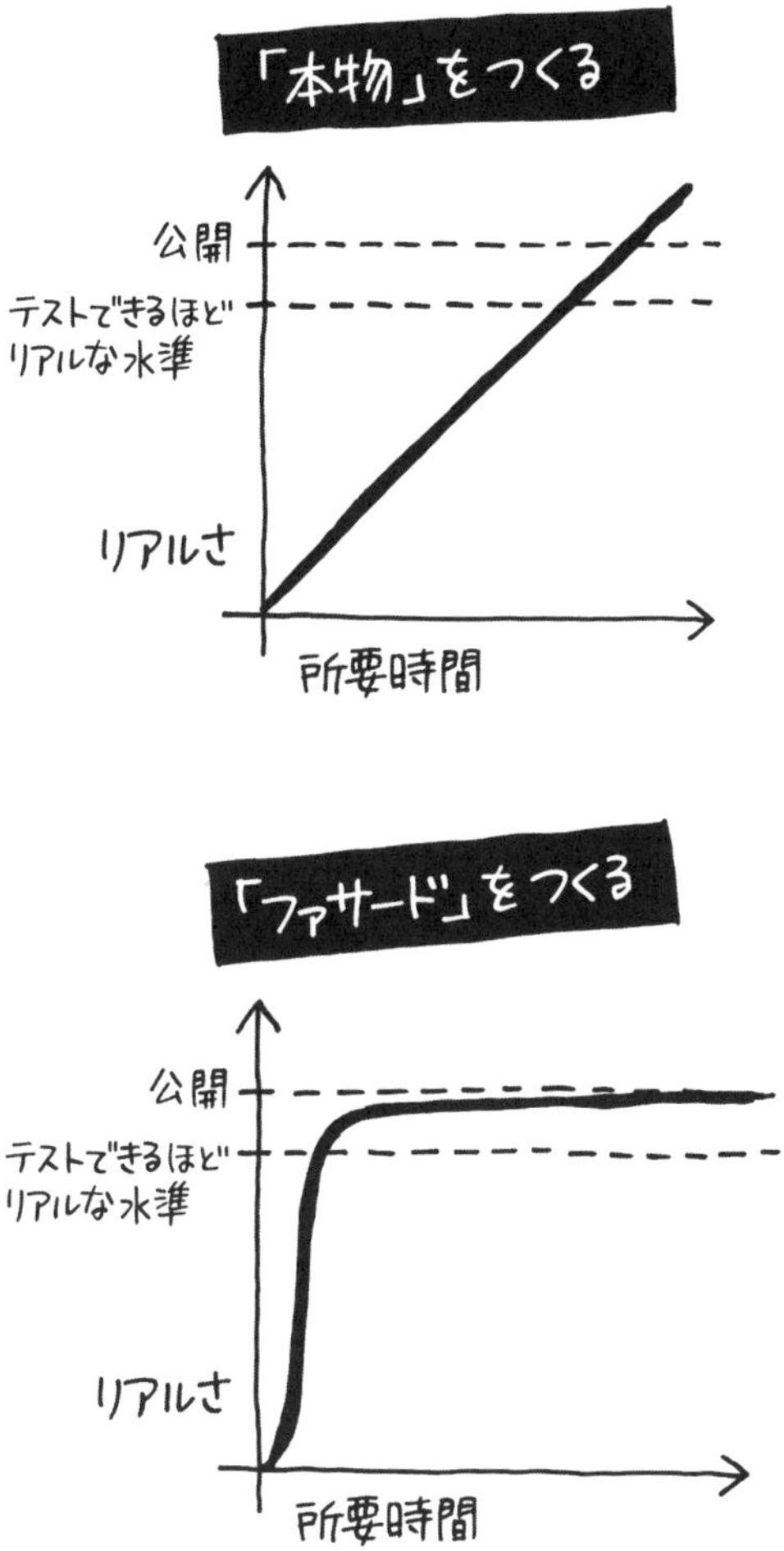

ファサードをつくれば、最速でテストできる

配管も配線も構造設計もない、ただのファサードだ。

「プロトタイプ思考」をする

ファサードですませるのに抵抗を感じる人もいるだろう。だがソリューションのプロトタイプをつくるには、「完璧」から「必要最低限」へ、「長期品質」から「一時的なシミュレーション」へと、ひとまず考え方をシフトする必要がある。

僕らはこの考え方を「プロトタイプ思考」と呼んでいる。プロトタイプ思考は、4つの簡単な原則からなる。

①プロトタイプは「どんなもの」でもつくれる

陳腐に聞こえるかもしれないが、これは真実だ。信じよう。楽観的に考え、プロトタイプをつくってテストする方法が何かしらあるはずだと信じて木曜日を始めれば、必ず道は開ける。

次の章ではハードウェア、ソフトウェア、サービスのプロトタイプを作成する具体的な方法を説明する。

ここで紹介する方法を活用できるときもあれば、別の方法を工夫して考え出さなくてはならないときもあるだろう。でもプロトタイプ思考をとり入れ、いつも楽観的な気持ちで

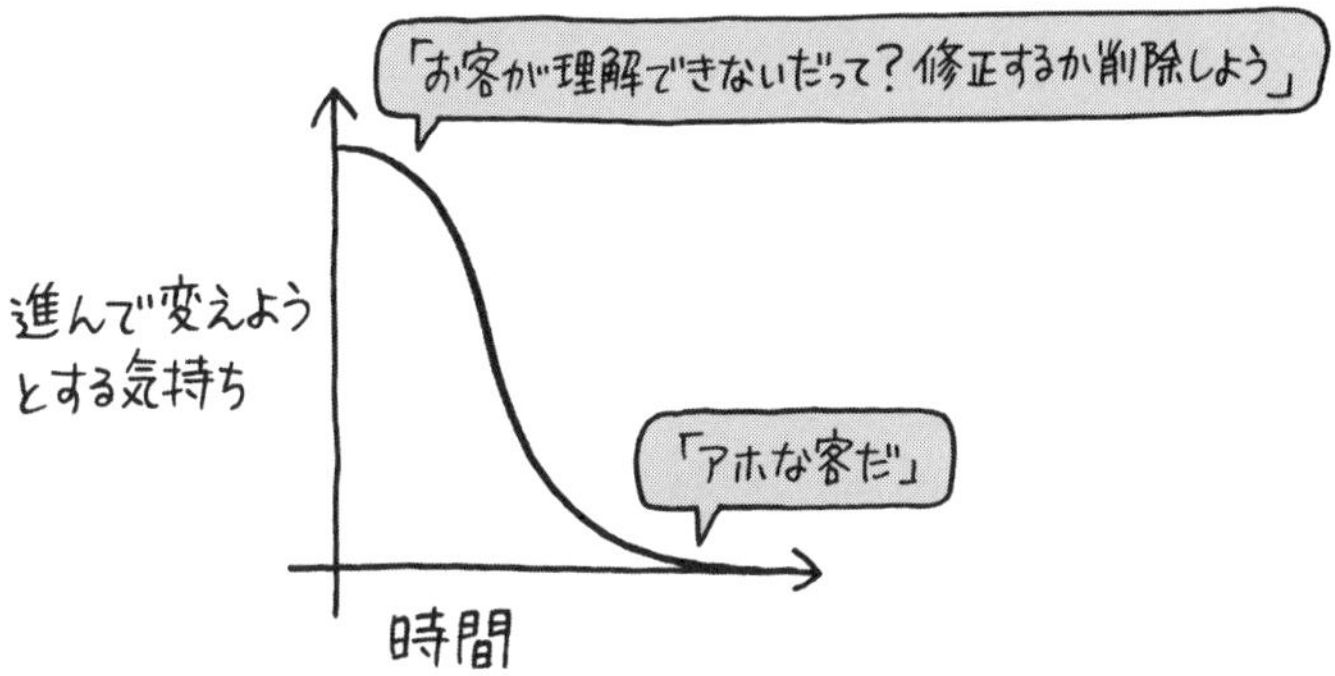

時間をかけてつくりこむにつれて、改善する気がなくなっていく

いれば、必ず方法は見つかる。

②プロトタイプは「使い捨て」

捨てられないようなプロトタイプをつくらないこと。

忘れないでほしい、このソリューションはうまくいかない可能性があるのだ。何日、何週間もかけて完璧なプロトタイプをつくりたいという衝動に屈してはいけない。苦労に見合う成果は得られないし、失敗するかもしれないソリューションに入れ込んでしまう。

③学習に「必要最低限」のものをつくる

プロトタイプをつくる目的は、スプリントクエスチョンに答えを出すことにあるから、焦点を絞ろう。完全に動作する製品はいらない——顧客が試すことのできる、リアルに見えるファサードがあればそれでいい。

④プロトタイプは「リアル」に見えなくてはいけない

金曜日に信頼できるテスト結果を得たいなら、顧客の想像力に頼ってはいられない。現実的なものを見せることが必須だ。リアルなものなら、本当の反応を引き出せる。

どれくらいリアルに見えれば十分だろう？

金曜日のテストでは、顧客の自然で正直な反応が見たい。紙に書いた「ペーパープロトタイプ」やレイアウト図面のようなちゃちなものを見せたら、幻想は解けてしまう。そして幻想が解けると、顧客はフィードバックモードに切り替わり、できるだけ力になろうとあれこれ意見してくれる。

だが金曜日のテストでは、顧客の「反応」は千金に値するが、「意見」となると何の価値もない。

「ちょうどいいできばえ」をめざす

反応と意見のちがいは、とても重要だ。スプリントでは、顧客から正直な反応を引き出せるようなプロトタイプをつくりたい。一日という制限時間を守りつつ、できるだけリアルなものにしたい。

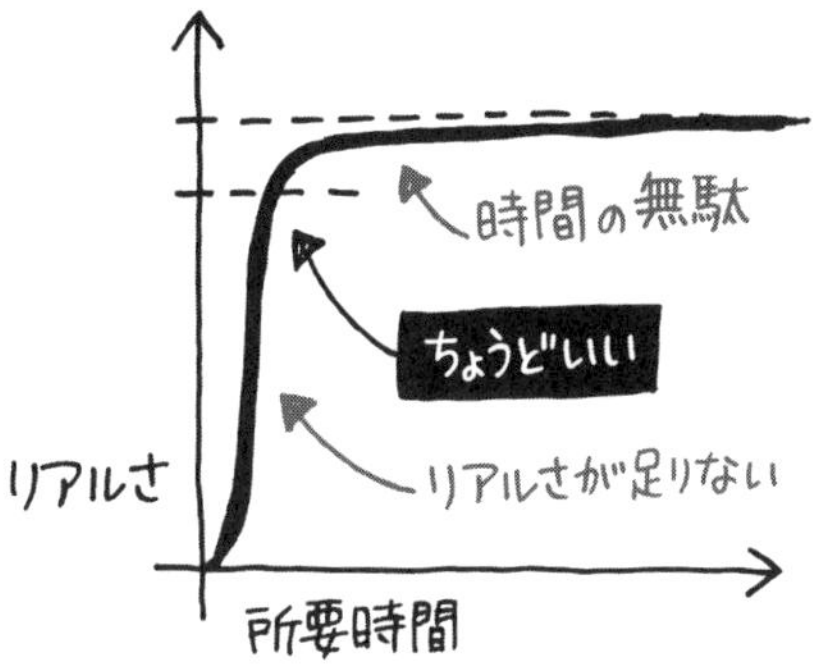

時間内にできる「ちょうどいいできばえ」をめざす

GVのパートナーのダニエル・ブルカがよくいうように、理想的なプロトタイプは「ちょうどいいできばえ」でなくてはならない。

完成度が低すぎればリアルな製品だと思ってもらえないし、高すぎれば徹夜しても作業が終わらない。童話「3びきのくま」の女の子ゴルディロックスがみつけた椅子のように、高すぎもせず低すぎもしない、ちょうどいいできばえにしよう。

もちろん、「ちょうどいいできばえ」は製品によってちがう。

これから、iPadアプリから診療所までさまざまなプロトタイプをつくった、5つのチームの例を見ていこう。

これらの物語を読めば、それぞれのチームが「プロトタイプ思考」と「ちょうどいいできばえ」をめざす方針のもとで、どんなふうに課題にとりくんだかがわかるだろう。

一つめはフィットスターの物語だ。この会社は、最重要人物の力を借りずに複雑なプロトタイプをつくるという難題に挑んだ。

フィットスター──「複雑なアプリ」を簡単に説明する

・クエスチョン：新しいタイプのフィットネスソフトをどうやって説明するか？
・プロトタイプの形式：ニセのアップストアと、ニセのｉＰａｄアプリ
・ツール：キーノート（プレゼン用ソフト）、演技、ｉＰｈｏｎｅ動画、ｉＰａｄ

「ユーザーは勘違いしている。アプリをダウンロードして試してくれるが、ちがうタイプのアプリだと思い込んでるんだ」

マイク・メイザーは、ＧＶのサンフランシスコオフィスで、プラスチックの椅子に深々と腰かけていた。使い込んだ野球帽はへりがほつれ、格子縞《こうしじま》のシャツは色褪《いろあ》せている。プロアスリートと親しくつき合い、ロサンゼルスでのビデオ撮影に大半の時間を費やしている男には見えない。

マイクはフィットスターというスタートアップのＣＥＯだ。

フィットスターのｉＰａｄアプリは、その後の２０１３年と２０１４年に、誰もが焦《こ》がれるアップルの年間最優秀賞に輝いた。フィットスターはアップストアのヘルスケア・フィットネス分野でつねに上位にランキングされ、２０１５年にフィットビットという

フィットネス技術の会社に買収された。

だがこの日の午後は、そうしたすべてが起こる前の2012年のことで、マイクと共同創業者のデイブ・グリジャルバを除けばほとんど誰も、フィットスターのアプリがどういうものかをわかっていなかった。

GVがこの会社に出資していたため、僕らはマイクとデイブと一緒にスプリントを行った。スプリントの目的は、「この新しいアプリをうまく説明する方法を考えること」だ。

マイクとデイブは、「パーソナル・フィットネストレーニングを一般消費者の手に届くものにする」というビジョンをもっていた。

パーソナルトレーナーを雇うのはとてもお金がかかるし、忙しいとなかなか時間をとれない。「だからほとんどの人には手が届かない」とマイクはいう。

フィットスターは、マイクのエンターテインメント業界での人脈にものをいわせ、最強のパーソナルトレーナーを招いていた。フィットネスの第一人者にしてNFL(全米プロフットボールリーグ)のスター選手、トニー・ゴンザレスだ。二人はトニーがレベルに応じたさまざまなエクササイズを指導する動画を何百時間分も撮影した。ビデオゲーム開発経験のあるプログラマーのデイブが、トニーのビデオクリップをつなぎ合わせてカスタムメイドのワークアウト・プログラムを作成するアルゴリズムを開発した。

彼らがつくったのは、顧客の体力や目標に合ったエクササイズを提供する、自動パーソナルトレーナーだ。顧客のレベルが上がるにつれ、エクササイズも難しくなっていく。

フィットスターはアプリを公開していたが、顧客がしくみを理解できるという確信が得られるまで、プロモーションをかけるのを待っていた。

これまでのところ、ユーザーは混乱していた。カスタムワークアウトやパーソナルトレーニングに関する説明がうまく伝わっていなかった。初期ユーザーのほとんどが、テレビでよく宣伝しているような、ただのワークアウトビデオだと思っていた。「いったん思い込みをもたれると、なかなかそこから抜け出せなくてね」とデイブはこぼした。

スプリントウィークの水曜日の午後、このｉＰａｄアプリを紹介する方法を改善するための有望なアイデアが出そろった。たとえば「アップストアに掲載する説明をわかりやすくする」「エクササイズの合間に見せるアニメーションを変える」などだ。

残念ながらマイクが推していたアイデアは、プロトタイプの作成が不可能に思われた。

それは顧客がトニー・ゴンザレスの質問に答えながら、アプリを設定するというアイデアだ。現実にパーソナルトレーニングを始めるときは、トレーナーがその場にいて、くわしく流れを説明してくれる。トニーの言葉で顧客に語りかければ、柔軟なカスタマイズが可能なことを理解してもらえるだろうと、マイクは考えたのだ。

だが当のトニーはスプリントに参加していなかった。遠い東海岸でアトランタ・ファルコンズの一員としてアメフトの試合に出場していた。

それに、たった1日でｉＰａｄアプリの改良版をつくるのは無理な話だ。たとえつくれたとしても、金曜日のテストに間に合うようにアップストアで配信できるはずがない。顧客がやってくるまであと1日しかない。それまでに、不可能に思えるプロトタイプを完成させなくてはならない。

でも僕らはそれらしいものをフェイクするだけでよかった。木曜日の朝、プロトタイピング作業の分担を決めた。デイブはラップトップに向かい、トニーによる紹介動画の台本を猛然と書き始めた。マイクはトニーの代役としてビデオに出演することを買って出た。フィットネスウェアに着替え、ｉＰｈｏｎｅで動画撮影の設定をして、セリフの練習に励んだ。

ソフトウェアはどうする？　テストまでにアプリを書き換えるなんて到底無理だ。でも本物のアプリは必要ない。本物のアプリに見えさえすればいい。

キーノート（パワーポイントに似たアップルのプレゼンテーション用ソフト）は、ｉＰａｄ上でも動かせる。キーノートのスライドショーをフル画面で見せれば、アプリと見分けがつかないし、動画だって再生できる。

僕らはストーリーボードをいくつかに分け、それぞれの担当を決めた。そしてストーリーボードとソリューションスケッチをもとに、各画面のプロトタイプをつくっていった。ネットで見つけた本物そっくりのｉＰａｄの操作ボタンとアイコンのテンプレートを使った。リアルさを高めるために、本物のフィットスター・アプリで使っている画像やイラストも加えた。そしてマイクとデイブが準備した動画を挿入した。

「幻想」の仕上げに、アップストアのスクリーンショットを撮って、スライドショーの冒頭部分に挿入した。フィットスターのアプリがヘルスケアのコーナーに並んでいる画面や、ダウンロード中の画面のスクリーンショットまであった。

すべてのスライドができあがると、「スティッチャー」（つなぎ合わせる人、後述）役のジョンが全体をチェックして、スライド間の整合性を図った。

1日の終わりにできあがったプロトタイプは、ソフトウェアじゃないのに、本物のソフトウェアにしか見えなかった。フィットスターのプロトタイプは西部劇のファサードと同じで、幻想が働くのは数分間だけ、しかも特定の見方をしている間に限る。

それでも、「どうすれば新しい顧客にわかりやすくアプリを説明できるか？」という問いに答えを出すには十分だった。木曜日が終了し、あとはテストを待つばかりとなった。

テストでは、いくつかのソリューションが成功に終わった。マイクがソフトウェアを説明した動画は効果があった。顧客はこれを見たあと、自分の言葉でアプリのことを適切に言い表せたし（「自動のパーソナルトレーナーみたいなもの」）、お金を出してもやってみたいと思った（「いますぐ登録できますか？」）。

その一方で、失敗したソリューションもあった。アプリを紹介する動画のあとに、白衣姿のデイブが「アルゴ・リズム博士」を名乗り、アプリの構成を説明する動画があった。だが顧客はすでに理解していて（「もうわかってるよ」）、いますぐにでもエクササイズを始めたいと思っていたから、アルゴ・リズム博士を不要でわずらわしいとさえ感じた（断じてデイブの演技のせいじゃない）。

フィットスターが市場で成功できるかどうかは、アプリの品質にかかっていた。しかしスプリントでの成功は、重要な問いに答えを出せるほどリアルなプロトタイプをつくれるかどうかにかかっていた。

そして彼らはたった7時間でつくったプロトタイプを通して、正しいソリューションを選び、まちがったソリューションを却下するのに必要な情報を手に入れたのだ。

スラック——「2つのアイデア」を競合させる

・クエスチョン：スラックを技術系企業以外の顧客に説明するにはどうすればいいか？
・プロトタイプの形式：競合する2種類のインタラクティブなウェブサイト
・ツール：キーノート、インビジョン（プロトタイプ作成ソフト）、本物のスラックのソフト、演技を少々

スラックは競合する2つのアイデアのプロトタイプをつくることになった。

1つはソフトを順を追って丁寧に説明する、「手取り足取り」。ブルーボトルコーヒーの場合と同様、このアイデアも、ウェブサイトのように見えるスライドショーでフェイクで

きる。楽勝だ。

だがもう一方の「ボットチーム」というアイデアは手ごわかった。メッセージを互いにやりとりし、ユーザーの入力したメッセージにも答えられる、コンピュータ制御の「ボット」のチームが必要だ。本物と思わせるためには、ボットが顧客の質問やコメントに答えなくてはならないが、それはスライドでフェイクできそうにない。

マーシーが名案を思いついた——僕らがコンピュータ制御のキャラクターになりすますのだ。テストの間、ユーザーにメッセージを送り、ボットらしくちょっと抜けた答えを返せばいい。

当然だが、もしこのアイデアがテストで成功すれば、ボット制御のプログラムを組む必要がある。ウェブサイトに来る顧客一人ひとりに手動でメッセージを送っていたら、人員が何千人、何百万人いても足りない！　でもテストの相手はたった5人だから、うまくいきそうだった。

ファンデーション・メディシン——報告書をわかりやすくする

・クエスチョン：がん専門医は治療方針を決定する際、どんな情報を必要とするのか？
・プロトタイプの形式：紙の診療記録の最初のページ
・ツール：キーノート、本物っぽく見える試験データ、プリンター先に紹介したフラットアイアン・ヘルスは、がん患者に臨床試験への参加を促すという、難しい問題にとりくんでいた。同じくGVの投資先で、ボストンに本拠を置くファンデーション・メディシンは、がん治療の別の課題にとりくんでいる。「DNA解析を通して、患者に最適な治療方法を推奨する」という課題だ。

ファンデーション・メディシンは、2012年に「ファンデーションワン」という検査を開発した。同社の研究所で患者の生体サンプルのゲノム解析を行い、がん関連遺伝子の変異を調べ、結果の報告書と推奨される治療方法の情報を主治医に提供して、治療方法の決定を支援するのだ。

これは画期的な検査だった。ファンデーションワンの検査で膨大な情報が明らかにされ、予想外の治療方法が提示されることも多かった。だがそのせいで難題が生じていた。情報を受けとる側は――ベテランのがん専門医でさえ――その量に圧倒されることがあったのだ。

当時ファンデーションワンの検査結果は、まだ紙ベースで提供されていた。ファンデーション・メディシンのチームは、「報告書をできる限りわかりやすくする」ために、スプリントで新しいアイデアを試すことにした。

チームは報告書の最初のページに焦点を絞ることにした。これはもちろん、検査結果を検討する医師が最初に目にする部分だ。だが医師が忙しくて時間がなければ――がん専門医はたいてい忙しいものだ――じっくり検討できるのはこの1枚だけかもしれない。そのため必要な重要情報を1枚でできる限り伝える必要があった。

僕らがファンデーション・メディシンと行ったスプリントでは、検査報告書のアイデアが3つ出た。これらを正式に実行するには、ラボでの数か月間の作業と本格的な品質保証のとりくみが必要だった。なにしろ検査報告は100％正確でなくてはならないのだ。

だが僕らのプロトタイプでは、どのアプローチが最も有望かさえ学べればよかった。本物の報告書に求められる精度基準を満たす必要はなかった。ラボでの解析方法を変更する必要もまだなかった。そういったことはすべてあと回しでいい。さしあたってのターゲットは、「がん専門医が最初のページに目を通す数分間」という、決定的に重要な瞬間だ。

お察しの通り、僕らは報告書のモックアップ〔本物そっくりの見本〕をつくるのに、キーノートを使った。2人ずつの3チームに分かれて作業を分担した。

各チームの1人が、A4サイズの紙と同じ大きさになるよう調整されたスライドをデザインし（紙のプロトタイプを使っていいのは、最終製品が紙製のときに限る）、もう1人がゲノムデータと、推奨される治療方法、その他のがん関連情報を本物らしく正確なものにする作業を担当した。

がん専門医から率直な反応を引き出すには、正当に見えるデータを使うことが欠かせない。もちろん、本物の患者のデータをテストに流用するのは倫理に反する。だがファンデーション・メディシンには、本物ではないが本物そっくりの社内用の検査結果がすでにあった。そのうえチームには、必要とあらばさらに本物らしいデータにつくり込める専門家がそろっていた。

1日の終わりに、2種類のプロトタイプ報告書が完成した。どれも前からあった古い報告書の上に、キーノートのページのプリントアウトを1、2枚重ねたもの、つまり古い町の背景に新しいファサードをつけたものだ。ファンデーション・メディシンが翌日のテストでがん専門医に見せた報告書のプロトタイプは、本物そっくりに見えた。

サヴィオーク——「お届けロボット」の反応を試す

・クエスチョン：ホテルのゲストは個性をもつロボットにどう反応するか？
・プロトタイプの形式：本物のロボットにiPadのタッチスクリーンをとりつけたもの
・ツール：キーノート、効果音ライブラリ、iPad、ロボット、リモコン、ホテルの客室、演技

サヴィオークの課題は、僕らがこれまでにとりくんだプロトタイプのなかで群を抜いて複雑だった。このときテストしようとしたのは、ロボットのリレイがお届けをするときのふるまいと個性だ。ロボットの顔にあたるタッチスクリーンでのやりとり、ロボットの動き、ビープ音とチャイムの効果音、自動電話のタイミングなど、さまざまな要素や部品を

調整する必要があった。

途方もないプロトタイピングの課題を抱えるチームには、それを実現するための途方もないスキルやツールがそろっていることが多い。サヴィオークの場合、ロボットはもうできていたし、ロボットのふるまいや部品のほとんどが機能していたから、すでにあるものをベースにプロトタイプをつくればよかった。いつもの撮影所の代わりに、絵になるゴーストタウンで西部劇を撮影するようなものだ。

とはいえ、木曜日にプロトタイプに盛り込まなくてはならない重要な要素が、もう4つあった。1つはロボットのハッピーダンスだ。完璧なふりつけをプログラミングする時間はなかったから、CTO（最高技術責任者）のテッサ・ラウとエンジニアのアリソン・ツェーはリモコン操作で代用することにした。二人は木曜日に、プレイステーションのコントローラーでロボットを動かす練習をした。

2つめの課題はロボットの画面だ。サヴィオークのヘッドデザイナー、エイドリアン・カノーソには妙案があった。ロボットの顔の部分にiPad miniをとりつければいい。そしてロボットの目と、タッチスクリーンでの顧客との簡単なやりとりを、スライドでフェイクするのだ。

3つめとして、ロボットには新しい効果音が必要だった。サウンドデザイナーの経験があるエイドリアンが無料の効果音ライブラリを使って作業した。

最後に、ロボットがゲストの客室に到着したことを知らせる自動電話をフェイクする必要があった。完成時には、ロボットの位置を追跡する高度なソフトウェアが通話を発信する。でもテストではアリソンがロボットをこっそり見守り、頃合いが来たら別の部屋に駆け込んで、自分で電話をかけることにした。音声案内のように聞こえる機械的な声で話せばいい。

そうはいっても、機能するロボットのプロトタイプをたった1日でつくるなんて、ほとんどのチームには絶対できない。だがほとんどのチームはロボットビジネスに携わっていないから、そもそもそんなものをつくる必要がない。

サヴィオークは、プロトタイプに必要な技術をすでにもっていた。解決すべき難題はまだあったが、必要なエンジニアリングとデザイン作業のための専門知識はそろっていた。1日が終わるころ、ロボットはダンスをし、口笛を吹き、ほほえむことができた。

ワン・メディカル――「子連れ」の顧客に対応する

・クエスチョン：ビジネスマン向けの診療所で、小さな子ども連れの家族に対応できるか？
・プロトタイプの形式：一晩限りの家族向け診療所
・ツール：診療所、医療スタッフ、フルーツ、クレヨン

ワン・メディカルは、「よりよい医療を万人に提供する」という野心的な目標の実現に

向けて、幸先のよいスタートを切っていた。一般外来診療所のネットワークを、すでにサンフランシスコ、ニューヨーク、ボストン、シカゴ、ワシントンDC、フェニックス（アリゾナ州）、ロサンゼルスで展開し、モバイルアプリを使った当日予約や受診結果の取得、長めの診察時間、美しいインテリアなどで、数千人の患者をとりこにしていた。

顧客のほとんどがハイテク通の若手ビジネスマンだ。「モバイルアプリを通じた治療」に魅力を感じる層である。

この顧客層も急拡大していたが、ワン・メディカルはさらに幅広い層をとりこみたかった。既存顧客の多くが子どもをもち始める年齢だったため、次のステップとして家族のケア、つまり「既存顧客の赤ちゃんや子ども、ティーンエイジャーに焦点をあてる」ことにした。

ワン・メディカルは、同じ診療所で家族連れにも大人の患者にも対応したいと考えた。すでに家庭医療の研修を受けた医師はそろっていた。だが、新しいタイプの診療所を開設するまえに、家族にも喜んでもらえる体制を整えたかった。

診療所全体のプロトタイプなんて、どうしたらつくれるだろう？

サヴィオークやスラックと同様、ワン・メディカルはすでにあるものをベースにした。デザイン担当副社長クリス・ウォーが計画を立てた。一晩限りで、既存の診療所の一つで家族向け診療所のシミュレーションを行うことにしたのだ。

午後6時、サンフランシスコのヘイズバレー診療所が閉まるとすぐ、クリスらは仕事にかかった。大人に人気の高い洗練された美観を損なわずに、子ども心をくすぐる診療所にするためのアイデアを実行に移した。

待合室にクレヨンと紙を用意し、バナナやリンゴ、フルーツバー、ココナッツウォーターを並べた。おもちゃのつまった宝箱ももってきたが、待合室が子どもっぽくなりすぎたため、受付の裏に置いた。二人の家庭医が配置につき、ワン・メディカルの二人の職員が待合室を担当した。一人ひとりのために台本が用意されていた。

さあ、テストの時間だ。

子どもたちが入ってきた。クリスは5家族に声をかけていた。だがテストはいきなり障害にぶつかった――比喩じゃない、本物の障害だ。ヘイズバレー診療所の入口の段差は、車椅子では昇降できたが、ベビーカーには難しかった。「(段差にぶつかって)子どもたちがベビーカーから飛び出しそうになった」とクリスはいう。

次の驚きは、ベビーカーに満載されていた荷物の量だった。「子ども連れは万全の準備をととのえてやってくる。おもちゃや着替え、おやつをもち、きょうだいやおじいちゃん、おばあちゃんにナニー(乳母)まで連れてくる」。大人の患者向けにしつらえられた待合室は、あっという間に混雑し始めた。ワン・メディカルのチームは、診療所に家族を受け入れるには、待合室のデザインを変える必要があることを痛感した。

また、チームは受付スタッフの大切さを見落としていた。

子どもたちは不安な気持ちで入ってきた。ここは初めての場所だし、小さな子どもは診療所に来ると痛かった予防注射を思い出すものだ。「あのときはスタッフに恵まれた。タリーンとレイチェル（二人ともワン・メディカルの診療所長）は超歓迎モードに切り替えて、子どもたちを温かく迎え、安心させてくれた。二人の機転の利いた対応に救われたよ」

診察室にも問題があった。ワン・メディカルでは患者との自然なやりとりを促すために、医師は診察ベッドの横の回転イスにすわらずに、患者と机をはさんですわる。

だが診察室に子どもがいると、机は障害物になった。「子どもはさわれるものは何でもさわり、引き出しという引き出しを開けた」

それでも子どもたちは楽しんでいたから、机は大した問題ではないように思われた。

続いてクリスとチームは家族をインタビューした。そこで初めてわかったのだが、じつは診察室の机に悩まされていたのは、子どもよりむしろ親のほうだった。親は医師に安心させてもらいたくて来ているのに、診察室で子どもがガタガタと机をいじるせいで、思うように医師とコミュニケーションがとれなかった。些細《ささい》な点だが、親たちを安心させるうえでとても大切なことだ。さいわい、問題は簡単に修正できた。

ワン・メディカルは数か月後に初の家族向け診療所を開設し、ワン・メディカルの医療チームから家庭医を派遣して、大人と同じ部屋で子どもを診察した。ただし待合室のスペースは広くなり、診察室の邪魔な机は撤去され、そして入口の段差もなくなっていた。

第14章 「プロトタイプ」をつくる

木曜日は、スプリントのほかの日とはちょっとちがう。

プロトタイプは千差万別だから、ここで紹介できるような段階的なプロセスはない。

でも僕らはこれまで数百のプロトタイプを作成した経験から、これさえやればまちがいないという、4つの手法を開発した。

①正しいツールを選ぶ
②「5つの係」で分担する
③つなぎ合わせる
④試運転

まずそれぞれの手法が必要な理由を説明し、それからやり方を教えよう。

プロトタイプは「何」でつくるか？

最初に、ツールについて話しておきたい。チームは日々仕事をするための道具やデバイス、顧客に質の高い経験を提供するためのソフトウェアやプロセス、方法をいろいろもっている。

でも問題がある。こうしたツールは、プロトタイプの作成には向かないのだ。

残念だが、このことはデザイナーにも、エンジニア、アーキテクト、マーケター、その他のクリエイティブな専門家にもあてはまるし、店舗の運営、顧客サービスの提供、物理的製品の製作についてもいえる。チームが普段使っているツールは、プロトタイプ作成に適さない場合が多いのだ。

普段のツールの何が悪いかといえば、「完璧すぎること」と、「時間がかかりすぎること」だ。忘れないでほしい、プロトタイプは本物の製品じゃない、ただ本物に見えさえすればいいのだ。サプライチェーンやブランドのガイドライン、販売研修の心配はしなくていい。細部まで完璧にする必要はない。

とはいえついこの間まで、僕ら自身、アプリやウェブサイトなどのソフトウェアのデザイナーとして、フォトショップのようなツールや、ＨＴＭＬやＪａｖａＳｃｒｉｐｔのようなプログラミング言語でプロトタイプをつくっていた。

だがその後、僕らは「キーノート」というスグレものを発見した。キーノートは、本来はプレゼンテーションのスライドづくり用のソフトだが、プロトタイピングにもうってつけなのだ。簡単に操作できるレイアウトツールを使って、見栄えのいいものをあっという間につくれる。

スライドというものはストーリーボードのコマによく似ている。テキストや線、図形を入れたり、写真などの画像をペーストしたり、クリック可能なリンクやアニメーション、その他のインタラクティブなコンテンツを追加できる。必要なら動画や音声も入れられる。僕は「あなたもプロトタイプをつくるときはキーノートを使うべき」だと、90％の確信をもっていえる。

何のプロトタイプかも知らないのに、なぜ断言できるのかって？

いい質問だ。もちろん、100％の確信はもてない。

それでも僕らがこれまでに行った100超のスプリントで、キーノートが役に立たなかったケースは数えるほどしかないのだ（そうそう、ウィンドウズユーザーなら、「パワーポイント」もプロトタイピングに便利だ。キーノートほどしゃれていないが、ちょっとウェブ検索をするだけで、リアルなプロトタイプをつくるのに役立ちそうなテンプレート集がたくさん見つかる）。

サービスも「試作」できる

たしかに僕らが作成するのはアプリやウェブサイトといった、ソフトウェア製品のプロトタイプがほとんどだ。その場合、キーノートを使って一つひとつの画面をつくる。できあがったスライドショーをフル画面で見せれば十分な場合もあるし、特別なプロトタイピング用ソフトウェア*8（そう、そんなシロモノがあるのだ！）を使って画面をつなぎ合わせ、ウェブブラウザや携帯電話にロードすることもある。

でもソフトウェアだけじゃない。２４０ページでとりあげたファンデーション・メディシンはがん診断の会社で、製品は紙の検査報告書だ。

それでも僕らはキーノートで報告書をデザインし、それをプリントアウトしたものをがん専門医に見せた（くどいようだが、紙のプロトタイプを使っていいのは、実際の報告書が紙の場合に限る）。

かたちのある製品には、キーノートはあまり使えない。３Ｄプリンターを使ったり、既存製品を改造することが多い。そうはいっても、たいていのハードウェア製品にはソフトウェアの操作画面がある。サヴィオークのプロトタイプでもｉＰａｄをロボットにくっつけた。そのｉＰａｄで見せていたのは何だろう？　そう、キーノートだ。そんな例はたくさんある。

それに物理的な製品のスプリントでは、製品のプロトタイプをつくる必要がまったくないことも多い。

僕らがよく使うトリックに、「カタログのファサード」がある。機器のプロトタイプをつくる代わりに、それを販売するために使うウェブサイトやビデオ、カタログ、プレゼンテーション資料などを作成するのだ。

なぜなら顧客は購入決定（や、少なくとも情報収集）を、オンラインや訪問販売を通じて行うことが多いからだ。こういった販促資料を使えば、顧客が製品のさまざまな側面にどんな反応を示すか（どの特性を重視するか、価格を適正と感じるかなど）を手っとり早く理解できる。そしてなんとびっくり、キーノートは、販促資料のプロトタイピングにももってこいなのだ。

もちろん、僕らはどんなもののプロトタイピングの方法も知り尽くしているわけじゃない。またとくに工業製品や、ワン・メディカルの家族向け診療所のような対人サービスのプロトタイピングでは、キーノートが用をなさないこともある。

だが僕らは長年かけて「近道」を開発した。

まずは正しいツール選びの方法を説明しよう。

＊8　ソフトウェアの変遷はめまぐるしいから、thesprintbook.com に最新で最高のプロトタイピングツールへのリンクを貼っておく。

「正しいツール」を選ぶ

どうやってプロトタイプをつくっていいかわからない人は、ここから始めよう。

・「画面」で見せるもの（ウェブサイト、アプリ、ソフトウェアなど）――キーノートやパワーポイント、またはスクエアスペースのようなウェブサイト作成ツールを使う。
・「紙」で見せるもの（報告書、カタログ、チラシなど）――キーノート、パワーポイント、またはマイクロソフトワードなどのワープロソフトを使う。
・「サービス」（カスタマーサポート、顧客サービス、医療など）――台本を書き、スプリントチームを役者に使う。
・「物理的空間」（店舗、会社のロビーなど）――既存の空間に手を加える。
・「モノ」（工業製品、機械装置など）――既存の製品に手を加える、プロトタイプを３Ｄプリントする、キーノートやパワーポイント、適当な画像を使って販促資料のプロトタイプをつくる。

プロトタイプを１日で仕上げるなんて気が滅入りそうだが、スプリントチームに多様な人材を集めておけば、必要なノウハウはすべて部屋にそろっていることになる。

チームの特定の人に仕事が集中することも多いが、経験からいうと、どんな人にもそれぞれに応じた役割がある。ツールが決まったら、仕事を割りふろう。

「5つの係」で分担する

進行役は次の係を決める手伝いをする。

・メイカー（2人以上）
・スティッチャー（1人）
・ライター（1人）
・資産コレクター（1人以上）
・インタビュアー（1人）

「メイカー」は、プロトタイプの構成要素（画面、ページ、部品など）を作成する係だ。一般的にはデザイナーやエンジニアが担当するが、創造のパワーが指先を流れる感覚を味わいたい人なら誰でもいい。

木曜日は、少なくとも2人のメイカーが必要になる。ここまでロボットや検査報告書や動画をつくったチームの武勇伝を紹介してきたが、忘れないでほしい。あなたのチームのメンバーも、プロトタイプ作成に必要なスキルをすでにもっているのだ。

「スティッチャー」は、メイカーがつくった要素を集め、違和感なくつなぎ合わせる。デザイナーやエンジニアが担当することが多いが、プロトタイプの形式によっては誰でもできる。スティッチャーに一番向いているのは、細かいところにまで目が届く人だ。

スティッチャーは朝一でスタイルやデザインに関するルールや注意点を全員に説明し、午後にメイカーが要素をつくり終えたら、つなぎ合わせを始める。

どんなスプリントチームにも「ライター」が必要だ。ライターは最重要の係の一つだ。第9章でも説明したように、スケッチでは言葉がものをいう。またこの章の初めに書いたように、プロトタイプはリアルに見えなくてはならない。現実的にあり得ないいい回しがまじっていたら、リアルに見えるはずがない。

科学や技術などの専門的業界のプロトタイプでは、専任のライターを立てることが欠かせない。ファンデーション・メディシンのがんゲノム報告書のプロトタイプを思い出してほしい。医学的に意味をなす文章を書くのは大変だから、この分野に精通したプロダクトマネジャーに、スプリントの間中ライターを担当してもらった。

木曜日には、最低でも1人の「資産コレクター」が必要だ。この役目は（「資産コレクター」という響きの割に）華々しくはないが、爆速プロトタイピングの秘訣の一つだ。
プロトタイプに使う写真やアイコン、サンプルコンテンツのなかには、一からつくる必要のないものがある。資産コレクターはネットや画像ライブラリ、自社製品ほか、考え得るすべての場所を探し回って、使える要素を見つける。おかげでメイカーは細々とした要素が必要になるたびに手を止めて探しに行く必要がなくなり、作業がはかどる。

最後に、「インタビュアー」が必要だ。完成したプロトタイプを使って、金曜日に顧客インタビューを実施する人だ。インタビュアーは木曜日にインタビューの台本を書く（台本の構成については、第16章でくわしく説明する）。

インタビュアーはプロトタイプ作成に関わらないほうがいい。金曜日のテストでプロトタイプに感情移入して顧客の率直な反応に水を差すのを防ぐためだ。

係を割りふったら、次はストーリーボードに沿って分担を決めよう。
たとえば顧客が広告を見て、ウェブサイトを訪れ、アプリをダウンロードする、という筋のストーリーボードだったとする。この場合、メイカーの1人めを広告に、2人めをニセのウェブサイトに、３人めをアプリのダウンロード画面の作成に割りふるなど。
冒頭シーンも忘れないこと。主要な体験が始まる前のリアルな瞬間だ。冒頭シーンにも、プロトタイプのほかの部分と同様、メイカーとライターを割りふろう。

ブルーボトルコーヒーの冒頭シーンはニューヨークタイムズの記事だったから、誰かにそれらしい記事を書いてもらう必要があった（ピューリッツァー賞を狙うわけじゃない。短い記事をフェイクするのはそう難しくない）。

きちんと時間をかけて信頼できる冒頭シーンをつくり、土台を整えることが大切だ。半日もかける余裕はないが、信憑性《しんぴょうせい》のあるものにすること。

プロトタイプの個々の部分が完成に近づいたら、「スティッチャー」の出番だ。プロトタイプ全体の整合性を図り、すべてのステップをできる限りリアルに近づけるのが、スティッチャーの役目だ。

フィットスターのスプリントでは、ジョンがスティッチャーを務めた。全体の整合性を図るために、全員のキーノートスライドを同じファイルにペーストし、フォントや色を統一して、継ぎ目のない一つのアプリに見えるようにした。さらに、リアルに見せるために登録画面をつくり込み、ｉＰａｄの画面上に表示されるキーボードのスクリーンショットを加えて、本当に入力できるように見せかけた。

スティッチャーが「つなぎ合わせる」

スティッチャーは、日時や名称、フェイクした内容などを、プロトタイプ全体で統一する。ジェーン・スミスとジェーン・スムートが混在している、なんてことのないように。タイプミスや明らかなまちがいがあってはならない。顧客は小さなまちがいを見つけると我に返ってニセの製品を見ていることを思い出してしまう。

スティッチャーの仕事は、やり方はさまざまだが、どんなプロトタイピングにも欠かせない。仕事を細分化すると全体像が見失われがちだから、スティッチャーが隅々まで目を光らせて、すべてをしっかりつなぎ合わせる。スティッチャーは必要なら1日を通して全員の進捗をチェックする。最後になって必要な作業が生じたら、遠慮せずチームに協力を求めよう。

「試運転」を開始する

午後3時ごろには試運転を始めたい。この時間なら、プロトタイプにまちがいや欠陥が見つかっても修正できるからだ。全員が手を止めて集まり、スティッチャーが口で説明しながらプロトタイプを最初から最後まで動かしてみる。

進行役は、スティッチャーの説明をストーリーボードとつき合わせ、すべての要素がプロトタイプに組み入れられているかどうかをダブルチェックする。

試運転は、スプリントクエスチョンをふり返る絶好の機会でもある。求めている答えがプロトタイプを通じて得られるかどうかを、最後にもう一度確認しよう。

試運転の主な観客は、金曜日に顧客と話すインタビュアーだ。インタビュアーはこの機会を最大限に利用するために、プロトタイプとスプリントクエスチョンを理解し尽くしていなければならない（インタビューのやり方は次章から説明していく）。

とはいえ、チーム全体で試運転を見ることに意義がある。決定者がスプリントに常時参加できないときは、試運転には必ずカメオ出演してもらおう。決定者にとっても、自分の期待通りにものごとが進んでいることを確認する機会になる。

朝から大きな課題にとりくみ始め、緻密な行動計画を実行に移し、課題を完成させて一日を終えるなんて、普段の仕事ではめったにないことだ。木曜日はまさにそんな日で、とても充実した一日になるだろう。プロトタイピングが終わったとたん、今度またやれる機会を心待ちにしている自分に気づいても驚かないように。

FRIDAY

テストをする

スプリントは、大きな課題にすばらしいチーム、
そして……それ以外にはほとんど何もない状態で始まる。
それでもチームは金曜日までに有望なソリューションをいくつも考案し、
最高のものを選び、リアルなプロトタイプを完成させている。
これだけでも目を見張るほど生産的な１週間だ。
だが金曜日はさらに一歩進んで、顧客を「インタビュー」し、
彼らがプロトタイプに反応する様子を見て「学習」する。
これこそが、スプリントの主眼だ。
一日を終えるころには、完成までの道のりと、
次にやるべきことがはっきり見えているはずだ。

第15章 「現実」を知る

1996年8月のある晩、出版社のCEOナイジェル・ニュートンは紙束を手にロンドン・ソーホー地区にあるオフィスを出て家路についた。紙束は、目を通さなくてはいけない50ページ分の原稿だったが、ニュートンは大して期待していなかった。なにしろすでに8社に断られてから回ってきた持ち込み原稿だった。

ニュートンはその夜読む気がせず、8歳の娘アリスに原稿を渡した。

アリスは1時間ほどすると、興奮に頬を染めて戻ってきた。

「パパ」と彼女はいった。「いままで読んだどの本よりもずっとずっとおもしろいわ」

彼女はそれから本のことを延々話し続けた。どうしても最後まで読みたいといって、何か月もの間父親に続きをせがんだ。とうとうニュートンは残りを手に入れた。そして最後には娘の懇願《こんがん》に負けて、初版500部のささやかな契約を著者と結んだ。

当初書店にほとんど出回らなかったその本こそ、『ハリー・ポッターと賢者の石』である。

その後何が起こったかは、知っての通りだ。現在『ハリー・ポッター』シリーズの本は、全世界で何億冊も印刷されている。なぜ出版社はここまで予測を外したのか？

8人の児童書の専門家が『ハリー・ポッター』を却下し、9人めのニュートンも500部ぽっちしか刷らなかった。でも8歳のアリスは、「どの本よりもずっとずっとおもしろい」ことにすぐ気づいたのだ。

アリスは『ハリー・ポッター』のポテンシャルを分析したりしなかった。本の装幀や配本、映画化権、テーマパークのことなんか考えもしなかった。ただ自分の読んだものに素直に反応した。大人たちは、子どもがこの本をどう思うだろうと予測し、その予測はまちがっていた。アリスが本の真価を見抜くことができたのは、本物の子どもだったからだ。

そしてさいわいニュートンには、娘のいい分を聞くだけの分別があった。

「タイムワープ」を経験する

ナイジェル・ニュートンは『ハリー・ポッター』の原稿を娘に見せたとき、未来をかいま見た。1冊の印刷も決めないうちに、ターゲット読者の反応をじかに観察できたのだ。

スプリントウィークの金曜日に、あなたのチームも同じタイムワープを経験する。ターゲット顧客がチームの新しいアイデアに反応する様子を、市場投入という大金の絡む決定を下す前にとくと観察できるのだ。

金曜日はこんな流れになる。チームの1人がインタビュアーになって、5人のターゲット顧客を1人ずつインタビューする。顧客にプロトタイプを使ってタスクを完了してもらい、その間彼らが何を考えているかを知るために、そばにいて質問をする。残りのメンバーは別室でインタビューのライブビデオを視聴し、顧客の反応をメモする。

顧客インタビューを見ている間、あなたの感情はジェットコースターのように激しくゆれ動く。顧客がプロトタイプに戸惑うのを見てはやきもきし、新しいアイデアを無視するのを見てはがっかりする。

でも顧客が難しいタスクをこなし、自分が何か月も前から説明しようと苦労してきたことをすんなり理解してくれたり、競合のアイデアより自分のアイデアを選んでくれるのを見れば、天にも昇る気持ちになる。そして5回のインタビューが終わるころには、顧客の反応のパターンを簡単に予測できるようになっているはずだ。

ところで、こんなにサンプル数の少ないテストでまともな結果が得られるのだろうかと、不安な人もいるだろう。たった5人の顧客と話すことに価値はあるのか？　意味のある結果が得られるのか？

チームはスプリントウィークの中頃に、ターゲット顧客のプロフィールに合った参加者を募集し、注意深く選定した。適切な相手と話すのだから、必ず信頼できるデータが得られると、僕らは確信している。

また、たった5人からでも多くのことを学べると、自信をもっていえる。

魔法の数「5」を使う

ヤコブ・ニールセンはユーザーリサーチの第一人者だ。1990年代にウェブサイトのユーザビリティ（わかりやすいウェブサイトをデザインする方法に関する研究）の分野を開拓した。ニールセンは数千人の顧客をインタビューするうちに、こんな疑問をもった。最も重要なパターンを見抜くには、何回インタビューをすれば十分だろう？

そこで過去に行った83の製品調査を分析し、*9 インタビューの回数と発見された問題の数をグラフにプロットしてみた。すると思いがけない結果がくり返し現れた。問題の85％が、たった5人のインタビューで発見されていたのだ。

テストする人数をそれ以上増やしても、手間がかかるだけで、発見される問題の数はそれほど増えなかった。「発見の数は、すぐに収穫逓減《ていげん》の状態に達する」とニールセンは結論づけている。「同じ調査でテストする人数を5人より増やしても、追加のメリットはほとんどなく、調査のROI（投資対効果）は急低下する」

残りの15％を発見するために多大な時間を費やすより、発見された85％の問題を改善し

＊9 Nielsen, Jakob, and Thomas K. Landauer, "A Mathematical Model of the Finding of Usability Problems," Proceedings of ACM INTERCHI'93 Conference (Amsterdam, 24–29 April 1993), pp. 206–213.

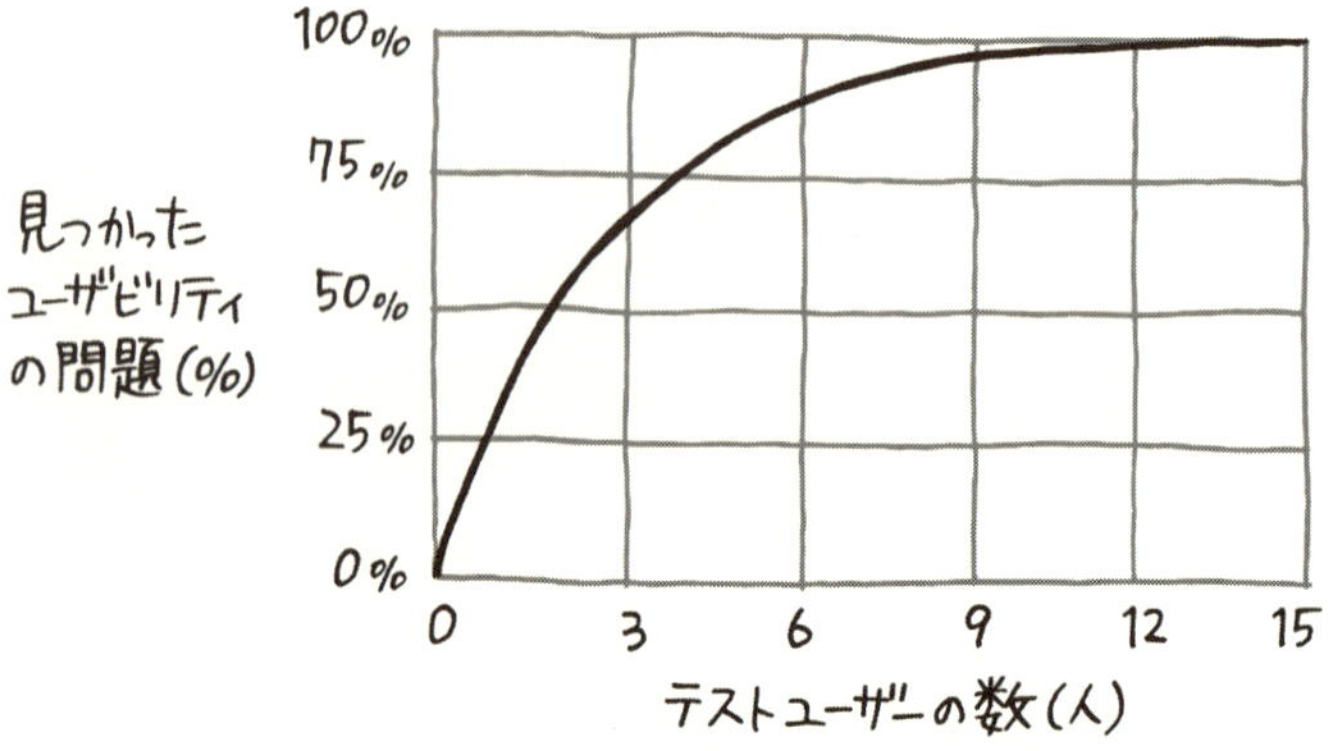

5人のインタビューで、問題の85%が判明していた
(ニールセン・ノーマン・グループ調べ)

てから、再びテストを行うほうがよいと、ニールセンは気がついた。

僕らもテストを行うたび、同じ現象を経験している。5人めの顧客を観察するころには、それまでの4人のインタビューで明らかになったパターンをただ追認するだけなのだ。テストの人数を増やしたこともあったが、ニールセンのいう通り、割に合わなかった。

ワン・メディカルがつくった家族向け診療所のプロトタイプで、入口に段差があったのを覚えているだろう？

2人の子どもがベビーカーから飛び出しそうになるのを見ただけで、問題ははっきりした。チームはデータを山ほど集めなくても、問題を解決できた。待合室の混雑と診察室の机も同じだ。5人のうちの2、3人が同じ強い反応を——よい反応であれ、悪い反応であれ——示したら、注意を払おう。

9:00	インタビュー①
10:00	休憩
10:30	インタビュー②
11:30	早めのランチ
12:30	インタビュー③
13:30	休憩
14:00	インタビュー④
15:00	休憩
15:30	インタビュー⑤
16:30	デブリーフィング（ふり返り）

休憩を挟みながら、１時間のインタビューを５回行う

「5」という数は、とても都合のいい数でもある。1日のうちに1時間のインタビューを5回行い、インタビューが終わるたびに短い休憩をとり、最後にチームでデブリーフィング（ふり返り）をする時間まであるのだ。

こうやってスケジュールをみっちり組めば、チーム全体でインタビューをじかに観察し、分析できる。誰かが結果をまとめるのを待つ必要もないし、解釈をめぐってあとで揉めることもない。

データに表れないことを知る

一対一のインタビューはとてつもない時短になる。本物の製品をつくるはるか前、かつそれに入れ込んでしまう前に、製品のファサードをテストできる。たった1日で意味のある結果が得られる。そのうえ、大規模な定

量的データ（ビッグデータ）では手に入らない、貴重な洞察が得られる。なぜ、ものごとがうまくいくのか、いかないのかを知ることができるのだ。

この「なぜ」を知ることがカギになる。

製品／サービスがなぜうまく機能するのか、しないのかを理解していなければ、問題解決はおぼつかない。たとえばもしワン・メディカルが家庭向け診療所の診察室に机を設置していたら、親たちは苛立《いらだ》ちを感じただろう。だがワン・メディカルがその原因を正確につきとめられたかどうかはわからない。

家族に診療所のプロトタイプを体験してもらい、インタビューを行ったからこそ、問題の背後にある「なぜ」を知ることができたのだ。医師に安心させてもらいたい親たちは、少し気が散るだけで過敏に反応した。データしかなければ、顧客が考えていることを推測するしかない。でもインタビューなら、ズバリ聞くことができる。

インタビューは難しくない。特別な専門知識も設備もいらないし、行動心理学者もレーザー視線測定機も必要ない。親しみやすいふるまいと好奇心、それに自分の誤りを進んで認めようとする姿勢さえあればいい。

次の章でやり方を説明しよう。

第16章
「インタビュー」をする

マイケル・マーゴリスは会話の名手だ。いつもほほえみを絶やさず、相手にいろんな質問をする。相手のように暮らし、働き、行動するのはどんな感じだろうという、自然な好奇心にあふれている。そういえば自分の話ばかりでマイケルのことは何も聞かなかったな、と相手はあとになって気づくのだ。

マイケルの温かさと好奇心は人柄からにじみ出るものだが、会話のスキルは天性だけのものじゃない。彼が顧客をインタビューする様子を見ると、熟練によって培われたスキルだとわかる。

マイケルはGVのリサーチパートナーで、僕らはもう何百回も彼のインタビューを見ている。顧客が考えていることを口に出し、正直に反応するよう促すために、彼は質問の構成からボディランゲージまでのすべてに気を配っているのだ。

マイケルは25年以上にわたって、さまざまな企業のためにリサーチを行ってきた。エレクトロニック・アーツ、アルコア、サン・マイクロシステムズ、メイタグ、ユニリーバ、ウォルマート・ドットコム、そしてグーグル。2010年からはGVで投資先のスタートアップと協力しながら仕事をしている。

マイケルはリサーチ手法に改良を加え、スタートアップのすばやい学習に役立ち、習得しやすい方法を開発してきた。プロダクトマネジャーやエンジニア、デザイナー、セールス担当者など、数え切れないほどの人にインタビューのやり方を伝授している。誰でも、CEOでさえ上手にインタビューができるようになるのだ。

この章ではマイケルの秘訣をこっそり教えよう。火曜日には、彼がインタビューに適したターゲット顧客を集めるために使っている裏ワザを説明した（171〜175ページ）。この章で紹介するのは、インタビューのやり方だ。これを身につければ、製品を使う人たちを理解し、ソリューションに潜む問題点を洗い出し、しかもその背後の「なぜ」を解明することができる。

マイケルはどんな顧客と話すときも、どんなプロトタイプをテストするときも、基本的に同じ構成を用いる。5幕構成のインタビューだ。

「5幕構成」で話を聞く

この構成の通り会話を進めると、顧客をくつろがせ、顧客の背景情報をつかみ、プロトタイプ全体を検討することができる。インタビューの流れはこんな感じだ。

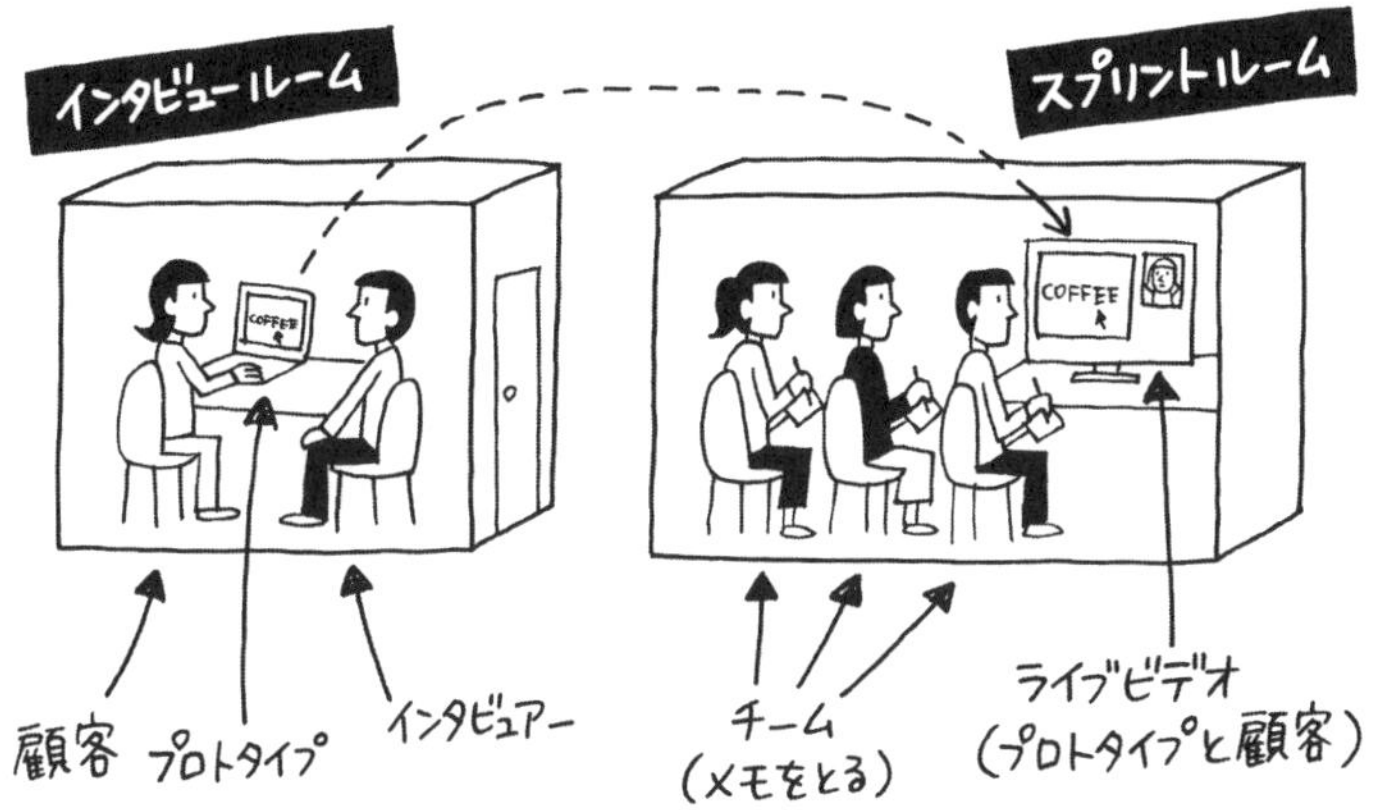

テストには２つの部屋を使う

①「親しみを込めた歓迎」でインタビューを始める
②自由回答式で「顧客の背景を理解するための質問」をする
③プロトタイプを紹介する
④「タスクと促し」でプロトタイプに対する反応を見る
⑤「簡単なデブリーフィング（ふり返り）」で全体的な考えや印象を聞く

金曜日の活動は2つの部屋に分かれて行う。「スプリントルーム」では、チームがライブビデオでインタビューを観察する（隠れてやるわけじゃない、事前に顧客からビデオを録画し視聴する許可を得ておく）。

インタビューそのものは、「インタビュールーム」という気の利いた呼び名の別の小部

マイケル・マーゴリスがインタビューを行っているところ。顧客の隣にすわっているが、十分な距離を置いている。顧客の反応はウェブカメラを通してスプリントルームに配信される。

屋で行う。

特別な技術や機器は必要ない。僕らはいつもウェブカメラのついた普通のラップトップと、簡単なビデオ会議ソフトを使って、映像と音声を共有している。

この方法はウェブサイトをテストするのに向いているが、モバイル機器やロボット、その他のハードウェアのテストにも利用できる。見たいものにウェブカメラを向ければいい。

インタビュアーや顧客が、別の建物や別の都市、野外にいる場合もある（マイケルは病院やホテル、高速道路のサービスエリアでインタビューをしたことがある）。

でもスプリントチームはビデオを通して観察できるから、場所は重要じゃない。

重要なのは、インタビュアーと顧客が並んですわり、くつろいで話ができることだ。

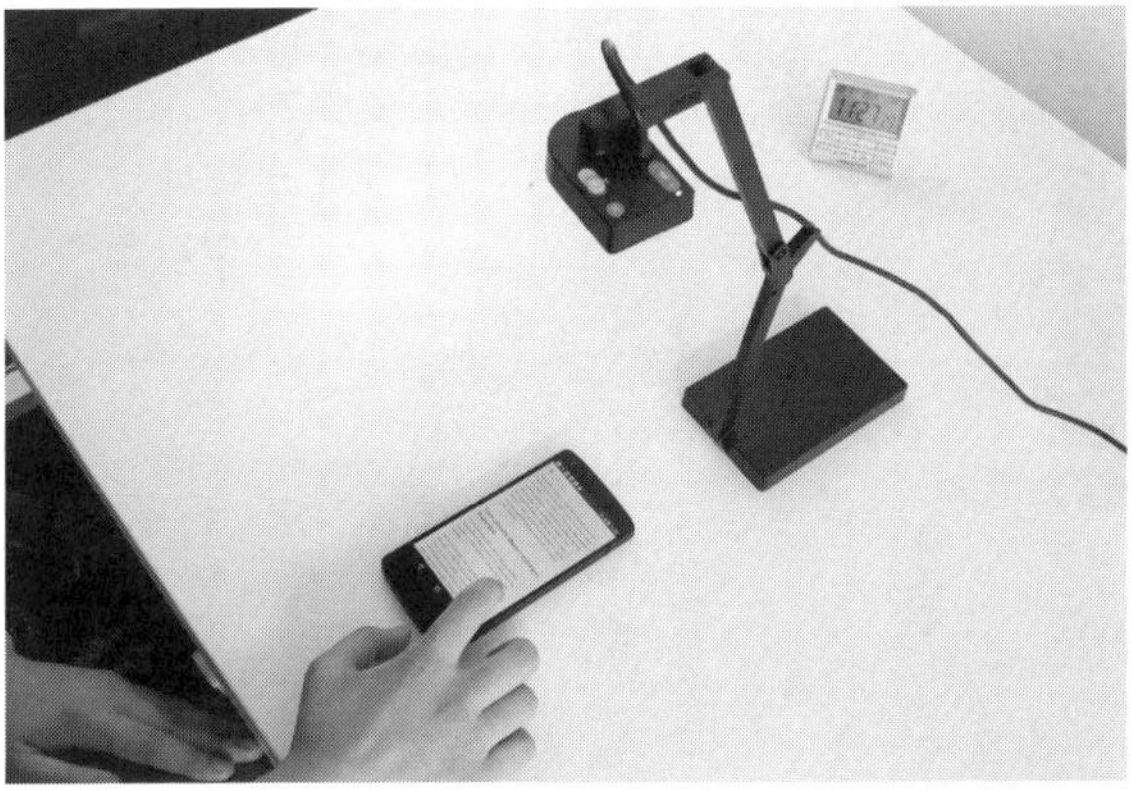

モバイルアプリやハードウェア製品をテストするときは、書画カメラをラップトップにつないで使っている。映像はラップトップからスプリントルームに配信される。

インタビューは集団で行うエクササイズではなく、2人の人間が交わす会話なのだ。

インタビュアーは、誰か1人が1日を通して務めてもいいし、2人で交代でやってもいい（大きく明らかなパターンを探すのだから、小さな変更がデータの整合性を損なうことは心配しなくていい）。

第1幕：親しみを込めた歓迎

人はくつろいだ気持ちでいてこそ、率直で正直で忌憚《きたん》のない意見をいえる。だからインタビュアーの最初の仕事は、顧客を歓迎し、ほっとさせることだ。温かく迎え、天気の話でもしよう。そして笑顔を忘れずに（ほほえむ気分じゃなければ、インタビューの前にリトル・リチャードの「キープ・ア・ノッキン」を聞いて気分を上げておこう)。

顧客がインタビュールームに腰を落ち着けたら、インタビュアーはこんな感じのことをいう。

「今日は来てくださってありがとう！　私たちの会社はつねに製品の改良に努めていて、お客様の率直な声は何よりも参考になるんです」

「このインタビューは気楽な気持ちで受けてください。いろいろ質問をしますが、あなたをテストするのではなく、この製品をテストするんです。途中でわからなくなったり混乱したりしても、あなたのせいじゃないから安心してください。修正すべき問題がわかってありがたいんです」

「最初にあなたの背景を知るための質問をして、次に私たちがつくっているものをお見せしますね。始める前に何か質問はありますか？」

またインタビュアーは、インタビューを録画・視聴する許可を顧客に求め、弁護士が作成した書類に署名してもらう必要がある（僕らは機密保持、録画許可、発明譲渡に関する1ページの簡単なフォームを使っている。フォームに電子署名をもらってもいい）。

第2幕：顧客の背景を理解するための質問

前置きが終わったら、すぐにプロトタイプに移りたくなる気持ちはわかる。でもあせりは禁物だ。最初はゆっくり始め、顧客の「生活」や「関心」「行動」について質問しよう。

こういう質問は、顧客と心を通わせ、顧客の反応や意見を理解し、解釈するための背景情報を得るのに役立つ。

背景質問をするには、まず雑談から始め、スプリントに関連する個人的な質問に移るといい。うまくやれば自然な会話ができ、顧客はインタビューが始まったことにも気づかないだろう。

僕らがフィットスターと行ったスプリントでは、顧客のエクササイズに対する考え方を知りたかった。マイケルはこんな感じの質問をした。

「どんなお仕事をしていますか？」

「始めてからどれくらいですか？」

「仕事がないときは何をしていますか？」

「健康のために／体型を保つために／元気でいるために、何かしていることはありますか？」

「フィットネスのアプリやウェブサイトなどを利用していますか？ それは何ですか？」

「それにどんな機能を求めましたか？ 気に入っている点と気に入らない点を教えてください。お金を払って購入しましたか？ なぜですか？」

これを見るとわかるように、マイケルはまず普通の雑談（「どんなお仕事をしていますか？」）から始め、それから話題を少しずつフィットネスに向けていった（「健康のために何かしていることはありますか？」）。こういう自由回答式の質問では、ほほえみやうなずき、アイコンタクトで答えを促した。

背景を知るための質問には、顧客の気持ちをほぐし、口を軽くさせる効果がある。でもそれだけじゃない。この種の質問に対する顧客の答えは、製品／サービスが顧客の日々の生活でどのように使われるのか、顧客が競合企業についてどう思っているのかを理解する助けになるのだ。

僕らはフィットスターのインタビューを通して、顧客がワークアウトビデオやパーソナルトレーナーを利用したことがあるのか、旅行中はどんな運動をしているかといった貴重な情報を得た。

第3幕：プロトタイプを紹介する

さて顧客にプロトタイプを試してもらう準備が整った。マイケルはこんな前置きで始める。

「それでは試作品を見てもらえますか？」

マイケルはこうやって顧客に許可を求めることで、二人の「立場関係」をはっきりさせている。つまり、顧客が彼の頼みを聞いているのであって、逆ではないということ、また、テストされるのはプロトタイプであって、顧客ではないということだ。次も断っておく必要がある。

「まだうまく動作しないものがあるかもしれません。動作しないものがあったらお教えしますね」

もちろん、木曜日に「ちょうどいいできばえ」のプロトタイプをつくったのだから、顧客はいったん使い始めれば本物でないことを忘れてしまうだろう。それでもこんな前置きをしておけば、率直なフィードバックを促せる。

また、試作品だと断っておけば、何かが壊れたり、顧客が「行き止まり」にぶつかったりしたときに（どちらもよくあることだ）、インタビュアーが対処しやすくなる。

テストの対象は顧客ではなく、製品なのだと念を押そう。

「正解も不正解もありません。それに、これを設計したのは私じゃないから、何をいわれても傷ついたり喜んだりしないので安心してください。実際、正直で率直な反応が一番ありがたいですね」

この「設計したのは私じゃない」のセリフが大事なのは、顧客はインタビュアーがプロトタイプに感情的に入れ込んでいないと思ったほうが、率直な意見をいいやすいからだ。インタビュアーが木曜日にプロトタイプ作成に関わらないほうがいいのは、このためだ。たとえ関わっていても、「私じゃない」のセリフはいおう。大丈夫、告げ口なんかしないから。また、顧客に考えを口に出してほしいと伝えよう。

「これから、考えていることをそのまま口に出してください。いま何をしようとしているのか、どのようにしてそれをやるつもりなのか、といったことです。混乱したり、わからなくなったら、そういってください。何か気に入った点があったら、それも教えてくださいね」

考えを口に出してもらうのは、最強のインタビュー方式だ。顧客がプロトタイプのどの部分に手こずり、どの部分をうまく使えるかを観察するだけでも役に立つが、彼らがプロトタイプを使いながらどんなことを考えているかがわかれば、大きな助けになる。

第4幕：タスクと促し

現実の世界では、製品はそれ自体完結していなくてはならない。誰かがそこにいて説明しなくても、顧客が一人でそれを発見し、評価し、使用できなくてはならない。インタビューで、ターゲット顧客にプロトタイプを使って現実的なタスクをやってもらうのは、現実の顧客体験をシミュレートする最適な方法だ。

タスクに関して顧客に与える指示は、宝探しのヒントに似ている。どこに行って何をするかを逐一指示されたら、顧客は全然楽しめない（し、インタビュアーは得るものがない）。顧客がプロトタイプを自力で理解する様子を観察したいのだ。たとえばフィットスターのテストでは、こんなタスクを与えた。

「アップストアでフィットスターのアプリを見つけたとします。それを試すかどうかを、どうやって決めますか？」

顧客はこの簡単な促しを得て、タスクを開始した。アプリの説明を読んで吟味し、アプリをインストールし、試してみた。「どうやって決めますか？」という言い回しは、自然な反応を促す効果がある。

僕らはマイケルが手取り足取り説明した場合よりも（「アプリをインストールしましょう。次は登録ですよ。ここに名前を入力してください」）、この単純なタスクからずっと多くのことを学べた。こういう自由方式のタスクにすると、インタビューがおもしろくなる。具体的すぎるタスクは、顧客にとってもスプリントチームにとっても退屈だ。

顧客がタスクにとりくんでいる間、インタビュアーは考えを口に出すのを促すような質問をする。

「これは何ですか？　何のためのものでしょう？」

「それをどう思いますか？」

「次に何が起こると思いますか？」

「これを見ながらどんなことを考えていますか？」

「次に何をするつもりですか？　それはなぜですか？」

こういう質問は答えやすいし、威圧感を与えない。顧客が正解探しを始めないよう、考えを口に出しながらどんどんタスクを進めてもらう。

第5幕：簡単なデブリーフィング

インタビューの締めくくりに、ふり返り《デブリーフィング》の質問をする。あなたはインタビューでいろんなことを見聞きするから、とくに重要な反応や成功、失敗を見きわめづらいことがある。そんなときは、ふり返りの質問で顧客の助けを借りよう。

マイケルのふり返りの質問をいくつか紹介する。

「あなたがいま使っているものと比べて、この製品はどうですか？」

「この製品で気に入った点、気に入らなかった点は何ですか？」

「この製品を友人に何といって説明しますか？」

「もしも魔法の力でこの製品を3点だけ改良できるとしたら、何を願いますか？」

「魔法の願い」の質問をするのは、べつに製品開発の仕事を顧客に丸投げするってことじゃない。こういうふうに聞くと、顧客は自分の反応を説明しやすくなる。だが、インタビューで学んだことをどのように解釈し活用するかは、チーム次第だ。

インタビューで複数のプロトタイプをテストする場合は、（顧客の記憶をよみがえらせるために）一つずつふり返ってから、こんな質問をするといい。

「これらの製品を比べてどうですか？　それぞれのよい点、悪い点は何ですか？」

「これらの製品を組み合わせて新しい改良版をつくるとしたら、それぞれの製品のどの部分を選びますか？」

「あなたはどれがいいと思いましたか？　なぜですか？」

これでおしまいだ。

インタビューが終わったら、インタビュアーは顧客に礼をいってギフト券を渡し、出口に案内する。

インタビューの間中、インタビュアーは会話に集中しなくてはならない。中立の立場を保ちながら、顧客に話をするよう促そう（「そうですか」「へえ」「いいですね！」といった相づちを打つといい）。メモはとらなくていい。それはスプリントルームにいるメンバーの仕事だ。

当然だが、ここまで説明した質問や行動を全部暗記する必要はない。インタビュアーは木曜日に準備を始め、チームがプロトタイプをつくっている間に台本を書く。それをプリントアウトして、本番のインタビューのあんちょこにしてもいい。台本があるとインタビューをスムーズに、そして毎回同じように進められるから、パターンを見つけやすい。

「阿鼻叫喚」のインタビューの効果

インタビューの威力を示す例として、僕らがいつも引き合いに出す物語がある。それは僕らの友人でデザイナーのジョー・ゲビアに聞いた話だ。ゲビアは2008年に友人2人とスタートアップを立ち上げた。彼らは新しいマッチングサービスのすばらしいアイデアを思いつき、ウェブサイトを開設して公開し、何か月も改良を重ね、ついに満足のいくサイトができたと自信をもった。

ところが努力もむなしく、新しいサービスは受け入れられなかった。顧客は数人どまりで一向に増える気配もなく、週200ドルの売上では仕事場の家賃さえ賄《まかな》えなかった。

創業者の3人は資金が尽きる前に態勢を立て直そうと、窮余の策に出た。エンジニアリング作業を中断し、オフィスを出て、既存顧客を連れて戻ってきた。そして彼らにインタビューしたのだ。一度に1人ずつ、目の前でウェブサイトを使ってもらい、その様子を観察した。

ジョーはそのときのインタビューを、「阿鼻叫喚《あびきょうかん》かつ目からウロコ」だったと説明する。「思わず目を覆いたくなるほどの失敗だった」

ウェブサイトは欠陥だらけだった。カレンダーの日付を選ぶといった簡単なことさえわかりづらく、顧客を混乱させていた。

ジョーと共同創業者たちはさっそく仕事に戻り、1週間かけて最も目立つ問題を修正し、新しいバージョンを公開した。そのとたん、売上は週400ドルに倍増し、ジョーは会計システムのバグかと目を疑ったほどだ。でも数字は本物だった。そこでもう一度インタビューを行い、再度改良を行った。売上は週に800ドル、1600ドル、3200ドルと倍々で増えていき、その後も成長は止まらなかった。

このスタートアップこそ、Airbnb（エアビーアンドビー）である。空き部屋や空き家を貸し出す個人と旅行者をつなぐこのオンライン・マッチングサービスは、現在190か国の3万を超える都市で利用され、延べ3500万人のゲストにサービスを提供している。

たしかにすばらしいアイデアだったが、軌道に乗せるにはインタビューが不可欠だった。「いわゆるビジョンと顧客のギャップだよ」とジョーはいう。「ギャップを埋めるには、顧客の話を聞かなきゃな」

エアビーアンドビーの創業者はインタビューを通して、サービスが顧客の目にどのように映っているのかを理解し、それまで気づかなかった問題を明らかにできた。顧客の声に耳を傾けても、ビジョンを破棄することにはならなかった。むしろ顧客との対話で、ビジョンの実現に必要な情報を得たからこそ、ギャップを埋めて現実の人たちに役立つサービスを提供することができたのだ。

インタビューをすればエアビーアンドビーのように成功できるなんて保証はないが、気づきを得られることは保証する。

次の章ではインタビューで観察したことを理解する方法を説明しよう。メモをとり、パターンを見つけ、その後の方針について結論を下す方法だ。

インタビュアーのためのヒント

「達人」になれる4つの工夫

5幕構成の台本に沿ってやれば、とても効果的なインタビューができる。GVのリサーチパートナー、マイケル・マーゴリスはインタビューをさらによくするために、こんな工夫をしている。

①「温かく」もてなす

インタビューに来てくれる顧客の身になって考えてみてほしい。あなたは初めてこのビルに来て、これから（何かはわからない）新しい製品を試し、出会ったばかりの人たちにその一部始終を観察される。2時間ほど前はやる気満々だったが、何だか気持ちがしぼんできた……。

インタビュアーはもてなす側で、顧客はもてなされる側だ。マイケルは顧客の気を楽にさせてからインタビューを始めることにしている。笑顔を絶やさず、ボディランゲージに気を遣い、ミントを噛んで息を爽やかにしている。そしていつも顧客をくつろいだ気分にさせるための質問から始める。

②「自由回答式」の質問をする

顧客が考えていることを理解するには、答えを誘導するような質問をしてはいけない。誘導質問は、わかりやすくて避けやすいもの（「あなたの好きなのはこれですね？」など）ばかりでなく、そのつもりはないのにやってしまうこともある。

たとえばインタビューで顧客がウェブサイトを見ていて、あなたは顧客が何を考えているのか、製品のデモに参加してくれるかどうかを知りたいとしよう。

インタビュアー「さて、サイトを見たところで、参加する気になりましたか？　それともまだ情報が必要ですか？」
顧客「そうね、まだ情報が必要かな……。あ、ここに『よくある質問と答え』があるわね。見てみるわ」

このやりとりは一見問題ないように思えるが、答えを選ばせる質問（「参加する気になった」か、「もっと情報が必要」か）をすることによって、顧客の反応に影響を与えている。あなたは顧客が2つの選択肢のうちのどちらかを望んでいるという前提を押しつけているのだ。

簡単なことじゃないが、答えを選ばせるような質問は避けよう。そういう質問のほとんどが、一皮むけば誘導質問なのだ。

いまの質問を、自由回答式の質問に変えたらどうなるだろう。

インタビュアー「さて、サイトを見たところで、いまどんなことを考えていますか？」

顧客「わからないわ……っていうか、うちの会社には合わないような気がするのよね」

インタビュアー「それはどうして？」

顧客「（ここに興味深い理由が入る）」

これは架空のやりとりだが、僕らは実際にこういう展開を何十回も見ている。自由回答式の質問をすると、正直な反応を得やすく、その背後にある理由を理解しやすい。ちょっとわかりづらかったかもしれないが、誘導質問を避けるというマイケルのアドバイスは、たった2つのルールに落とし込める。

ルール1：「答えを選ばせる質問」や「イエス／ノー式の質問」をしない

×「あなたは～しますか？」「あなたは～ですか？」「これは～ですか？」

ルール２：５Ｗ１Ｈの質問をする

○「誰が」「何を」「どこで」「いつ」「なぜ」「どうやって」

どんなものごともそうだが、こういう質問は、練習すればするほどうまくなる。インタビューの簡単な秘訣として、台本に５Ｗ１Ｈの質問の例をいくつか書いておくといい。

③質問をいいかけて「止める」

マイケルはいいかけの質問の名手だ。質問を始めるが、相手の答えにバイアスをかけたり影響を与えかねないことをいう前に、口をつぐむのだ。

顧客「おやおや！」
マイケル「それは……？（といいつつ黙る）」
顧客「いや、値段がこんなに高くてびっくりしたんですよ」

マイケルは質問らしい質問をせずに、率直で興味深い反応を顧客から引き出す。質問が漠然としているから、顧客はマイケルが聞きたがっていることをいわなくてはというプレッシャーを感じない。

こういうシチュエーション、つまり顧客が何かに反応しているが、それが何なのかをいわないとき、ついつい「値段のことですか？」のような誘導質問をしたくなる。でもいいかけの質問なら、どの方向にも誘導せずに、考えを口に出すよう相手を促せるのだ。

また黙っているだけでも学べることは多い。沈黙を会話で埋めなくてはと焦る必要はない。しゃべるのを止めて相手を見守り、待ち、耳を傾けよう。

④「好奇心思考」でとりくむ

すご腕のインタビュアーになるための最後のコツは、テクニックじゃなく、考え方に関するものだ。木曜日は「プロトタイプ思考」の日だが、金曜日になったらチーム、とくにインタビュアーは、「好奇心思考」に切り替えよう。

好奇心思考とは、顧客や顧客が示す反応を知りたいという気持ちをもつことだ。この思考をとり入れるには、顧客の発言や行動のなかで、意外だと思った細部に集中するといい。

いつも「なぜ？」と聞こう。

勝手にこうだと思い込んだり、結論に飛びついたりしない。

インタビューをするときは、顧客からどんな興味深い情報が得られるだろうと、いつも心待ちにしよう。

親しみやすく温かい印象をもってもらえるよう、ボディランゲージに気を配ろう。ほほえみ、身を乗り出し、腕組みはしない。好奇心は体で表現し、習得することができる態度なのだ。

顧客インタビューについてもっと学びたい人（やマイケルがインタビューをしているビデオを見たい人）は、thesprintbook.com をチェックしてほしい。

第17章 「学習」する

金曜日の朝8時半、サンフランシスコ。スラックのスプリントの最終日だ。

マイケルが1人めの顧客インタビューの予定を午前9時に入れたため、スプリントチームはコーヒー片手に早くも集まってきた。

みんなで部屋の前方のビデオ画面を見られるように、ソファとイスを並べ替えた。ブレイデンが画面にラップトップをつないでブラウザを開き、マイケルの設定したウェブ会議にログインした。

スラックは「顧客にソフトウェアをわかりやすく説明する」という大きな課題をもって1週間を開始した。スラックを使うメリットの多く（円滑なコミュニケーション、チームワークの向上、仕事のストレス軽減）は、思い切ってチームでスラックを導入してみて初めてわかることだ。

だが新しいソフトを試すにも大変な労力がいるから、顧客層を拡大するには、スラックの価値を最初にわかりやすく伝えることが急務だった。

スプリントウィークの金曜日は、2つのソリューションを試す日だ。スラックのプロダクトマネジャーを務めるマーシー・グレースは、「手取り足取り」という、スラックのしくみを顧客に順を追って説明するガイドツアーを推していた。

創業者でCEOのスチュワート・バターフィールドは、「ボットチーム」のアイデアを直感で選んだ。顧客がコンピュータ制御のキャラクター、「ボット」のチームとやりとりをしながら、スラックを試すというものだ。あなたはこの物語を知っているが、エンディングはまだ知らない。

金曜日はまさにそのためにある——スプリントのエンディングを見届けるのだ。この日は本物の顧客の目の前にプロトタイプを置き、彼らの反応を観察し、スプリントクエスチョンに答えを出し、次の計画を立てる機会になる。

事件を「解明」する

当日、プロトタイプの成否を早く知りたい気持ちと不安な思いの間で、チームはゆれていた。画面が立ち上がると、低いざわめきが止《や》んだ。

ライブビデオの向こうでドアが閉まる音がし、マイケルの声が聞こえてきた。「今日は来てくださって本当にありがとう」。一人めの顧客が不安そうにカメラをのぞきこみ、腰を下ろすのが見えた。マイケルがウォーミングアップの質問をするうちに、顧客の緊張がほぐれていくのがわかった。

マイケルは顧客に一つめのプロトタイプを紹介した。少しの間、顧客は何もせずにすわっていたが、それから身を乗り出してコンピュータのマウスをつかみ、しゃべり始めた。

金曜日は長いミステリー小説に似ている。チームは一日かけて手がかりを集める。手がかりのなかには、事件の解明に役立つものもあれば、間違った方向を指し示すものもある。すべての手がかりが一つにつながり、答えが明らかになるのは、最後になってから、つまり午後5時ごろだ。

あなたのスプリントチームもスラックのチームと同様、金曜日を一緒に過ごす。スプリントルームに集まり、インタビュアーが顧客と一緒にプロトタイプをテストする様子を観察し、メモをとる。

熾烈《しれつ》な1週間が終わりに近づき、チームは「通常業務」——メールやミーティング、それに業務上欠かせない井戸端会議——に戻りたくて焦っているかもしれない。だが最後まで全員でとりくまなければ、スプリントの成功はおぼつかない。

全員「同時」に観察、学習する

どんな人もスーパーパワーをもっている。ソフトウェアエンジニアはプログラミング、マーケティング担当者はキャンペーン企画、僕らはふせん貼りなど。誰にでも得意な仕事があり、それをしているとき一番充実感を覚える。

金曜日になればスプリントチームを解散し、各自がスーパーパワーを活かせる持ち場に戻りたいと思うのも当然だ。インタビュアーだけが残り、インタビューのスーパーパワーを発揮して、顧客と一緒にプロトタイプをテストすればいいと思うだろう。

僕らもその方法を試したことがある。

そのときはこんな感じだった。

インタビュアーが顧客と話をする。ここまではいい。でも困ったことに、話をしながらくわしいメモをとるなんて芸当はできないから、会話を録音する。インタビューは金曜日で、録音を聞けるのは早くても月曜日だ。インタビューは丸一日かかったから、録音を聞いて内容を理解するのも一日がかりの仕事になる。

それから気がついたことをレポートやプレゼンテーション用資料にまとめるのにも、数時間かかる（ビデオを編集してインタビューのハイライトシーンの動画をつくるリサーチャーもいる。参考になるが、とても時間がかかる）。

そうこうするうちに、もう火曜日だ。これが全部終わったら、次はスプリントチームに結果を示し、一緒に検討する時間が必要だ。つまりチームが結果を見るのは、最速でもスプリント明けの水曜日になる。

それだけじゃない。時がたち、メンバーが日常業務に追われるうちに、チームの勢いは衰えていく。信頼性の問題もある。チームはテストを見ていないから、インタビュアーのやり方と報告を信頼するしかない。これは自分で映画を見るのと、誰かに内容を聞くのとくらいちがう。

さいわい、こうした問題を一気に解決する方法がある。インタビューを全員で一緒に観察するのだ。

全員が一度に結果を頭に入れるから、ずっと早くできる。7個の脳みそが力を結集するから、よりよい結論を導ける。全員が自分の目で結果を見るから、信用や信頼性の問題は起こらない。そして一日の終わりには信頼できる情報をもとに、かつインタビュー（とスプリント）の結果が全員の短期記憶に残っているうちに、次にとるべき行動を決定できるのだ。

この絶妙なチームワークは放っておいて生まれるものじゃないが、簡単なステップで実現できる。やり方を説明しよう。

「いい」「悪い」「どちらでもない」のメモをとる

インタビューが始まる前に、スプリントルームの大きなホワイトボードにマス目を書いておこう。5列（1人の顧客につき1列）×数行（プロトタイプ、またはプロトタイプのセクション、または答えを出そうとしているスプリントクエスチョンにつき1行）のマスにする。

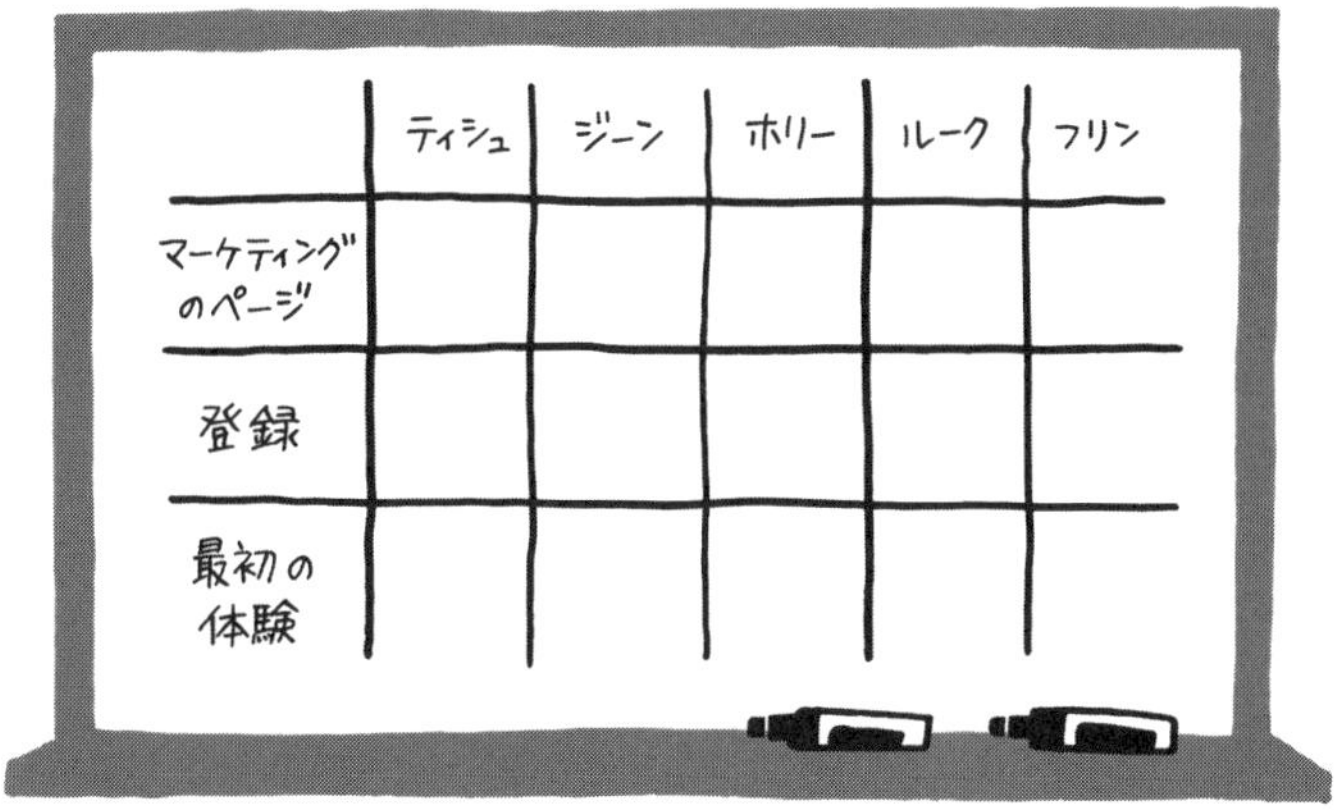

それぞれの顧客の反応を記録するために、大きなマス目を書く

部屋にいる全員に「ふせん」と「ホワイトボードマーカー」を配る。それからインタビューのメモのとり方を説明する。「何かおもしろいことを見聞きしたら、ふせんに書いてほしい。顧客の発言でも、気づいたことでも、自分の解釈でもいい」

メモの内容によってマーカーの色を変える。緑色が「いいこと」、赤色が「悪いこと」、黒色が「どちらでもないこと」など。黒のマーカーしかなければ、いいことは隅っこに「＋」、悪いことは「－」を書き、どちらでもないなら何も書かない。

インタビューの間は静かにしよう。

インタビューは、じっくり耳を傾けくわしいメモをとる時間であって、大げさに反応したり問題を解決したりする時間じゃない。

インタビューされている顧客への敬意を忘れずに。顧客にはこっち側の声は聞こえない

⊖
「うちの会社には
合わない」との発言
⊕
新しいアカウントを
無事つくった
⊕
「あとで試したい」
といった

メモは色分けか記号で、「いい」「悪い」「どちらでもない」がわかるようにする

(ストリーミングを「一方通行」にしておく)が、顧客がプロトタイプで手こずるのはチームの問題であって、顧客のせいじゃないことを肝に銘じよう。

インタビューが終わるたび、全員のメモを集めてホワイトボードに貼りつける。この時点では、該当する列と行に貼るだけで、それ以上整理する必要はない。

それから休憩をとる。5時間ぶっ続けでメモをとるのは疲れるから、インタビューが終わるたびに休憩をとろう。

「効率的な失敗」という成果

金曜日の夕方、5人のターゲット顧客がスラックの2種類のプロトタイプのテストを終えると、ホワイトボードはふせんだらけになった。ふせんを整理してパターンを見つけるために、全員でホワイトボードの周りに集まった。

最初に「手取り足取り」への反応をふり返った。スラックのしくみを順を追ってわかりやすく説明するガイドツアー、というソリューションだ。

スラックとメールの連携についてはまだ誤解があったが、5人の顧客のうち4人がスラックの全体的なメリットを理解した。大成功だ。その場で登録しようとしたのは5人中2人だけだったが、この数字を簡単に改善できそうな方法がいろいろ考えられた（たとえばページをずっと下までスクロールしなければ登録ボタンが現れないという、うっかりミスがあった）。「手取り足取り」は完璧ではないにせよ、スラックのいまのマーケティング手法よりはるかにいいということで、全員が一致した。

次は「ボットチーム」だ。僕らは顧客ごとのメモを読んでいったが、反応は芳《かんば》しくなかった。「彼女は混乱している」「『メールよりいいとは思えない』との発言」「『何なのかよくわからない』」といったコメントが占めた。コンピュータ制御されたキャラクターとの会話を楽しんだ顧客は一人しかいなかった。その一人さえ、スラックが何のためのソフトウェアなのか戸惑っていた。

僕らはもちろん全員でインタビューを観察したが、メモを読んで初めて腑に落ちた。スチュワートの直感はまちがっていた。僕らは驚いたが――スチュワートは鋭い直感のもち主なのだ――内心ほっとした。「ボットチーム」を構築して正しく動作させるのは、大規模でコストのかかるとりくみになっただろうからだ。僕らは全力をあげてリアルなプロトタイプを作成し、そのアイデアがうまくいかないことを学んだ。おかげで心置きなくほかに目を向けられる。

他方、「手取り足取り」は見込みがありそうだった。必要な要素はそろっていて、問題の一部は簡単に修正できそうだった。そんなわけで、次のステップが決まった。マーシーとチームは完成度を高めるために、再度スプリントを行うことにした。

スラックのチームは、スプリントが画期的成功に終わることを期待したが、結果は複雑なものになった。だが、確実に成果はあった。「手取り足取り」が現状より優れたソリューションだということ、「ボットチーム」はうまくいかないこと、「スラックとメールのちがい」に集中する必要があることがわかったのだ。

ふせんだらけのホワイトボードを、パターンと次のステップのリストに変えるなんて、錬金術のようだ。でも全員で一緒にインタビューを観察すれば、簡単にそれができる。

3人以上の「パターン」を見つける

ホワイトボードの周りに集まる。全員がふせんを読めるくらい近寄ろう。一人ひとりにメモ用紙とペンを配る。各自が5分ほど時間をとって、しゃべらずにメモを読み、気がついたパターンを書きとめる。このとき、3人以上の顧客に見られるパターンを探すこと。2人がとくに強い反応を示した場合もメモにとる。

各自が5分間かけてパターンを探したら、1人ずつ順に発見したパターンを読み上げて、チームで発見を共有する。そして、もうひとつのホワイトボードにパターンをすべて書き出し、「いいこと」「悪いこと」「どちらでもないこと」に分類する。パターンを列挙し終えたら、次は結果の解釈だ。

「クエスチョン」をふり返ることで前進する

月曜日にスプリントクエスチョンをリストアップした。これらはチームと長期目標の間に立ちはだかる未知数だ。テストを終えて結果のパターンを見つけ出したいま、スプリントクエスチョンをふり返るときがきた。クエスチョンは、最も重要なパターンを見きわめ、次のステップを考える指針になる。

スラックには2つの大きなスプリントクエスチョンがあった。

1つは、「一度も試したことのない人にスラックを説明できるだろうか？」。スプリント終了時点での答えは、「できる……かな」だった。

「手取り足取り」の説明は悪くなかった。だがマーシーとチームは「悪くない」程度では満足できなかった。みがきをかけ、さらによいものにする必要がある。

2つめのクエスチョンは、「集団全体がスラックを導入する前に、個人にメリットをわかってもらえるか？」だ。集団でスラックを導入する際は、当然、誰か最初に興味をもつ人がいる。その人が同僚に参加を呼びかけるときに、チーム全体でスラックを使うと何がどう変わるのかを理解していなくてはならない。

「ボットチーム」はこの問題を解決しようとする試みだったが、失敗に終わった。だがウェブサイトでこの課題にとりくむ方法はほかにもあるんじゃないかと、チームは考えた。そんなわけでこのクエスチョンへの答えは、いまのままでは「できない……かな」となり、チームは次回のスプリントで再びトライすることを誓った。

あなたもスプリントの終わりに同じことをする。月曜日に設定した長期目標とスプリントクエスチョンをふり返ろう。たぶん、すべてのクエスチョンに答えは出せないが、スラックのように確実に前進しているはずだ。

ふり返りをすると、たいてい次のステップがはっきりする。チームで手短に話し合い、そして、そう、決定者がその後の進め方を決定する。

こうして「解釈」し、「前進」する

スプリントの何がいいかといえば、損をしようがないことだ。顧客と一緒にプロトタイプをテストすれば、何物にも代えがたいものが手に入る。つまり、アイデアが正しい軌道に乗っているかどうかを、たった5日間で学ぶチャンスが得られる。

スプリントにはいろんな結果があって当然だ。効率的な失敗なら万々歳だし、不完全な成功なら手直しが必要だし、ほかにもいろんな結果があるだろう。

そこで今度は、5つのチームがテストの結果をどう解釈し、次にどうすることにしたかを見ていこう。

スラックはスプリントから2つの成果を得た。一方のソリューションは「効率的な失敗」に終わり、おかげで数か月分のエンジニアリング作業と莫大なコストを節約できた。もう一方のプロトタイプは「不完全な成功」だった。3週間後、チームは再び集まり、「手取り足取り」を改良するためのフォローアップ（追跡）スプリントを開始した。メッセージのやりとりについての説明を改善し、図を修正し、ガイドをわかりやすくした。改良版のプロトタイプのテストは、文句なしの成功に終わった。5人の顧客中5人ともが新しいウェブサイトを理解した。のちにスラックは実際にこれを構築し、公開した。

ロボットメーカー、サヴィオークのスプリントは、テストしたほぼすべてのアイデアが成功するという、まれに見る結果に終わった。その後チームはアイデアを製品に組み入れることに全力を注ぎ、メディアによる大々的な報道と新規顧客（ホテル）の獲得という成果を得た。

ブルーボトルコーヒーは3種類のプロトタイプを典型的な「ランブル」（ガチンコ対決）でテストした。1つは効率的な失敗で、残る2つは不完全な成功だった。2つの勝者の最高の要素を組み合わせたウェブサイトをオープンすると、売上は急増した。

フラットアイアン・ヘルスは大きなスプリントクエスチョンを選んだ。「がんクリニックは新しいツールを使うために、ワークフローを変更してくれるだろうか？」だ。これは大きな賭けだった。リサーチコーディネーターを納得させられれば、臨床試験に参加する患者の数を増やせるにちがいない。

僕らは新しいソフトウェアのプロトタイプを作成し、リサーチコーディネーターと一緒にテストした。結果は、不完全だがエキサイティングな成功だった。コーディネーターはプロトタイプを手放しで歓迎したわけではないが、その根底にあるアイデアを熱狂的に受け入れた。この結果を得て、フラットアイアンは自信をもってソフトの設計と開発を進めることができた。6か月後、クリニックは本物のソフトを使って患者と試験のマッチングを開始した。

テストの成功はプロセスの終わりではなく、始まりになることが多い。

2014年に僕らはツイッターの創業者エヴァン・ウィリアムズの開発した、ウェブ上でよい文章を書くためのプラットフォーム「ミディアム」のスプリントを行った。

エヴァンたちは、ミディアムのコメントとディスカッションのツールを改良するためのアイデアを考案した。金曜日のテストでは、そのうちのいくつかが「不完全な成功」に終わり、追求する価値があることがわかった。

ミディアムのエンジニアリングチームは、その後の数週間で最強の2つのアイデアを実際に構築し、一部のユーザーにテスト公開した。これが、大規模データを得るためのフォローアップスプリントになった（結果どちらのアイデアにも、ディスカッションを増やす効果があった)。

数百人、数千人、ときには数百万人からデータを得ようとして、公開を急ぐ企業が多い。たしかにビッグデータはすばらしい。でも急ぐあまり、方針を修正する時間があるうちにスモールデータを収集する機会をないがしろにしてしまう。ミディアムの物語からわかるように、顧客の声を聞きながら大規模データから学習するという、「いいとこ取り」は可能なのだ。

「現実の人」に意味のあるものをつくる

顧客の声に耳を傾けることが日常のリズムになると、自分が身を粉にして働いているそもそもの理由を意識するようになる。

インタビューをするたび、あなたが製品／サービスを通して助けたい人たちを身近に感じられるようになるのだ。

スプリントをくり返し、ビジョンをもち続ければ、いつか必ずギャップを埋められる日がくる。金曜日のテストで顧客があなたのアイデアを完璧に理解し、それが生活向上に役立つと確信し、どこで買えますかとインタビュアーに尋ねる瞬間が、必ずやってくる。

この瞬間は、アポロ13号の司令船が太平洋に無事着水したときの宇宙管制センターのシーンや、オーシャンズ11の泥棒たちが強盗のあとで噴水ショーを見ているシーン、指輪物語で魔法使いガンダルフがフロドとサムを助けるべく巨大なワシに乗って急降下するシーンにも似た、最高の瞬間だ。

これこそあるべき仕事の姿だ。長ったらしい会議で時間を無駄にして、ボウリング大会で親睦《しんぼく》を深める代わりに、現実の人々にとって意味のあるものをつくるために力を合わせるのだ。

これこそ最高に有意義な時間の使い方だ。

これこそスプリントだ。

おわりに「仕事のやり方」が根本的に変わる

どんよりとした風の強い、凍えるような12月のある日。2人の共同創業者が肩を寄せ合い、何やら言葉を交わした。1週間前に最新のプロトタイプが失敗したが、2人は原因をつきとめたつもりでいる。不具合を修正し、自信をもって今朝を迎えた。開発とテストに3年もの歳月を費やしたいま、彼らのクレイジーな長期目標はとうとう手の届くところまで来たのかもしれない。

風速9メートルの切り裂くような風に砂煙《すなけむり》が舞い上がる。最悪の天気だと人はいうだろうが、2人は気にもとめていない。たとえプロトタイプが失敗しても、何かしら学べることがあるし、5人の見物人に失態をさらすだけですむ。2人は最後の準備をととのえ、見物人に挨拶《あいさつ》した。開始の時間だ。

テストは成功した。輝かしい12秒の間、万事がうまくいった。2度めのテストも成功に終わり、3度めも成功した。開始から数時間後、彼らはその日最後になる4度めのテストを行った。ブーン！　4度中4度とも成功だ。最後のテストで59秒間の記録を打ち立て、2人の自転車店の共同創業者は狂喜した。

ときは1903年、ウィルバーとオービルのライト兄弟が、人類史上初の有人動力飛行に成功した瞬間だ。

ハイスピードで仕事を回す方法が身につく

ライト兄弟は浮き世離れした歴史的人物で、あの有名な飛行は比類なき天才の偉業だと片づけるのは簡単だ。でもこの本を読んだあなたなら、彼らがどんな手法やとりくみで飛躍を成功させたかを見抜けるだろう。

ライト兄弟は、大胆でクレイジーともいえる目標から始めた。最初はどうすれば実現できるかわからなかったから、解決すべきクエスチョンを洗い出した。2人は1899年に彼らなりの「専門家に聞こう」エクササイズを行っている。飛行を試みた人たちと文通し、スミソニアン協会から空気力学の技術論文をとり寄せた。凧《たこ》やハンググライダーについて調べ、鳥類を観察し、ボートのプロペラを研究するなどして、既存のアイデアを探した。そしてそれらを結びつけ、組み替え、改良した。

その後の数年間、「プロトタイプ思考」をもち続け、目標に向かって歩を進めた。課題を洗い出し、障害を打破しながら前へ進んだ。十分な揚力を発生させるにはどうすればいいだろう？　機体を安定させる方法は？　エンジンを追加できるだろうか？

ときには墜落もした。何度もした。でも失敗するたび、特定の問題に答えを出すためのプロトタイプをつくり直し、テストした。長期目標を見据えて前進し続けた。

どこかで聞いた話だろう？

ライト兄弟は航空機の開発にスプリントを利用したわけじゃない。でも同じようなツールキットを使った。それを何度も何度も、何度も活用した。問題を洗い出し、プロトタイプをつくり、テストを行うことが、２人の日常になった。

スプリントによって、職場にこの習慣を根づかせることができる。

スプリントを初めて経験したチームは、仕事のやり方が変化したのを実感する。単なる話し合いを検証可能な仮説に変える方法や、重大なクエスチョンに「いつか」ではなく今週中に答えを出す方法が身につく。チームを信頼し、互いの専門知識を活用して野心的な目標に近づいていける。

「野心的な目標」なんていうと、ベタな社内用語や自己啓発ポスターのようだが、仕事で野心的な目標をもつことを恥ずかしく思うべきじゃない。

一日、一年、一生のうちに使える時間は限られている。毎朝仕事を始めるとき、時間と労力をかければ価値あることができると信じよう。自分が現実の人々の生活向上に貢献していると自信をもとう。この本で紹介したテクニックを使えば、本当に大切な仕事に集中できる。

フェイスブックもマッキンゼーも使っている

僕らは2012年からスタートアップとのべ100回以上スプリントを行っている。これ自体すごい数だが、スプリントのプロセスを独自に導入し、問題解決やリスク軽減、意思決定の改善を図っている人の数は、それよりずっと多い。

スプリントは教育現場でも利用されている。

ニューヨーク市のコロンビア大学ではR・A・ファロークニア教授が、ビジネスとエンジニアリングの学生にスプリントの方法を教えようとしたが、通常の時間割に1週間のスプリントを組み込めないという問題があった。

そこで教授は夏学期の終わりの授業が入っていないフリーウィークを利用して、5日間連続で授業を行う、実験的な「ブロックウィーク」を企画した。コロンビア大学の教室は座席が講堂形式で固定されていてスプリントに適さないから、改装中の教室を確保して、移動式のホワイトボードを設置した。こうしてスプリントの幕が切って落とされた。

ワシントン州シアトルでは、高校の数学教師のネイト・チップスとテイラー・ダンの2人が、スプリントを利用して生徒に確率を教えた。生徒は初回の授業でボードゲームの精巧なプロトタイプをつくり、次の授業では同級生がプロトタイプのゲームをプレーする様子を観察して、どのアイデアが成功し、失敗したかをメモした。そして最終課題（ゲームの改良版）を提出するころには、確率法則が現実世界でどのように用いられているかを理解することができた。

スプリントはありとあらゆるシーンで使われている。著名コンサルティング会社マッキンゼー・アンド・カンパニーや広告代理店ワイデン・アンド・ケネディも、スプリントを導入している。

スプリントのプロセスは、エアビーアンドビーやフェイスブックのような大手技術系企業のほか、政府機関や非営利団体でも用いられている。僕らの元にはミュンヘン、ヨハネスブルグ、ワルシャワ、ブダペスト、サンパウロ、モントリオール、アムステルダム、シンガポール、そしてウィスコンシン州からも、スプリントの物語が続々と届いている。

スプリントは利用範囲がとても広く、チームのあり方を変える力を秘めている。あなたも職場やボランティア組織、学校で、またプライベートの生活を変えるために、スプリントをやる気になってくれたら嬉しい。

何をすればいいのかわからないときや、最初の一歩を踏み出せずにいるとき、大きな決定を下さなくてはいけないときは、スプリントがお勧めだ。スプリントが最高に役立つのは重要な問題を解決するときだから、ぜひ手ごわい課題を選んでほしい。

こう飛べばいい

僕らはこの本を通して、より早く、よりスマートに仕事をするための型破りなアイデアを紹介してきた。

- 焦っていきなりソリューションを考えようとせず、じっくり問題を洗い出し、ターゲットを定めよう。急がば回れだ。
- アイデアを大声で出し合うより、各自でソリューションをくわしくスケッチしよう。集団ブレーンストーミングは効果がないが、もっといい方法がある。
- 抽象的な議論や長ったらしい会議はやめ、投票と決定者を活用して、チームにとって重要な決定をてきぱき下そう。そうすれば集団思考に毒されずに群衆の知恵を活用できる。
- ソリューションをテストする前にすべての詳細をつめようとせず、「ファサード」をつくろう。「プロトタイプ思考」をとり入れて、すばやく学習しよう。
- 莫大なコストと時間をかけてアイデアを開発し「正しい軌道に乗っているだろうか」とやきもきする代わりに、ターゲット顧客と一緒にプロトタイプをテストし、正直な反応を観察しよう。

僕らGVがスタートアップに投資しているのは、世界をよりよい場所にする手伝いをしたいからだ。あなたにもぜひ世界を変えてほしい。

最後に、ライト兄弟についてもうひと言。これは彼らの友人で、１９０３年12月17日のあの有名な飛行の場に居合わせた、ジョン・T・ダニエルズの言葉だ。

「彼らが飛行できたのは、幸運のなせるわざじゃない。勤勉と良識のなせるわざだ」彼はこう続ける。「私は夢見ている――誰もが自分のアイデアを信じ、ライト兄弟のように全身全霊をかけてそれを追求したら、多くのことを成し遂げられるだろう」

あなたが多くを成し遂げることを、僕らも夢見ている。そしてあなたがどうやって足を踏み出せばいいかを、僕らは知っている。

付録
チェックリスト＆FAQ

チェックリスト

ここからは、スプリントに必要な項目を網羅したチェックリストだ（thesprintbook.comで同じリストを入手できる）。

スプリントはケーキづくりに似ている。レシピ通りにつくらなければ、大変なシロモノができあがるかもしれない。砂糖と卵がなければケーキをつくれないように、プロトタイピングとテストなしではスプリントは成功しない。

最初の数回のスプリントは、すべてのステップを実行しよう。

コツをつかんだら、ベテランのパティシエのように自由に実験するといい。

そしてプロセスをよりよくする新しい方法を見つけたら、ぜひ知らせてほしい！

準備編――

□**大きな課題を選ぶ。**リスクが高いときや十分な時間がないとき、完全に行きづまってしまったときは、スプリントを活用しよう。（52ページ）

□**決定者を（1人か2人）決める。**決定者がいないと、決定に重みがなくなる。決定者がスプリントに最初から最後まで参加できない場合は、ずっと参加できる代理人を立ててもらおう。

□**スプリントチームをリクルートする。**チームは7人以下にする。日々プロジェクトにとりくんでいるメンバーのほか、多様なスキルをもつ人材を集めよう。

□**ゲスト専門家のスケジュールを確保する。**1週間を通してスプリントに参加できる専門家はそういない。専門家には月曜日の午後にヒアリングに来てもらおう。1人につき15分から20分程度、合計2、3時間見ておく。（67ページ）

□**進行役（ファシリテーター）を選ぶ。**進行役は、時間や議論、スプリントのプロセス全体を管理する役目だ。ミーティングを司会し、議論を臨機応変にまとめられる人を探そう。この本を読んでいるあなたかもしれない！（67ページ）

□**5日間連続で予定を組む。**スプリントチームのスケジュールを、月曜日から木曜日の10時から17時までと、金曜日の9時から17時まで押さえよう。

□**ホワイトボードが2つある部屋を確保する。**スプリント専用の部屋を1週間確保しよう。大きなホワイトボードが2つ設置されていなければ、購入するなどして手に入れること。また金曜日のインタビュー用に、2つめの部屋を確保しておく。

ポイント

・**気が散るものをもち込まない**。ラップトップ、携帯電話、iPadは禁止。デバイスを使う必要があるときは、部屋を出るか、休憩時間まで待とう。（73ページ）

・**時間をきっちり管理する**。タイトなスケジュールを組むことで、スプリントプロセスへの信頼を高められる。タイムタイマーを使って集中力と緊迫感を高めよう。（79ページ）

・**ランチは遅めに**。11時半頃に軽食、13時頃にランチをとると、一日中エネルギーを維持できるし、ランチタイムの混雑も避けられる。（72ページ）

スプリントの必需品

□**ホワイトボード**。大きなホワイトボードを2つ用意しよう。壁に固定されたものがベストだが、移動式のでもいい。ホワイトボードがどうしても手に入らなければ、アイデアペイント、ポストイット・イーゼルパッド（画板サイズの台紙付きパッド）、壁に貼りつけた模造紙などで代用する。

□**黄色いふせん（75×127ミリ）**。おなじみの黄色のもの。多色のふせんだと、無駄な認知的負荷がかかってしまう。15冊用意する。

□**黒いホワイトボードマーカー**。太字のマーカーを使うと、アイデアが簡潔になり、ほかの人にも読みやすい。僕らが油性ペンよりホワイトボードマーカーを好むのは、いろんな目的に使え、臭いが少なく、うっかりホワイトボードに書いたときにも消せなくなる心配がないからだ。10本用意する。

□**緑と赤のホワイトボードマーカー**。金曜日の観察のメモに使う。各10本。

□**黒いサインペン**。火曜日のスケッチで使う。細字はたくさん書き込みたくなるからやめよう。僕らのお気に入りは中字のフェルトペンだ。10本用意する。

□**コピー用紙**。スケッチに使う（残念だが、何でもふせんに収まるわけじゃない）。Ａ４の紙を１００枚用意する。

□**マスキングテープ**。壁にソリューションスケッチを貼るため。1巻用意する。

□**小さいドットシール（直径5ミリ程度）**。ヒートマップ投票で使う。同じ色でそろえる（僕らは青を使っている）。２００枚くらい用意する。

□**大きいドットシール（15ミリ程度）**。「どうすればメモ」の投票、模擬投票、スーパー投票で使う。すべて同じ色で、かつ小さいドットシールとは別の色にする（僕らはピンクかオレンジを使っている）。１００枚くらい用意する。

□**タイムタイマー**。スプリント全体を通して時間管理に使う。2台用意して、1台でいまやっていることのタイムを計り、もう1台は休憩時間になったら鳴るようにセットする。

□**ヘルシーなスナック**。健康的なスナックで、チームのエネルギーを一日中維持しよう。リンゴやバナナ、ヨーグルト、チーズ、ナッツのようなリアルフードがお勧めだ。元気を出すためにダークチョコレートやコーヒー、紅茶をとるのもいい。全員分より多めに用意する。

MONDAY――

※注：スケジュールはあくまで目安だ。多少遅れても心配はいらない。60分から90分ごと（または毎日11時半と15時半頃）に休憩をとることを忘れずに。

10時

□**自己紹介。**全員が知り合いでなければ、自己紹介をしよう。それから進行役と決定者を指名し、役割を説明する。

□**スプリントの説明。**５日間のスプリントの流れを説明する（thesprintbook.com でダウンロードできるスライドを使ってもいい）。このチェックリストを読み上げて、やることを一つひとつ簡単に説明する。

10時15分頃

□**長期目標を決める。**楽観的になろう。「なぜこのプロジェクトをやっているのか？　いまから半年後、１年後、５年後にどうなっていたいのか？」と問いかける。長期目標が決まったらホワイトボードに書こう。（86ページ）

□**スプリントクエスチョンを書き出す。**悲観的になろう。「何がどうなったら失敗するだろう?」と考える。これらの懸念を、今週のうちに答えを出せる質問のかたちに落とし込む。ホワイトボードに書いておこう。(89ページ)

11時30分頃

□**マップをつくる。**ホワイトボードの左端に顧客やキープレーヤーを列挙し、右端に「完了」(顧客が製品/サービスを利用し終わった時点)を書く。それから顧客が製品/サービスを利用する際の流れを示すフローチャートを真ん中に書く。全部で5~15ステップのシンプルなものにする。(100ページ)

13時

□**ランチ休憩。**できればチームで一緒に食べよう(楽しいよ)。午後にエネルギーを維持するために、軽めのランチにする。お腹が空いたらスナックがある。

14時

□**専門家に聞こう。**スプリントチームの専門家やそれ以外のゲスト専門家にヒアリングを行う。1人15分から30分をめどに、ビジョン、顧客に関する情報、ものごとのしくみ、これまでのとりくみなどについて聞く。記者になったつもりで質問しよう。ヒアリングしながら長期目標、スプリントクエスチョン、マップを随時更新する。(109ページ)

□**「どうすれば メモ」を説明する。**ホワイトボードマーカーとふせんを全員に配る。問題を「機会」という枠組みでとらえ直しながら、ヒアリングのメモをとる。左上に「どうすれば」と書き、そのあとを続ける。1つのアイデアにつき1枚のふせんを使う。書いたらどんどん脇に重ねていく。（111ページ）

16時頃

□**「どうすればメモ」を整理する。**すべての「どうすればメモ」を、順序かまわず壁に貼りつける。それから似たようなアイデアを近くに寄せる。テーマがはっきりしたらラベルをつける。大ざっぱでいい。10分たったらやめる。（120ページ）

□**「どうすればメモ」に投票する。**大きいドットシールを1人2枚ずつ（決定者には4枚ずつ）配って投票する。自分のメモに投票してもいいし、同じアイデアに2票投票するのもいい。多くの票を獲得した勝者をマップ上に移す。（121ページ）

16時30分頃

□**ターゲットを選ぶ。**マップ上の最も重要な顧客と瞬間を選んで丸で囲む。チームで議論してもいいが、最終決定は決定者が下す。（130ページ）

ポイント

・**「終わり」から始める。**まず最終結果とそこに至るまでのリスクを思い描く。次に、そこに到達するために必要なステップを逆算して考える。（84ページ）

・**誰にだって知らないことはある。**決定者でさえ万事を心得ているわけじゃない。スプリントチームの知識は一人ひとりの脳の中に閉じ込められている。大きな問題を解決するために、知識を解き放ってチームで共有し、共通の理解を形成しよう。（107ページ）

・**問題を機会という枠組みでとらえ直す。**専門家の話を注意深く聞きながら問題を探し、「どうすれば」のフレーズを使って機会のかたちに変える。（111ページ）

進行役のためのヒント

・**許可を得よう。**自分が進行役を担当することの許可をチームから得よう。進行を円滑にし、全員にとって効率的なスプリントにする役目だと説明しよう。（133ページ）

・**いつでも書きとめられるように。**チームの議論をまとめて、ホワイトボードにメモする。臨機応変に、「これをどう書きとめよう？」といつも考える。（134ページ）

・**わかりきった質問をしよう。**何も知らないふりをして、「なぜ？」と聞きまくろう。（135ページ）

・**人間たちの世話をする。**チームの活力を保とう。60分から90分ごとに休憩をとる。スナックを勧め、ランチは軽めにするよう念を押そう。（135ページ）

・**決定を下して、次に進む。**決定に時間がかかるとエネルギーが吸いとられ、スプリント

のスケジュールが危うくなる。チームが長い議論にはまりそうになったら、決定者に決定をゆだねよう。（136ページ）

TUESDAY——

10時

□**光速デモ**。社内外のすばらしいソリューションを調べて紹介する。1つのデモにつき3分間。優れたアイデアを簡単な図にしてホワイトボードに書く。（144ページ）

12時30分頃

□**分担するか、全員でとりくむか**。誰がマップのどの部分をスケッチするかを決める。マップの大部分をターゲットにする場合は、いくつかに分けて分担する。（149ページ）

13時

□**ランチ**

14時

4段階スケッチ：次の4つの段階を簡単に説明し、全員で個別にスケッチする。終わった

らスケッチを山に重ね、翌日まで目を通さずに保管する。（159ページ）

□①**メモ**。20分間。無言でホワイトボードを見て回り、メモをとる。（160ページ）

□②**アイデア**。20分間。一人ひとりがラフなアイデアを走り書きする。終わったら、一番有望なものを選んで丸で囲む。（161ページ）

□③**クレイジー8**《エイト》。8分間。1枚の紙を折って8つのスペースに分ける。②で選んだ最高のアイデアのバリエーションを、1つのスペースに1つずつ、合計8つ書く。1つのスケッチにつき1分ずつかける。（162ページ）

□④**ソリューションスケッチ**。30分から90分間。ふせん1枚を1コマとして、3コマのストーリーボードを書き、1枚の紙に並べて貼る。一目瞭然にする。匿名にしておく。へたでもかまわない。言葉は大切。キャッチーなタイトルをつける。（165ページ）

ポイント

・**組み替えと改良**。どんな大発明も、既存のアイデアをベースにしている。（141ページ）

・**スケッチは誰でも描ける**。ソリューションスケッチの大半は、ボックスと単語でできている。（151ページ）

・**具体は抽象に勝る**。スケッチによって、抽象的なアイデアを他人が評価しやすい具体的なソリューションに落とし込む。（155ページ）

・**全員が個別にとりくむ**。集団ブレーンストーミングは効果が薄い。一人ひとりが時間を

とって個別にソリューションを考えよう。(156ページ)

金曜日のための顧客を5人リクルートする

□**リクルート担当を1人決める。**スプリント期間中、毎日1、2時間の余分な作業が必要になる。(171ページ)

□**顧客を募集する。**幅広い層にアピールする一般的な求人広告を出す。報酬を提示する(僕らは100ドルのギフト券を使っている)。(171ページ)

□**選定のためのアンケートを作成する。**ターゲット顧客を見分けるための質問をするが、どんな人を求めているかはわからないようにする。(172ページ)

□**人脈を通じて顧客を集める。**専門家や既存顧客を集める場合は、人脈を通して見つけよう。(174ページ)

□**メールや電話で連絡をとる。**一人ひとりの顧客に連絡をとって、金曜日に必ず来てくれるよう確認する。

WEDNESDAY——

10時

くっつく決定:5段階プロセスで最強のソリューションを選ぶ。(186ページ)

□①**美術館。**ソリューションスケッチを美術館の展示のように、壁一列に並べて貼る。(188ページ)

□②**ヒートマップ。**一人ひとりが小さいドットシールを20枚から30枚もって、無言で部屋のスケッチを見て回り、気に入った部分に1枚から3枚までのシールを貼っていく。(188ページ)

□③**スピード品評。**スケッチ1つにつき3分間。グループ全体で、それぞれのソリューションのハイライトを話し合う。ずば抜けたアイデアと重要な疑問をメモする。最後にスケッチの作者に、グループが見逃したアイデアがないかどうか確認する。(191ページ)

□④**模擬投票。**一人ひとりが無言で気に入ったアイデアを選び、大きいドットシールを一斉に貼って(拘束力のない)投票を行う。(195ページ)

□⑤**スーパー投票。**決定者にイニシャル入りの大きいドットシール(スーパー票)を3枚渡し、投票してもらう。決定者が選んだすべてのソリューションが、プロトタイプ作成とテストの対象になる。(199ページ)

11時30分頃

□**勝者と「また今度」を分ける。**スーパー票の入った「勝者」のアイデアを壁の一か所にまとめる。(200ページ)

□**ランブルか、オールインワンか。**勝者のアイデアを1つのプロトタイプにすべて組み込むか、それとも相容れないアイデアのために2、3のプロトタイプをつくり、ランブル（ガチンコ対決）をするかを決める。（204ページ）

□**ニセの名前。**ランブルをする場合、「メモって投票」方式でニセの名前を決める。（205ページ）

□**メモって投票。**グループからすばやくアイデアを集め、1つの決定に絞り込む必要があるときは、このやり方がお勧めだ。一人ひとりが個別にアイデアを手元の紙に書き、その中で最高のものをホワイトボードに書き出し、それぞれ気に入ったものに投票し、最後に決定者が勝者を選ぶ。（207ページ）

13時

□**ランチ**

14時

ストーリーボード：ストーリーボードでプロトタイプの計画を立てる。（209ページ）

□**ストーリーボードを描く「アーティスト」を決める。**（212ページ）

□**マス目を書く。**ホワイトボードに15個くらいのマス目を書く。（212ページ）

□**冒頭シーンを選ぶ。**顧客がいつもどのようにして製品／サービスを知るかを考える。冒

頭シーンはシンプルに。ウェブ検索、雑誌の記事、店の棚など。（215ページ）

□**ストーリーボードのコマを埋める。**すでにあるスケッチを可能な限り活用して、ストーリーボードに貼りつける。それができない場合は書く必要があるが、新しいアイデアを考えるのではなく、すでにあるアイデアを使おう。木曜日にプロトタイプをつくるのに必要十分な情報だけを含める。迷ったらリスクの高いほうを選ぼう。完成したストーリーは、5～15個のステップでできている。（217ページ）

進行役のためのヒント

・**バッテリー切れに注意。**決定を一つ下すたび、エネルギーが消耗する。難しい決定を迫られたら、決定者にゆだねよう。小さな決定は木曜日にもち越していい。新しい、抽象的なアイデアが忍び込まないよう気をつけよう。いまあるもので作業を進める。（222ページ）

THURSDAY——

10時

□**正しいツールを選ぶ。**普段使っているツールは使わない。そういうツールは品質を極めるために最適化されているからだ。簡単で、手早く、柔軟なツールを選ぼう。（254

ページ）

□**「5つの係」で分担する。**役割分担しよう。メイカー、スティッチャー、ライター、資産コレクター、インタビュアーの係を決める。またストーリーボードをいくつかのシーンに分割して、シーンごとの分担を決める。（255ページ）

□**プロトタイプ作成！**

13時

□**ランチ**

14時

□**プロトタイプ作成！**

□**つなぎ合わせる。**分担して作業を行うと全体像が見えなくなる。スティッチャーが質をチェックし、全体として意味が通るかどうかを確認する。（258ページ）

15時頃

□**試運転。**プロトタイプを最初から最後まで動かしてみる。まちがいがないかどうか確かめよう。インタビュアーと決定者は必ず試運転を見ること。

□**プロトタイプを仕上げる。**

一日中

□**インタビューの台本を書く。** インタビュアーは台本を書き、金曜日のテストに備える。（257ページ）

□**金曜日のテストに来てくれるよう顧客に確認する。** メールもいいが電話だともっといい。

□**顧客のためにギフト券を購入する。** 僕らはいつも100ドルのギフト券を使っている。

ポイント

・**プロトタイプ思考。** どんなもののプロトタイプもつくれる。プロトタイプは使い捨て。学習に必要な最低限のものをつくる。プロトタイプはリアルに見えなくてはならない。（230ページ）

・**ちょうどいいできばえ。** 顧客から正直な反応を引き出すのにちょうどいいできばえのプロトタイプをつくる。（232ページ）

FRIDAY——

即席研究室

□**2部屋確保する。** スプリントルームでは、チームがインタビューのライブビデオを見る。

インタビュー用に、小さめの部屋を別に確保すること。顧客のためにインタビュールームを清潔で居心地よくしておく。（271ページ）

□**ハードウェアを設置する。**顧客の反応がよく見える位置にウェブカメラを設置する。顧客がスマートフォンやiPad、その他のハードウェア機器を使う場合は、書画カメラとマイクを設置する。

□**ビデオストリーミングを設定する。**ビデオ会議ソフト（何でもかまわない）を利用して、スプリントルームにビデオをストリームする。音声を聞きとれることを確認する。またビデオとオーディオが一方通行になっていることを確認する。

ポイント

・**「5」は魔法の数。**5回めの顧客インタビューを行うころには、大きなパターンが明らかになっている。5回分のインタビューを1日ですませる。（265ページ）

・**一緒に観察、一緒に学習。**スプリントチームをまだ解散してはいけない。一緒に見たほうが効率的だし、よりよい結論を引き出せる。（292ページ）

・**損をしようがない。**プロトタイプは効率的な失敗かもしれないし不完全な成功かもしれないが、どう転んでも次のステップに進むのに必要なことを学習できる。（300ページ）

5幕構成のインタビュー

□**親しみを込めた歓迎。**顧客を歓迎して安心させる。率直な意見を求めていることを伝える。（273ページ）

□**顧客の背景を理解するための質問。**気楽な雑談から始め、徐々に学びたいテーマの質問に移る。（274ページ）

□**プロトタイプを紹介する。**何かがうまく動作しない場合があること、顧客をテストしているのではないことを、あらかじめ断っておこう。考えていることをそのまま口に出してもらう。（276ページ）

□**タスクと促し。**顧客が自力でプロトタイプを理解しようとする様子を観察する。簡単な促しから始める。考えを口に出すよう促す質問をしよう。（278ページ）

□**簡単なデブリーフィング。**ふり返りを促す質問をする。終わったら顧客に礼をいってギフト券を渡し、出口に案内する。（280ページ）

インタビュアーのためのヒント

・**顧客を温かくもてなす。**インタビューの間中、顧客がくつろげるよう気を配ろう。親しみをもってもらえるよう、ボディランゲージを工夫する。スマイル！（284ページ）

・**自由回答式の質問をする。**5W1H（誰が／何を／どこで／いつ／なぜ／どうやって）の質問をする。「イエス／ノー」式の質問や、答えを選ばせる質問はしないこと。（285

ページ）

・**質問をいいかけて止める。**質問をいい終える前に止める。沈黙によって、相手の答えにバイアスをかけずに、考えを口に出すよう促せる。（287ページ）

・**好奇心思考。**顧客がどんな反応をするのか、どんなことを考えているのかを知りたいという気持ちをもつ。（288ページ）

インタビューを観察する

・**1人めのインタビューの前に……**

□**ホワイトボードにマス目を書く。**顧客1人につき1列、プロトタイプ／セクションごとに1行の表をつくる。

・**インタビューの最中は……**

□**観察しながらメモをとる。**ふせんとマーカーを配る。顧客の発言の引用、観察したこと、自分の解釈を書こう。いいことか、悪いことか、どちらでもないことかを示す。（294ページ）

・**インタビューが終わるたび……**

□**メモを貼りつける。**インタビューのメモを、ホワイトボードの表の該当する列と行に貼

ろう。インタビューについて簡単に話し合うのはいいが、結論を出すのは待とう。（295ページ）

□**短い休憩をとる。**

・一日の終わりに……

□**パターンを見つける。**一日の終わりに、無言でホワイトボードのメモを読み直し、気がついたパターンを書きとめよう。それぞれのパターンにいい、悪い、どちらでもないのラベルをつける。（298ページ）

□**総括する。**長期目標とスプリントクエスチョンをふり返り、インタビューで発見したパターンと照らし合わせる。スプリント後のフォローアップの方法を決定し、書きとめておく。（299ページ）

FAQ（よくある質問）

Q：スプリントの経験もないのに進行役が務まる？

A：イエス。

この本があれば必要なすべてがそろう。実際、僕らがスプリントを始めたときに比べたら、準備万端だ！

Q：スプリントは残業が必要？

A：ノー。

スプリントの拘束時間は35時間ほど。キレを保ちベストな仕事ができるように、しっかり休息をとってほしいからだ。夕食の時間には家に帰れる。

Q：スプリントに参加中は、ほかの仕事ができない？

A：まあね。

スプリントに35時間かけながら、普段通り仕事ができるはずがない。でもスプリントは毎日午前10時から（金曜日だけ午前9時から）午後5時までだから、朝の時間を活用すればほかの仕事の進捗を確認できる。

Q：スプリントは大企業にも有効？

A：イエス。

大企業では、決定者や専門家の時間を確保するのが難しい場合がある。決定者には月曜日にカメオ出演だけでもしてもらい、毎日参加できる代理人を立ててもらおう。

Q：スプリントはハードウェア製品にも有効？

A：イエス。

ハードウェアのスプリントの最大の難関は、プロトタイプの作成だ。ハードウェアのプロトタイプをつくるコツを３つ紹介しよう。

①既存製品を改良、利用する。未完成のものでもいい。
②製品をゼロからつくるには、３Dプリントやその他のラピッドファブリケーション技術を利用する。
③カタログの「ファサード」をつくって、顧客が実際の製品を見なくても製品に反応できるようにする。くわしくは２５２ページを読んでほしい。

Q：スプリントは〇〇（＝プロトタイピングが超難しいものの名前）にも有効？

A：ほぼ確実に。

プロトタイプ思考をとり入れれば、たいていのことができる。プロトタイプ思考については、２３０ページを読んでほしい。

Q：スプリントは非営利団体にも有効？

A：イエス。

非営利団体は大きな課題を抱え、資源が限られているという点で、スタートアップとよく似ている。「ターゲット顧客」の定義はちがうかもしれないが、資金調達、広報活動、コミュニティサービスといった非営利団体の問題は、プロトタイピングと現実の人々とのテストで答えを出せる。

Q：スプリントは教育現場にも有効？

A：イエス。

教室でのスプリントの最大のハードルはスケジューリングだ。1週間連続で予定が組めるなら、ぜひやってみよう！　週に1、２回、数時間ずつの授業しかとれない場合は工夫が必要だ。

コロンビア大学とスタンフォード大学では、教授たちが授業のスケジュールに合わせてスプリントのプロセスを調整し、1回の授業で1日分の作業を（授業中に、またはチームの宿題として）学生に課している。

ただ、プロセスを分割することになるから継続性に欠けるし、授業のたびに「起動」時間が必要になる。こまめに作業の写真を撮るといい。できればマップやスプリントクエスチョン、その他のメモを、ポストイット・イーゼルパッド（画板サイズの台紙付きパッド）などに残しておこう。

Q：スプリントは別の場所にいるメンバーともできる？

A：かもしれない。

物理的に同じ部屋にいない人とスプリントをするにはコツがいる。月曜日の「専門家に聞こう」のエクササイズは、ビデオ会議を利用すればわりあい簡単にできる。だがほかのステップをうまくやるには、創意工夫と強力な人間関係が必要だ。要するに、紙やホワイトボードでの作業は、別の場所にいるチームメートとはやりにくいということだ（この問題を解決するテクノロジーが開発間近だといいが、まだまだのようだ）。

Q：スプリントは一人でもできる？

A：まあね。

一人でやるスプリントに、チームのスプリントと同じ効果を求めてはいけない。でも僕らは一人のスプリントの成功例を聞いているし、スプリントのテクニックは一人での作業にも役立つ。たとえばタイマーをセットして問題の解決策をたくさん考え出すなど。

アイデアをいきなり実行にうつすのではなく、まずプロトタイプをつくって具体的な質問に答えを出してみよう。スプリントの個々のテクニックのヒントをこのあと説明する。

Q：「決定」のステップが終わったらやめていい？

A：ノー。

この質問はしょっちゅう受けるし、そうしたい気持ちはよくわかる。有望なアイデアをつきとめたら、一足飛びにとりかかりたくなるのはやまやまだ。

でも困ったことに、水曜日に完璧に思えたアイデアも、金曜日のテストで欠陥が判明することが多い。そのままスプリントを続け、プロトタイピングとテストを行ってこそ、アイデアが見かけ倒しでないかどうかがわかる。

Q：1日間、2日間、3日間のスプリントはできる？

A：お勧めしない。

スケジュールをつめ込むと、プロトタイピングとテストを完了できないか（その場合、右のような問題が起こる）、働きすぎて燃え尽きるかだ。どちらにしても、よい結果は期待できない。

Q：4日間のスプリントは可能？

A：かもしれない。

チームが5日間のスプリントを行った経験があれば、月、火、水曜日の作業を2日間に圧縮できるかもしれない。その場合でも、プロトタイピングとテストには丸一日ずつ割くこと。

Q：スプリントを終えた直後のフォローアップ・スプリントは短くできる？

A：イエス。

フォローアップ・スプリントは、5日間ルールの例外だ。マップとプロトタイプ、最初のテストの結果がすでに手元にあり、それをもとに新しいソリューションを考え、決定を下せばいいから、フォローアップ・スプリントは短縮できることが多い。

だが変更できない点が2つある。リアルなプロトタイプの作成と、5人の顧客とのテストは絶対に短縮しないこと。

Q：スプリントをフルでやらずに、プロセスの一部だけを利用してもいい？

A：イエス。

大きな課題にはスプリントをフルでやろう。だがそれ以外の状況に役立つスプリントのテクニックはたくさんある。会議で小さな決定を行うときは「メモって投票」（207ページ）がお勧めだ。問題に行きづまったら「どうすればメモ」（111ページ）をとり、アイデアが抽象的なら「4段階スケッチ」（159ページ）で具体化しよう。

どんなミーティングにも「タイムタイマー」（81ページ）が使えるし、進行役がホワイトボードにメモをとるのも助けになる（67ページ）。

また顧客インタビュー（273ページ）はどんなときも有効だ。テストするものがプロトタイプでも、本物の製品や競合企業の製品でも、あるいは製品がなくてもできる。インタビューからは何かしら学ぶことができる。

Q：金曜日のテストはフォーカスグループ？

A：ノー。

「フォーカスグループ」とは、10人ほどの顧客を集めて、アイデアについて議論してもらう手法をいう。フォーカスグループは、無口な人は黙ったままで、おしゃべりな人が会話を独占し、一方的なセールストークが横行し、総意に率直な意見が反映されないなど、集団力学の欠点が最悪なかたちで表れがちだ。

金曜日のテストはこれとはまったく別もので、一対一のインタビューを通して、顧客の反応を観察する。この方式では、顧客の反応を自分の目でじかに確認できる。

Q：金曜日のインタビューは離れた場所から、または電話やビデオ会議でできる？

A：イエス、でも特別な配慮が必要だ。

GVのパートナーのマイケル・マーゴリスは、しょっちゅうリモートでテストを行っている。ビデオ会議ソフトを使って、コンピュータ画面を一緒に見ながらインタビューする。だがこういうやり方でインタビューをするのは至難のわざだ。顧客をインタビューに集中させ、くつろがせ、考えを口に出すよう促す努力が必要だ。それにテクノロジーも障害になる。ビデオ会議ソフトの設定に手間どって貴重な時間を無駄にしないよう、前もって練習し、顧客にも接続方法を事前にくわしく説明しておこう。

Q：プロトタイプのテストは5人未満でもできる？

A：ノー。

４人の顧客インタビューが終わった時点ではパターンを見つけにくいことが多いが、５人終わるとたいていはっきりする（この現象は266ページのヤコブ・ニールセンの図で説明した）。５人を予定していて４人しか来なかったなら仕方がないが、最初から４人以下で予定を立てないこと。

Q：友人や家族とテストしてもいい？

A：ノー。

ターゲット顧客の特性に合った相手をインタビューしなければ、信頼できる結果は得られない。たとえ友人や家族が条件に合致していても、別の問題がある。彼らは製品／サービスに偏った見方をもっているか、そうでなくても知りすぎている。テストに求めるのは、実世界の顧客の正直な反応だ。それはあなたを知っている人からは決して得られない。

Q：スタバにいる顧客でテストしてもいい？

A：たぶんノー。

スタバにたむろするような人向けの製品ならうまくいくかもしれない。その場合でも、スタバの客には常連客やひとり親、出張で来ている人などいろいろいるわけだから、やはり選別が必要だ。

Q：スプリントに備えて事前に顧客インタビューをしたほうがいい？

A：イエス！

スプリントの前に顧客インタビューの時間をとることが難しいのはわかる。僕ら自身もできないことが多い。だが「事前リサーチ」をしておけば、とても有利なスタートを切ることができる。とくに何かをゼロからつくるときで、顧客のことや、顧客がどんなふうに製品を使うかをよく知らない場合がそうだ。

たとえばブルーボトルコーヒーはオンラインでコーヒーを販売するのは初めてだったか

ら、スプリントの前にコーヒー愛飲家をインタビューして、コーヒーをどこでどうやって買っているのかを調べた。

Q：ほかに参考資料はある？

A：イエス。

スプリントについてもっとくわしく知りたい人は、僕らのウェブサイト thesprintbook.com を見てほしい。

Q：ここで答えられていない質問があるんだけど？

A：スプリントに関する質問は大歓迎だ。

僕らに連絡をとるには、ツイッターが簡単だ。ジェイクは @jakek、ジョンは @jazer、ブレイデンは @kowitz、そして僕らのチームは @GVDesignTeam だ。

謝辞

ジェイク・ナップ

まずまっ先に愛する妻のホリーに、確かなアドバイスをありがとうといいたい。ホリーは読者第一号として、この本のあり方を指し示してくれた――おかげで読者のみなさんは、つまらない話を読まずにすんでいるというわけだ。有意義な時間の使い方を教えてくれたルークと、「もう書けた？」と数時間おきに尋ねて仕事に集中させてくれたフリンにもありがとうを送るよ。

それから家族にも。幼いころ課題に一緒にとりくんでくれた母さん、バスケットボールの試合を一度も欠かさず観戦してくれた父さん、いつも支えてくれたベッキーとロジャー、弟の僕にがまんしてつき合ってくれたスティーブ、リッチー、ナンシー、キャロル、ブリトン、ミニヨンに感謝を捧げる。家族のなかでこれっぽっちも僕を助けてくれていないのは、甥っ子のジャック・ルッシロくらいじゃないかな。

生まれ故郷の〔ワシントン州沖の〕ちっぽけなオーカス島で、僕はここに書ききれないほど多くの優れた先生方に恵まれた。とくにリン・ペリー、コリーン・オブライアン、ジョイス・ピアソン、エリック・シモンズ、ステフ・スタインホースト、そして（もちろん）ティシュ・ナップの先生方、本当にありがとう。それから仕事で僕を指導してくれたみなさん、とくにオークリーのジェフ・ホール、マイクロソフトのシーラ・カーター、クリステン・クーマー、ロブ・アンダーソン、メリンダ・ナッシンベーニ、ダン・ローゼンフィールド、そしてグーグルのチャールズ・ウォーレン、ジェフ・ビーン、エレーヌ・モンゴメリーのみなさんに感謝している。スプリントの最初期から僕らの実験を支援してくれたアイリーン・オーと、何年もの間辛抱強くユーモアをもって見守り、僕の先延ばし傾向によい面を見つけてくれたマイケル・マーゴリスにも、とくにお礼をいいたい。

僕が初めてスプリントのしくみを説明したブログ記事にアドバイスをくれたキャロライン・オコナーと、その記事を「ファストカンパニー」誌に転載し、幅広い読者に届けてくれたベリンダ・ランクスには感謝している。そして独自にスプリントを実施し、その体験を僕に伝えてくれ、スプリントについてもっとくわしく知りたいとリクエストしてくれた読者のみなさんにも、ありがとうといいたい。みなさんの関心が、この本を書こうという原動力になったのだから。

この執筆プロジェクトの初期に助言をくれた多くの人たち、とくにジョー・クラウス、ジョディ・オルソン、M・G・シーグラー、ゴーラブ・シンガル、ケビン・ローズ、スコット・バークン、ジョシュ・ポーターのみなさんに感謝を捧げる。貴重な意見と励ましをくれたティム・ブラウンと、惜しみなく時間を割いてくれたチャールズ・デュヒッグにもありがとうをいいたい。

僕らの代理人のクリスティ・フレッチャーとシルビー・グリーンバーグに、特別大きな感謝を捧げる。クリスティとシルビーは、本書のオビ・ワン＝ケノービになってくれた。もしもこの本に読みやすくて役に立つところがあるとしたら、それは二人の的確な力添えと、読者の立場に立って考える力のおかげである。

サイモン&シュスターの担当編集者ベン・レーネンは、地下鉄3駅分の間に原稿にすっかり目を通し、鋼鉄製のゴツい壁の向こうに隠れた陳腐な考えを探し当てる能力のもち主だ。でも彼の真のスーパーパワーは、僕らを実際以上に知的に見せてくれるところにある。ベン、もし出版業界をやめて日々の会話の編集業に進出するつもりがあるなら、ぜひお世話になりたいから教えてほしい。

サイモン&シュスターのジョン・カープは、早くから一貫して熱意を示してくれた。本を出版するというのは大変な作業で、次のみなさんの尽力がなければ本書が世に出ることはなかった。リチャード・ローラー、ケアリー・ゴールドスタイン、リア・ヨハンソン、ジャッキー・ショー、スティーヴン・ベッドフォード、ルース・リー＝ミュイ、ブリット・ビデをはじめ、S&Sの多くの人たちの助けに感謝している。本の表紙に命を吹き込んでくれたジェシカ・ヒーシュには、UVニスコーティングとトリプル・エンボス加工を施した手描きの感謝を（なんだそれ）捧げよう。

原稿を読んでくれたみなさんが、歯の間に挟まったホウレンソウを指摘してくれる友人のように、率直に批判してくれたおかげで、よりよい本になった。ジュリー・クロウ、ポール・アーコリオ、マーク・ベンゼル、ジェイク・ラッチャム、アーロン・ブライト、ケビン・セペリ、アンドレア・ウォング、ジョセ・パスター、ジャスティン・クック、ジェニー・ゴーヴ、カイ・ヘイリー、ニール・イヤール、ステフ・ハビフ、ジェイソン・ロールズ、マイケル・レゲット、メリッサ・パウエル、ザンダー・ポロック、パー・ダニエルソン、ダニエル・アンデフォース、アナ・アンデフォースのみなさん、本当にありがとう。日本でスプリントを行う方法について説明してくれたクリス・パルミエリにも深く感謝する。

また、簡単にはいい表せないほどの骨折りをしてくれた人たちにも、ここでお礼をいいたい。アレックス・イングラムは、「月曜日」の部分を何度も何度も、何度も読み直して（そう、最初は本当にひどいものだった）、スプリントをスタートアップの観点から説明するのを手伝ってくれた。スンクワン・キムとエリオット・ジェイ・ストックスは、印刷物のデザインについて助言をくれた。ベッキー・ウォーレンには、マリー・サープの物語を教わった。チップとダンのハース兄弟は、『アイデアのちから』（早川書房）を書いて、本書に大きなインスピレーションを与えてくれた（ハース兄弟、これからもくっつくアイデアをよろしく！）。

GVのチーム全員が、僕らの執筆活動に信じられないほど協力的で、大きな支えになってくれた。マンディ・カカバス、ケン・ノートン、フィービー・ペロント、リック・クラウ、カイリ・エムリッチ、トム・ヒュルムには、時宜《じぎ》を得た意見と提案をもらった。歯に衣着せぬ率直な意見と熱い励ましをくれたローラ・メラーンにも、とくに感謝したい。そして、1001件ほどの法的問題を処理したうえ、隠れた誤字まで見つけてくれたジェン・カーチャーに、特別な感謝を捧げる。アイデアとアドバイス、情熱を与えてくれたデイビッド・クレーンには、ダイアモンドをちりばめた感謝を。それからビル・マリスに、本当にスペシャルでスーパーデラックスなありがとうを捧げる。本書を無事仕上げることができたのは、ビルの励ましと支えのおかげだ。

クリステン・ブリランテスが手伝ってくれなかったら、この本は2027年まで日の目を見ることはなかっただろう。僕らの時間を調整し、カオスに耐え、7時間のドライブの間、音声読み上げ機能で僕らの原稿を聞き続けてくれた。クリステン、君はなんていい友だちなんだ！

マイケル・マーゴリスとダニエル・ブルカは、この本の最初の草案から表紙の詳細に至るまで、ジョンとブレイデンと僕を支えてくれた。二人は何度も原稿を読み直し、行き届いた提案と有意義な意見を与え、おかしくもないジョークを省くよう僕を説得してくれた。マイケル、ダニエル、ブレイデン、ジョン、君たちと仕事ができるのを光栄に思っている。

ジョン・ゼラツキー

妻であり友人であるミッシェルに、ありがとうといいたい。君の愛情と励ましのおかげで、僕はよりよい人間でいられる。君とずっと一緒にいられて、本当にしあわせだ。

子どものころから（帆走ヨットの設計から音楽制作までの）いろんな趣味を応援し、つき合ってくれた両親に感謝する。学ぶことの楽しさを教えてくれてありがとう。

ウィスコンシン州の田舎の祖父は、1970年代に当時としてはまだ珍しかったコンピュータマニアになった。僕がデジタルテクノロジーに関心をもつようになったのは、祖父のおかげだ。祖父は愛情深いおじいちゃんというだけでなく、友人として、メンターとして、いつも辛抱強く支援してくれた。

大学新聞「バッジャー・ヘラルド」での友人と同僚全員に、ありがとうといいたい。僕がデザインとジャーナリズムの手ほどきをみっちり受けたのは、ここだった。紙面のデザインと印刷、ジャズのコラムの執筆、おまけに役員会の議長の経験までさせてもらった。

ウィスコンシン州立大学マディソン校のスージー・ピングリーとニック・オレイニチャクに感謝している。あの学生数4万人のマンモス校で居場所ができたのは、二人のおかげだ。ニックはブログ書きとウェブ開発の世界に誘ってくれ、スージーは自分の主催する大学院生向けセミナーに参加させてくれた。二人は僕のフリーランスのデザイナーとしての顧客第一号を紹介してくれたうえ、言葉でいい表せないほどサポートしてくれた。

2005年に〔RSSフィード配信管理会社の〕フィードバーナーが、思いがけないチャンスを与えてくれた。マット・ショービ、ディック・コストロ、エリック・ルント、スティーヴ・オレチョスキーには、大きな仕事を任せてもらえたことに感謝している。あれだけのことをやらせてもらえただなんて、いまだに信じられないほどだ。

2011年に別の企業のパートナー集団が、身に余るほどの機会を与えてくれた。僕をGVに誘ってくれたブレイデン、ありがとう。そしてベンチャーキャピタルにいち早くデザインを取り入れたビル・マリス、デイビッド・クレーン、ジョー・クラウスをはじめとするGVチームのみんなには、感謝の気持ちしかない。チームの一員になれたのを、身に余る光栄と感じている。

これまでGVの投資先の数十社の企業と仕事をする幸運に恵まれてきた。好奇心旺盛で才能あふれるチームと働き、キャリア史上最も衝撃的な学習経験をさせてもらっている。とくにポケット、ファンデーション・メディシン、ブルーボトルコーヒー、サヴィオーク、クラスターの各社に感謝を捧げたい。

クリステン、ダニエル、ジェイク、マイケル、そしてブレイデンへ（そう、また君だブレイデン）、ありがとう。君たちと一緒に仕事ができる喜びは、とても言葉には尽くせない。再びものを書くよう勧めてくれたことに、とくに感謝したい。自分にものが書けることを、もう10年間も忘れていたよ。

最後に、僕らの代理人のクリスティ・フレッチャーとシルビー・グリーンバーグ、そして編集者のベン・レーネンに、感謝の気持ちを送りたい。三人が精力的で冷静に尽力してくれたおかげで、「もしも本が出せたら」の状態から「すごいぞ、実現しそうだ」になれた。それまで映画やテレビの世界だと思っていた文学の世界を垣間見させてもらった。

ブレイデン・コウィッツ

僕に創造の喜びと、ほとんどのものを直す方法を教えてくれ、荒野をさまようのを許してくれた両親に感謝する。両親はそれがよいことなのかどうかわからないうちから、ホームコンピュータTI－99／4Aとデータを記録するためのカセットレコーダーを僕に買い与えてくれた。探検の楽しみを二人から受け継いだことを、とてもありがたく思っている。

デザインとは何か、それをどのように使えば世界をよりよくできるかを教えてくれた、カーネギーメロン大学の教官とクラスメート全員に感謝する。練習の場と、失敗する自信を与えてくれてありがとう。

キャリアのほとんどを通じてグーグルで働いていられるのは、本当にしあわせなことだ。その間数え切れないほど多くの才能とインスピレーションあふれる人たちと仕事をし、愛されるプロダクトをつくる方法を教えてもらった。いつもほどよい緊張感と、鋭く率直で役に立つ意見をくれるチャド・ソーントン、マイケル・レゲット、ダレン・ドゥレーに、とくに感謝したい。

チームが一丸となってすばらしいものをつくるのを手助けする方法を示してくれたジョー・クラウスに感謝している。長年の指導と支援から多くのことを学ばせてもらった。

誰もがささいなことに囚われ、本当に意味のあることを見失いがちだ。いつも心の命じるままに従うことを教えてくれたオム・マリクには、とても感謝している。

ここ1年間、ハイキングや酒の席、裏庭でのバーベキューのたびに、この本の話につき合ってくれたパット、アマンダ、チャド、ヘザー、ケネス、ブレット、ドーナルへ。すばらしい友だちでいてくれてありがとう、みんな愛しているよ。

そして最大の感謝を、ＧＶのチーム全員に送りたい。ジェイク、ジョン、マイケル、ダニエル、クリステン、これまでの難関を一緒に乗り越え、これからの冒険をともにする仲間として、君たちを超える存在を僕は知らない。

クレジット

36ページの写真のロボット「リレイ」（設計：エイドリアン・カノーソ）
81ページのタイムタイマーの写真（撮影：グレアム・ハンコック）
162、164ページの写真（撮影：クリストフ・ウー）
272、273ページの顧客テストの写真（モデル：ハイディ・チャオ）
その他の写真（撮影：ジェイク・ナップ、ブレイデン・コウィッツ、またはジョン・ゼラツキー）
イラストレーション（原案：ジェイク・ナップ）

訳者あとがき

「スプリント」の驚くべき威力

スプリントとは、たった5日間で本当に重要な問題を見きわめ、それに確実に答えを出す、迅速な学習と検証のプロセスである。スプリントを行えば、未来へタイムワープして、巨額の投資を実施する前に、アイデアが成功するか失敗するかをいますぐ見きわめられる。なぜそんなことができるのか？

その秘密は、「デザイン」を問題解決のツールとして活用する点にある。デザインは、製品・サービスと顧客との接点である。スプリントではデザインを通して最も大切なビジョンを製品やサービスのかたちに具現化し、それを実際の顧客にテストしてもらうことで、未来のマーケットを垣間見ることができるというわけだ。

スプリントは、具体的には事業戦略やイノベーション、行動科学、デザイン思考などの手法のなかから、一番効果の高いものだけを選り抜いた「ベストヒット」集を、段階的プロセスのかたちにパッケージして、どんなチームにもすぐに活用できるようにしたものだ。ビジネス書を読んで、理論はわかっても「どう実践しようか？」と途方に暮れることはないだろうか？　この本では、そんな心配はない。小難しい能書きはいっさい抜きで、いますぐ誰にでも実践できる方法やノウハウを、細かいところまでわかりやすく説明している。イノベーションをものにするには、天才である必要はまったくなく（絵心さえ必要ない！）、迅速な学習能力がカギになる。誰にでも革新を可能にする5日間のプロセス、それがスプリントなのだ。

グーグルとGVで開発・洗練された方法

スプリントは、著者の一人ジェイク・ナップ氏がグーグルで開発し、のちにGV（旧グーグル・ベンチャーズ）にて、スタートアップ向けに改良を加えたプロセスだ。GVはグーグルのベンチャーキャピタル部門から独立した会社で、世界で最も活発で成功しているコーポレート・ベンチャーキャピタルの一つである。

GVのユニークなところは、ただ資金を提供するだけでなく、「パートナー」と呼ばれる世界級のデザイナー、リサーチャー、エンジニア、マーケター等のオールスターチームが、専門知識やスキルを惜しみなく活用して、投資先の選定・育成・運営に積極的に携わっている点にある。

なかでもとくに重視されているのがデザインだ。著者の三人を中心とする「デザインパートナー」が、スタートアップのチームと一緒にスプリントを行い、デザインを通して支援を提供していることが、GVの強みの一つとなっている。

「スピード」がすべてを決める

ＧＶの投資先の多くが、スタートアップである。スタートアップとは、新しいイノベーションやビジネスモデルをもとに、急速な成長とイグジット（株式公開や売却など）をめざして立ち上げられた組織をいう。ＧＶでも投資先の３００余社のうちの数十社がイグジットを果たし、大きな利益をもたらしている。パートナーはそうして得られた利益の還元を受ける、投資家としての側面ももっている。

スタートアップにとっては、スピードこそが命であり、武器である。難しい問題に短期間で解決策を出し、ブレークスルーを果たすことができれば、大きなアドバンテージになる。また、スタートアップは成長スピードが速いからこそ、最初のベクトルを正しく定めることがカギになる。初めの方向性がわずかでもぶれていると、誤った方向に一気に進み、そこでゲームオーバーということになりかねない。

スプリントはそんなスタートアップにとって、超短期間で一番重要なことを見きわめ、いつかではなく「いま」答えを出す手段になる。

スプリントはサヴィオーク、ブルーボトルコーヒー、スラック、フィットスター、エアビーアンドビーなどのいまをときめく新興企業で使われている。グーグル内でもＧｍａｉｌやＣｈｒｏｍｅなどのプロダクトの開発に役立てられているほか、フェイスブック、マッキンゼー・アンド・カンパニーなどの大企業や国際機関、非営利団体、学校などでもくり返し用いられ、成果を上げている。

スプリントのプロセス自体も、100回を超える迅速な施行を通して、絶え間なく改良と精緻化が重ねられている。デザインスプリントやデザイン思考に関する類書はいろいろあるが、スプリントの開発者自身が、その最新バージョンを手取り足取り説明したものが本書なのだ。

最小限の時間で最大限の成果を出す

スプリントは、製品・サービスの開発のためだけのものではない。仕事に対する姿勢や考え方を——一番大事なことに集中して、最小限の時間で最大限の成果を出す方法論を教えてくれるプロセスなのである。

たとえば、リスクが高いとき、時間が足りないとき、何から手をつければいいのかわからないとき。そんなありがちな状況で、スプリントは大きな助けになる。実際、スプリントをきっかけに、仕事のやり方が根本的に変わったという声が続々と寄せられている。

またスプリントのテクニックには、小さな課題や一人での作業にも役立つものがたくさんある。ちょっとしたことを決めるとき、問題に行き詰まったとき、抽象的なアイデアを具体化したいときなどに応用できるアイデアが満載されている。

それに本書は純粋に読み物としてもおもしろい。可能性の限界を押し広げようとして奮闘するスタートアップが、わずか5日間という短期間で果敢に問題にとりくみ、答えを出していくというスピード感、グルーヴ感を楽しんでいただければ幸いである。

最後に、この本を見つけてくださり、きめ細かいアドバイスを通して素敵な本に仕上げてくださった、ダイヤモンド社編集部の三浦岳氏に心より感謝申し上げる。

櫻井祐子

2017年4月

［著者］

ジェイク・ナップ（Jake Knapp）

GV（旧グーグル・ベンチャーズ）のデザインパートナー。「スプリント」の生みの親。これまで23andMe、スラック、ネスト、ファンデーション・メディシンなどのスタートアップとともに、のべ100回以上のスプリントを行っている。GVに加わる前はグーグルでGmailからGoogle Xに至るあらゆるプロジェクトのスプリントを指揮していた。現在世界で最も背の高いデザイナーの一人である。Twitterアカウントは@jakek

ジョン・ゼラツキー（John Zeratsky）

GVのデザインパートナーとして、モバイルアプリから検査報告書、日刊紙までのさまざまなものをデザインしている。GVに加わる前はYouTubeでリードデザイナーを務め、その前はフィードバーナー（グーグルが2007年に買収）の初期の社員だった。デザインと生産性に関する記事を、ウォールストリートジャーナル紙、ファストカンパニー誌、ワイアード誌に寄稿している。@jazer

ブレイデン・コウィッツ（Braden Kowitz）

2009年にGVのデザインチームを立ち上げ、ベンチャーキャピタル企業に初めて「デザインパートナー」の役職を導入する。これまで200社を超えるスタートアップに、製品デザインや人材採用、チーム文化についての助言を行っている。GVに加わる前はグーグルでGmail、Google Apps for Business、Google Spreadsheets、Google Trendsをはじめとするプロダクトのデザインを指揮してきた。@kowitz

［訳者］

櫻井祐子（さくらい・ゆうこ）

京都大学経済学部経済学科卒。大手都市銀行在籍中にオックスフォード大学で経営修士号を取得。訳書に『選択の科学』（文藝春秋）、『イノベーション・オブ・ライフ』（翔泳社）、『［エッセンシャル版］マイケル・ポーターの競争戦略』（早川書房）、『0ベース思考』（ダイヤモンド社）など多数。

SPRINT 最速仕事術
――あらゆる仕事がうまくいく最も合理的な方法

2017年4月12日　第1刷発行
2017年4月26日　第2刷発行

著　者――ジェイク・ナップ、ジョン・ゼラツキー、
ブレイデン・コウィッツ
訳　者――櫻井祐子
発行所――ダイヤモンド社
〒150-8409　東京都渋谷区神宮前6-12-17
http://www.diamond.co.jp/
電話／03・5778・7232（編集）　03・5778・7240（販売）
装丁――――井上新八
本文デザイン・DTP――ISSHIKI
本文イラスト――ケン・サイトー
校正――――円水社
製作進行――ダイヤモンド・グラフィック社
印刷――――勇進印刷（本文）・加藤文明社（カバー）
製本――――ブックアート
編集担当――三浦 岳

ISBN 978-4-478-06699-7